Wiebke Strank

Da fehlen mir die Worte

Systematischer Wortschatzerwerb
für fortgeschrittene Lerner
in Deutsch als Fremdsprache

Wiebke Strank war von 1995 bis 2012 Dozentin für Deutsch als Fremdsprache an den Universitäten Kiel und Exeter (GB) und arbeitet seit 2012 an der FH Kiel als Dozentin für Wissenschaftliches Schreiben. Aus ihrer Arbeit mit fortgeschrittenen Lernenden sowie ihren Erfahrungen in der Lehrerfortbildung und ihren Vorlesungen zum Wortschatzerwerb ist dieses Buch entstanden. Es zielt auf eine systematische, selbstständige Wortschatzerweiterung.

„Da fehlen mir die Worte" ist für Lernende von Sprachniveau B1 bis C2 des Europäischen Referenzrahmens geeignet und kann sowohl für das Selbststudium als auch als Grundlage für einen weiterführenden Wortschatz- und Konversationsunterricht verwendet werden.

Layout und Satz: Diana Liebers

© SCHUBERT-Verlag, Leipzig
2. Auflage 2020
Alle Rechte vorbehalten
Printed in Germany
ISBN: 978-3-941323-67-4

Inhaltsübersicht

| E | **Einleitung** | 5 |

1. Die Wolke ist ein Kind des Himmels: Bedeutungen
- I. Einführung: Blume ist Kind von Wiese — 7
- II. Oberbegriffe und Unterbegriffe — 8
- III. Teile und Merkmale — 13
- IV. Kontextstarke Beispielsätze — 15
- V. Assoziationen — 16
- VI. Vokabelheftseiten: Bedeutungen — 16

2. Jedes Ding an seinem Platz: Sachgruppen
- I. Einführung: Wortschatzsammlungen — 17
- II. Sachgruppen — 18
- III. Wörterbucharbeit mit dem „Dornseiff" — 20
- IV. „Der große Preis" – Ein Wortschatzquiz — 23
- V. Nachrichtensprache — 24
- VI. Vokabelheftseiten: Sachgruppen — 24

3. So oder so ähnlich: Synonyme
- I. Einführung: Müde, erschöpft, ausgepowert? — 25
- II. Eine Einführung in die Merkmalsanalyse — 26
- III. Übungen zu den Merkmalsfragen — 28
- IV. Arbeit mit Synonymwörterbüchern — 34
- V. Anglizismen als neuer Synonymschub — 39
- VI. Aus Fehlern lernen — 41
- VII. Synonyme als Stilmittel — 42
- VIII. Vokabelheftseiten: Synonyme — 44

4. Ich bin dagegen: Antonyme
- I. Einführung: Dunkel war's … — 45
- II. Adjektiv-Antonyme — 46
- III. Verb-Antonyme — 49
- IV. Nomen-Antonyme — 51
- V. Echte und falsche Freunde: Präfixe — 54
- VI. Antonymgruppen — 56
- VII. Antonyme als Stilmittel — 58
- VIII. Arbeit mit Antonymwörterbüchern — 59
- IX. Vokabelheftseiten: Antonyme — 60

5. Das scheint nur gleich: Homonyme
- I. Einführung: Missverständnisse — 61
- II. Homonyme und Polyseme — 62
- III. Vokabelheftseiten: Homonyme und leicht verwechselbare Wörter — 66

6. Aus eins mach viele: Wortfamilien
- I. Einführung: Alles klar? — 67
- II. Adjektivableitungen, Verbableitungen, Substantivableitungen — 68
- III. Welches Wort steckt darin? — 69
- IV. Wortfamilien und Wortfamilienbäume — 70
- V. Suffixe und Präfixe — 73
- VI. Vokabelheftseiten: Wortfamilien — 78

7. Aus zwei wird eins: Komposition
- I. Einführung: Was ist ein Mutterkuchen? — 79
- II. Nomen plus Nomen — 80
- III. Nomen plus Adjektiv — 84
- IV. Vokabelheftseiten: Komposita — 88

8. Was zusammengehört: Kollokationen
- I. Einführung: Die Stirn runzeln — 89
- II. Kollokationen im Alltag — 90
- III. Es treffender ausdrücken — 93
- IV. Funktionsverbgefüge — 99
- V. Das ergänzende Wort — 105
- VI. Kollokationen in Fachsprachen — 106
- VII. Textarbeit mit Kollokationen — 108
- VIII. Wörterbucharbeit mit Kollokationen — 110
- IX. Vokabelheftseiten: Kollokationen — 110

9. Mal bildlich gesprochen: Idiomatik
- I. Einführung: Lauter Beweise — 111
- II. Idiomatische Gruppen — 112
- III. Idiomatischer Spezialwortschatz — 122
- IV. Idiomatikquiz — 123
- V. Sprichwörter und Zitate — 124
- VI. Vokabelheftseiten: Idiomatik — 126

10. Sprache lebt: Etymologie
- I. Einführung: Von Ohrwürmern, Albträumen und Hexenschüssen — 127
- II. Lautmalerei und Wortschöpfung — 128
- III. Entlehnung — 133
- IV. Wortgeschichten — 138
- V. Wortteilgeschichten — 140
- VI. Lautgeschichten — 142
- VII. Wortschatzarbeit mit etymologischen Wörterbüchern — 143
- VIII. Vokabelheftseiten: Etymologie — 144

11. Und wie kriege ich das alles in den Kopf? — 145

| L | **Ach so:** Lösungen | 147 |
| K | **Kopiervorlagen** | 157 |

Für meine Studenten.
Für Darren, der mit Leuchten in den Augen jede erdenkliche Sprache lernt.
Für Elena, die bis in die letzten Winkel des Wortschatzes vordringt.
Für Julia, die acht Tage nach der Geburt ihres Sohnes schon wieder im Wortschatzunterricht saß.
Für Eugenia und Anna mit ihren tollen Ideen.
Für Iain und Matthew als Dank für ihre Nachricht auf dem Rest der Berliner Mauer.
Und natürlich für alle, die mit mir diese Übungen immer wieder ausprobiert und verbessert haben.

E Einleitung

Da fehlen mir die Worte

Als **fortgeschrittener** Lerner des Deutschen als Fremdsprache haben Sie die grundlegende Grammatik weitgehend gemeistert, besitzen einen guten **Grundwortschatz** und kennen bereits viele Vokabeln aus dem **Aufbauwortschatz**. Nun stellt sich die Frage, wie Sie Ihren Wortschatz effektiv **erweitern und vertiefen** können, d. h. sich weitere Vokabeln aus dem **Aufbau-** und schließlich aus dem **Ausbauwortschatz** aneignen können.

Bislang haben Sie vielleicht die im Lehrbuch abgedruckten Wortlisten auswendig gelernt. Auch weiterhin bietet es sich natürlich an, die Vokabeln der im Unterricht (oder Selbststudium) erarbeiteten Texte im Kontext zu lernen.

Aber es gibt zusätzlich eine Methode, den Wortschatz schnell und effektiv zu erweitern und zu vertiefen, das **Wortschatzlernen mit Struktur**. Hierzu werden Ihnen in diesem Übungsbuch **verschiedene Regeln und Strukturen des deutschen Wortschatzes** vorgestellt. So werden Sie, wie auch zuvor beim Lernen der grammatischen Regeln, zu einem metasprachlich orientierten selbstständigen und effektiven Lerner.

Ein Beispiel: Sie kennen das Wort **warm** aus dem Grundwortschatz. Mithilfe von Strukturen werden an dieses Wort jetzt verschiedene weitere Wörter angeknüpft:

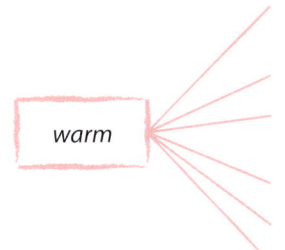

Synonyme:	erwärmt, aufgewärmt, geheizt, sonnig, lind, ofenfrisch, warmherzig, wohlig
das Antonym:	*kalt* und die Zwischenstufe *lau(warm)*
Ableitungen:	die Wärme, aufwärmen, anwärmen, wärmlich, die globale Erwärmung
Zusammensetzungen:	das Warmwasser, der Warmbadetag, der Warmblütler
Kollokationen:	mollig warm, sommerlich warm, sich warm anziehen
idiomatische Wendungen:	mit jemandem warm werden, sich jemanden warmhalten

■ Aufbau und Arbeitsformen

Die Kapitel dieses Buches bauen aufeinander auf.

◊ Die **Kapitel 1** (Bedeutung) und **Kapitel 2** (Sachgruppen) festigen den Grundwortschatz und enthalten Methoden zum Erwerb eines soliden **Aufbauwortschatzes**. Mit der Arbeit an diesen beiden Kapiteln kann ab Sprachniveau B1 begonnen werden.

◊ **Kapitel 3** (Synonyme), **Kapitel 4** (Antonyme), **Kapitel 5** (Homonyme), **Kapitel 6** (Wortfamilien) und **Kapitel 7** (Komposition) sind ab B2 geeignet. Hier wird, wie im Beispiel dargestellt, der Wortschatz durch **verschiedene Strukturen und Strukturregeln** erweitert. Zusätzlich beginnt erste Vertiefungsarbeit mit **Stilfragen**.

◊ **Kapitel 8** (Kollokationen), **Kapitel 9** (Idiomatik) und **Kapitel 10** (Etymologie) schließlich beschäftigen sich mit **weiterführenden Stilfragen**. Welche Wörter werden in welchem Zusammenhang gemeinsam verwendet? Wie vermeide ich Stilbrüche? Die Arbeit mit diesen Kapiteln wird für die Sprachniveaus C1 und C2 empfohlen.

Über den in den Übungen vermittelten Wortschatz hinaus wird Ihnen in den einzelnen Abschnitten empfohlen, mithilfe **verschiedener Wörterbücher** (u. a. Synonymwörterbuch, Antonymwörterbuch, rückläufiges Wörterbuch) die strukturelle Wortschatzarbeit selbstständig weiterzuführen.

Das Lehrwerk „Da fehlen mir die Worte" ist für das **Selbststudium** gut geeignet, da es neben ausführlichen, leicht verständlichen Erklärungen auch alle Lösungen der Übungen enthält. Es kann natürlich aber auch von DaF-Dozenten als Grundlage für den **Wortschatzunterricht** verwendet werden. Dieser Wortschatzunterricht wäre gleichzeitig ein **Konversationsunterricht**, denn viele der angeführten Übungen sind auch Übungen zur (mündlichen) Sprachfertigkeit.

Für die Arbeit mit diesem Lehrwerk sind **Tandemarbeit** und **Lerngruppenarbeit** besonders günstig. Beide Lehrformen werden ausführlich erläutert; Übungen, die sich besonders für diese Arbeitsformen eignen, entsprechend kommentiert.

Einleitung

■ Schwierigkeitsstufen

Die Übungen des Buches sind in verschiedene **Schwierigkeitsstufen** eingeteilt und entsprechend gekennzeichnet, was besonders im Selbststudium die Arbeitsplanung und Selbsteinschätzung erleichtern soll:

- **1:** leicht (z. B. zur Erläuterung einer Arbeitsform)
- **2:** Die Übungen können in der Regel ohne Wörterbuch gelöst werden.
- **3:** Gelegentlich muss im Wörterbuch nachgeschlagen werden.
- **4:** Intensive Wörterbucharbeit ist unbedingt erforderlich.
- **5:** Übung kann nur gemeinsam mit einem Tandempartner, einem Muttersprachler oder im Wortschatzunterricht bearbeitet werden.

Unabhängig von der Schwierigkeitsstufe sind viele der Übungen so strukturiert, dass sie mit der einfachsten Aufgabe oder Vokabel beginnen und gegen Ende immer schwieriger werden.

Die einzelnen Kapitel bauen zwar aufeinander auf, können jedoch ggf. auch einzeln erarbeitet werden. Dabei muss allerdings darauf geachtet werden, dass jedes Kapitel in sich so strukturiert ist, dass ein systematisches Durcharbeiten in der angegebenen Reihenfolge empfehlenswert ist.

■ Gute Freunde: Wörterbücher

In jedem Fall benötigen Sie für die Arbeit mit diesem Übungsbuch mindestens zwei gute Wörterbücher, am besten ein gutes **zweisprachiges** Wörterbuch (Deutsch – Ihre Muttersprache) in Kombination mit einem **Lernerwörterbuch** (z. B. vom de Gruyter Verlag). Falls Sie diese Wörterbücher nicht besitzen oder sie sich nicht anschaffen wollen, arbeiten Sie in einer Bibliothek, in der Sie Zugang zu diesen Wörterbüchern haben.

Günstig wäre es, wenn Ihre Bibliothek ebenfalls einige der folgenden Wörterbücher zur Verfügung hätte (Hier finden Sie nur eine kurze Übersicht, diese Wörterbücher werden in den einzelnen Kapiteln noch ausführlich vorgestellt.):

◊ ein Synonymwörterbuch (z. B. das Duden-Synonymwörterbuch)
◊ das Wortfamilienwörterbuch von G. Augst (Niemeyer Verlag)
◊ das rückläufige Wörterbuch von G. Muthmann (Niemeyer Verlag)
◊ ein etymologisches Wörterbuch (z. B. den „Kluge" vom de Gruyter Verlag)
◊ und eine Sammlung idiomatischer Ausdrücke (z. B. vom Duden Verlag)

Verweise auf Titel, die zum Zeitpunkt des Erscheinens dieses Übungsbuches bereits vergriffen sind, wurden mit dem Zusatz „Bibliothek" markiert.

Die Wolke ist ein Kind des Himmels

1 Bedeutungen

I. Einführung: Blume ist Kind von Wiese
II. Oberbegriffe und Unterbegriffe
III. Teile und Merkmale
IV. Kontextstarke Beispielsätze
V. Assoziationen
VI. Vokabelheftseiten: Bedeutungen

I. Einführung: Blume ist Kind von Wiese

Schon seit einer Ihrer ersten Deutschstunden wissen Sie, was eine Blume ist. Können Sie dies aber in einfachen Worten erklären? Stellen Sie sich vor, Sie nähmen an einem Ratespiel teil, bei dem Sie den Begriff *Blume* möglichst schnell erklären müssen. Sicherlich kennen Sie solche Ratespiele. Natürlich können Sie ein Bild malen. Angenommen, diese Möglichkeit steht Ihnen aber nicht offen, wie erklären Sie dann eine Blume? Bevor Sie weiterlesen, versuchen Sie es einmal! Vielleicht sieht Ihre Antwort ähnlich aus wie eine der nebenstehenden.

1. Eine Blume ist ein Pflanze.
2. Eine Rose ist eine Blume.
3. Blumen haben eine Blüte und einen Stängel.
4. Blumen blühen auf der Wiese.
5. Blumen kann man pflücken.
6. Ich schenke meiner Freundin einen Blumenstrauß zum Geburtstag.

Die Schriftstellerin **Helga Glantschnig** hat sieben- bis elfjährige Kinder nicht deutscher Muttersprache verschiedene Begriffe definieren lassen. Eine Blume erklärte ein Kind als *Blume ist Kind von Wiese*, was dem Buch, das Glantschnig später veröffentlichte, seinen Titel gab: **Blume ist Kind von Wiese oder Deutsch ist meine neue Zunge** (Luchterhand Literaturverlag 1993).

Viele dieser Definitionen sind sehr interessant, manche geradezu dichterisch:

- **Gewitter:** Im Sommer gibt es Winter, weil kleiner Schnee kommt.
- **Hafen:** Bahnhof für Schiffe.
- **I-Punkt:** So ein Tupfen oder ein kleiner Ball für das kleine i.
- **Kakao:** Ganz kleine Schokolade, wie Salz.
- **Locke:** Ist so wie Welle, nein, so wie Schlange.
- **Plombe:** Ist so wie Stern im Zahn.
- **Moos:** Wie eine Wiese, bisschen weicher. Kann man rausziehen, kann man pflücken, kann man liegen, wunderbar.
- **Quelle:** Es platzt auf im Berg und Wasser kommt.
- **Schatz:** Ist Gold, das leuchtet.
- **Zeit:** Ist die Uhr, gibt's immer und immer. Geht immer und hört nie auf.

Allen gemein ist, dass es sich um **intuitive Definitionen** handelt, also spontane Erklärungen, die gemacht werden, ohne viel nachzudenken. Betrachten Sie jetzt noch einmal die obigen Definitionen von *Blume* (1–6). Welche anderen **Arten der Bedeutungsbeschreibung** gibt es?

1. Eine Blume ist ein Pflanze: Hier wird durch einen **Oberbegriff** definiert. *Pflanze* ist ein Oberbegriff zu *Blume, Baum, Hecke* etc.
2. Eine Rose ist eine Blume: Hier wird durch einen **Unterbegriff** definiert. *Rose, Tulpe, Nelke* etc. sind Unterbegriffe zu *Blume*.
3. Blumen haben eine Blüte und einen Stängel: Hier wird durch **Teile** definiert. *Blüte, Stängel, Blütenblätter, Wurzeln* etc. sind Teile einer Blume.
4. Blumen blühen auf der Wiese. – *und:*
5. Blumen kann man pflücken: Hier wird durch **Merkmale** definiert. Mit *Blume* **zusammenhängende Merkmale** und **gemeinsam auftretende Wörter** werden genannt. Das Nomen *Blume* wird oft im Zusammenhang mit den Verben *blühen* und *pflücken* genannt. Ein Nomen, das oft im Zusammenhang steht, ist *die Wiese (auf der Wiese)*.
6. Ich schenke meiner Freundin einen Blumenstrauß zum Geburtstag: Hier wird durch außersprachlichen **Kontext** definiert. In welcher Situation wird man Blumen antreffen? Gleichzeitig ist *Blumenstrauß* auch eine Definition durch ein Kompositum (ein zusammengesetztes Wort), in dem das Wort *Blume* enthalten ist.

Bedeutungen

Eine weitere Möglichkeit, eine Bedeutung zu beschreiben, ist eine Beschreibung durch Synonyme (Wörter mit ähnlicher Bedeutung) oder Antonyme (Wörter mit entgegengesetzter Bedeutung). Dies bietet sich im Fall von *Blume* nicht so sehr an, aber möchte man z. B. das Wort *kalt* erklären, könnte man ein Synonym *(kühl)* oder ein Antonym *(warm)* wählen.

Wie Sie Ihren Wortschatz mithilfe von Synonymen, Antonymen und Wortbildungen (z. B. Komposita) erweitern, zeigen Ihnen die später folgenden Kapitel 3, 4, 6 und 7. In diesem Kapitel werden Sie lernen, wie Sie Ihren Wortschatz mithilfe von **Ober- und Unterbegriffen, Teilen und Merkmalen** sowie **kontextstarken Beispielsätzen** erweitern.

Und wenn Sie Ihre kreative Seite ein bisschen ansprechen wollen, lesen Sie weiter in dem Buch *Blume ist Kind von Wiese*. Dann werden Sie vielleicht bemerken, dass auch die Wolke ein Kind des Himmels ist.

II. Oberbegriffe und Unterbegriffe

1 [Schwierigkeitsstufe 2] Oberbegriffe und Unterbegriffe

■ Ordnen Sie die Unterbegriffe den richtigen Oberbegriffen zu!

- das Akkordeon
- die Aprikose
- das Becken
- der Bernhardiner
- das Biathlon
- die Bluse
- der Boxer
- die Brombeere
- das Buttermesser
- das Cello
- der Chihuahua
- die Cordhose
- der Dackel
- der Dampfer
- das Dirndl
- die Dogge
- der Dreisprung
- der Dudelsack
- der Fäustling
- das Fischmesser
- der Flügel
- der Frachter
- die Gabel
- der Gabelstapler
- der Granatapfel
- der Gürtel
- die Gymnastik
- die Harfe
- das Hemd
- der Hochsprung
- die Honigmelone
- das Horn
- die Hosenträger *(Pl.)*
- der Hubschrauber
- der Hundeschlitten
- die Johannisbeere
- das Klettern
- der Kniestrumpf
- der Krankenwagen
- die Kuchengabel
- das Kugelstoßen
- die Kutsche
- die Limone
- der Löffel
- das Messer
- der Minirock
- die Nektarine
- der Ochsenkarren
- das Obstmesser
- der Omnibus
- die Orgel
- die Pampelmuse
- die Panflöte
- der Personenkraftwagen
- der Pinscher
- das Polohemd
- der Pudel
- die Pudelmütze
- der Pyjama
- die Querflöte
- die Quitte
- die Rassel
- das Rodeln
- der Rollkragenpullover
- das Rudern
- das Sakko
- der Sanddorn
- der Schal
- der Schäferhund
- die Schattenmorelle
- die Schlaghose
- der Schnauzer
- das Segelflugzeug
- die Socke
- der Soßenlöffel
- die Stachelbeere
- die Straßenbahn
- die Strickjacke
- der Teelöffel
- die Tracht
- das Turnen
- die Unterhose
- der Wasserball
- die Weintraube
- der Zeppelin
- die Ziehharmonika
- die Zitrone
- die Zwetsche

Besteck	Fahrzeuge	Hunde	Kleidung	Obst	Sportarten	Musikinstrumente
						das Akkordeon

■ Können Sie die Liste noch erweitern?

Die Wolke ist ein Kind des Himmels

2 [Schwierigkeitsstufe 3] Passende Oberbegriffe

■ Finden Sie die passenden Oberbegriffe! Versuchen Sie beim ersten Durchgang, selbstständig Oberbegriffe zu finden, bevor Sie beim zweiten Durchgang die Wörterliste zu Hilfe nehmen!

◊ akademische Grade	◊ Getreide	◊ Insekten	◊ Metalle	◊ Sternzeichen
◊ Berufe	◊ Gewässer	◊ Kräuter	◊ Möbel	◊ Süßigkeiten
◊ Feiertage	◊ Gewürze	◊ Musikinstrumente	◊ Naturwissenschaften	◊ Titel
◊ Bauwerke	◊ Himmelskörper	◊ Medikamente	◊ Spielzeug	◊ Textilien

◊ Schaukelstuhl, Schuhregal und Beistelltisch sind *Möbel*
1. Altenpfleger, Fahrlehrer und Notar sind ....
2. Brücke, Burg und Wolkenkratzer sind ....
3. Stausee, Tümpel und Teich sind ....
4. Bitterschokolade, Gummibärchen und saure Drops sind ....
5. Bauklötze, Puzzle und Teddybär sind ....
6. Quecksilber, Kupfer und Platin sind ....
7. Marienkäfer, Ameise und Hummel sind ....
8. Geige, Trompete und Harfe sind ....
9. Zimt, Pfeffer und Kümmel sind ....
10. Salbei, Rosmarin und Thymian sind ....
11. Tabletten, Hustensaft und Salbe sind ....
12. Magister, Doktor und Bachelor sind ....
13. Biologie, Chemie und Physik sind ....
14. Filz, Frottee und Seide sind ....
15. Hafer, Roggen und Weizen sind ....
16. Neujahr, Karfreitag und Tag der deutschen Einheit sind ....
17. Doktor, Graf und Tischlermeister sind ....
18. Planeten, Monde und Sonnen sind ....
19. Wassermann, Zwilling und Fische sind ....

3 [Schwierigkeitsstufe 2–3] Weitere Oberbegriffe

■ Finden Sie weitere Unterbegriffe für die oben genannten Oberbegriffe, z. B.

Insekten: *Marienkäfer, Regenwurm, Hummel, Biene, Wespe, Mistkäfer, Grashüpfer usw.*

Metalle: *Quecksilber, Kupfer, Platin, Gold, Blei, Magnesium, Zink, Zinn usw.*

Gebäude: *Brücke, Burg, Wolkenkratzer, Kirche, Tempel, Ruine, Pyramide usw.*

4 [Schwierigkeitsstufe 4] Schwierigere Oberbegriffe

■ Schwierigere Oberbegriffe sind z. B. Oberbegriffe aus Wissenschaft, Politik, Wirtschaft, Rechtswesen oder Verwaltung. Finden Sie weitere Unterbegriffe für die folgenden Kategorien!

1. Zahlen: *Primzahlen, gerade Zahlen, ungerade Zahlen, römische Zahlen, Bruchzahlen,*
2. geometrische Figuren: *der Kreis, das Quadrat, das Dreieck, das Rechteck,*
3. chemische Elemente: *Chlor, Fluor, Helium, Jod,*
4. Chemikalien: *Salzsäure, Harnstoff, Natronlauge, Kohlensäure, Ethanol, Zitronensäure,*

II. Oberbegriffe und Unterbegriffe

Bedeutungen

5. Studienrichtungen: *Agrarwissenschaft, Betriebswirtschaft, Jura, Pädagogik,* ....

6. Materialien: *das Leder, das Holz, das Plastik, die Baumwolle,* ....

7. Energieerzeugung: *Wasserkraft, Windkraft, Kernkraft, Verbrennung,* ....

8. Krankheiten: *Erkältung, Masern, Grippe, Mumps, Windpocken,* ....

9. Dokumente: *der Reisepass, der Personalausweis, die Geburtsurkunde, der Krankenversicherungsausweis,* ....

10. Belege: *das Ticket, die Rechnung, der Schein, der Kassenbon, die Quittung,* ....

11. Förderungsmaßnahmen: *das Kindergeld, das Stipendium, der Fahrtkostenzuschuss,* ....

12. Denkweisen: *analytische Denkweise, emotionale Denkweise, problemorientierte Denkweise,* ....

■ Finden Sie weitere Oberbegriffe und Unterbegriffe aus Ihrem Studienfach oder Interessengebiet!

5 [Schwierigkeitsstufe 4] Zusammensetzungen

■ Finden Sie zusammengesetzte Unterbegriffe zu den Oberbegriffen!

- Ansteckungs-
- Armband-
- Atom-
- Auto-
- Bar-
- Basket-
- Benutzer-
- Blumen-
- Brand-
- Damen-
- Deck-
- Doppel-
- Einsturz-
- Fahr-
- Falsch-
- Familien-
- Fuß-
- Fußball-
- Geburts-
- Geschäfts-
- Geschenk-
- Gesundheits-
- Hand-
- Haus-
- Herren-
- Klein-
- Kose-
- Kunst-
- Künstler-
- Lawinen-
- Lebens-
- Lebensmittel-
- Leder-
- Mädchen-
- Marketing-
- Motor-
- Mühl-
- Musik-
- Nach-
- Naturkunde-
- Orts-
- Papier-
- Sand-
- Schnaps-
- Ski-
- Sonnen-
- Spielzeug-
- Spitz-
- Stadt-
- Stand-
- Steuer-
- Stopp-
- Straßen-
- Taschen-
- Technik-
- Tennis-
- Tischtennis-
- Turm-
- Turn-
- Verletzungs-
- Volley-
- Vor-
- Wagen-
- Wasser-
- Wechsel-
- Zahn-

◇ Haus *Hochhaus, Baumhaus, Miethaus, Wohnhaus, Bauernhaus, Rathaus, Kaufhaus*

1. Geschäft ....
2. Museum ....
3. Ball ....
4. Schuhe ....
5. Uhr ....
6. Rad ....
7. Name ....
8. Geld ....
9. Gefahr ....
10. Idee ....

■ Kennen Sie weitere?

11. ....
12. ....
13. ....

Die Wolke ist ein Kind des Himmels

6 [Schwierigkeitsstufe 4] „-waren", „-zeug", „-stoffe" und „-mittel"

■ Zahlreiche Oberbegriffe werden mit *-waren, -zeug, -stoffe* und *-mittel* gebildet. Welche Wortanfänge passen zu welchen Endungen?

- Arznei-
- Back-
- Bett-
- Brenn-
- Druck-
- Elektro-
- Ess-
- Grundnahrungs-
- Haushalts-
- Kommunikations-
- Kunst-
- Kurz-
- Lebens-
- Näh-
- Roh-
- Schad-
- Schmerz-
- Schwimm- *(ugs.)*
- Stil-
- Transport-
- Treib-
- Turn- *(ugs.)*
- Verhütungs-
- Verkehrs-
- Werk- *(2 x)*
- Zahlungs-
- Zaum-

-waren	-zeug	-stoffe	-mittel
............waren	............zeug	............stoffe	............mittel
............waren	............zeug	............stoffe	............mittel
............waren	............zeug	............stoffe	............mittel
............waren	............zeug	............stoffe	............mittel
............waren	............zeug *(ugs.)*	............stoffe	............mittel
		............stoffe	............mittel
	............zeug *(ugs.)*		............mittel
			............mittel
			............mittel
			............mittel
			............mittel

7 [Schwierigkeitsstufe 4] Unterbegriffe

■ Finden Sie passende Unterbegriffe für die Oberbegriffe in Übung 6!

Werkzeug: *Hobel, Hammer, Zange, Bohrer, Feile, Säge, Schraubenzieher, ...*

8 [Schwierigkeitsstufe 2] Hierarchien (Rangordnungen)

■ Viele Unterbegriffe haben weitere Unterbegriffe, sodass man Hierarchien anordnen kann. Ordnen Sie die Begriffe in einer Hierarchie an!

◊ Säugetier – Leopard – Katze – Tier – Raubkatze   *Tier → Säugetier → Katze → Raubkatze → Leopard*

1. Adler – Raubvogel – Tier – Vogel
2. Bernhardiner – Hund – Säugetier – Tier
3. Birne – Früchte – Kernobst – Obst
4. Früchte – Kirsche – Steinobst – Obst
5. Banane – Früchte – Südfrüchte – Obst
6. Fahrzeuge – Schiffe – Wasserfahrzeuge
7. Fahrzeuge – Landfahrzeuge – Personenfahrzeuge – Transportfahrzeuge – Bus
8. Fahrzeuge – Güterfahrzeuge – Landfahrzeuge – Transportfahrzeuge – Güterzug
9. Basketball – Mannschaftssportarten – Sportarten
10. Leinen – Naturfasern – Textilien

Bedeutungen

9 [Schwierigkeitsstufe 3] Oberbegriffe identifizieren

■ Identifizieren Sie die Oberbegriffe in folgenden Lernerwörterbuchdefinitionen (aus dem *de Gruyter Lernerwörterbuch*)!

			Oberbegriff
◊	die Inschrift	auf festem Material, bes. auf Stein, Holz, (durch Gravieren) angebrachter Text	*Text*
1.	die Insel	von Wasser umgebenes Land, das nicht die Größe eines Kontinents hat	....
2.	das Behagen	durch die angenehme räumliche Umgebung oder durch bestimmt Genüsse erzeugtes angenehmes Gefühl des Wohlseins, der Zufriedenheit	....
3.	der Toaster	elektrisches Gerät zum Toasten	....
4.	die Wäscherei	Betrieb, in dem Wäsche gegen Bezahlung gewaschen (und gebügelt) wird	....
5.	das Schach	Spiel für zwei Personen, bei dem auf einem Brett verschiedene Figuren bewegt werden und die Figur des gegnerischen Königs in eine ausweglose Situation gebracht werden muss	....
6.	der Mönch	erwachsene männliche Person, die aus religiösen Gründen asketisch und nach bestimmten Regeln lebt	....
7.	der Mond	Himmelskörper, der die Erde umkreist	....
8.	die Säule	aufrecht stehendes, walzenförmiges hohes Bauteil, das ein Dach stützt	....
9.	der/das Gummi	aus (synthetischem) Kautschuk hergestellter elastischer und dehnbarer Werkstoff	....
10.	der Hagel	Niederschlag in Form von körnigen Eisstücken	....

■ Spiele mit Ober- und Unterbegriffen

Treffen Sie sich mit Ihrer Lerngruppe, um nette Spiele zu spielen und gleichzeitig Ihren Wortschatz zu erweitern! Die folgenden Spielvorschläge reichen für mehr als nur einen Spielenachmittag!

a **Wortkette mit Ober- und Unterbegriffen:** Die Spieler sitzen im Kreis. Der jüngste Spieler beginnt und nennt einen beliebigen Begriff. Der nächste Spieler muss dazu einen Oberbegriff nennen. Der nächste Spieler danach wieder einen Unterbegriff zum vorangegangenen Begriff. Die nächsten Spieler nennen weitere Unterbegriffe. Wem kein Unterbegriff mehr einfällt, darf dafür eine neue Wortkette beginnen.

Spieler A: Pudding → **Spieler B:** Nachtisch → **Spieler C:** Eis → **Spieler D:** Joghurt → **Spieler P:** Maiglöckchen

b **Stadt, Land, Fluss:** Jeder Spieler bekommt einen Zettel mit zehn Spalten, die nach „Stadt, Land, Fluss" mit sieben weiteren Oberbegriffen beschriftet sind. Diese sieben Oberbegriffe sollten bei jedem Spiel variieren, um es abwechslungsreich zu gestalten. Eine Spielkarte könnte beispielsweise so aussehen:

Ein Spieler beginnt, leise und schnell das Alphabet aufzusagen, so lange, bis ein zweiter Spieler „Stopp" sagt. (Der aufsagende Spieler beginnt das Alphabet bei Bedarf immer wieder von vorne.) Bei welchem Buchstaben ist der Spieler angekommen, als „Stopp" gerufen wurde? Dies ist der Anfangsbuchstabe, mit dem alle Unterbegriffe diese Runde anfangen müssen. Zum Beispiel: „**A**".

Spielkarte: Stadt, Land, Fluss, Tier, Pflanze, Beruf, Bauwerk, Gewürz, Musikinstrument, Material

Stadt	*Aachen*
Land	*Argentinien*
Fluss	*Aar*
Tier	*Affe*
Insekt	*Ameise*
Pflanze	*Apfelbaum*
Beruf	*Arzt*
Bauwerk	*Amphitheater*
Gewürz	*Anis*
Musikinstrument	*Akkordeon*
Material	*Aluminium*

Jeder Spieler versucht, für so viele Oberbegriffe wie möglich einen Unterbegriff zu finden, denn für jeden Unterbegriff erhält er **einen Punkt**.
Die Runde ist beendet, wenn ein Spieler alle Spalten ausgefüllt hat oder wenn alle aufgeben. Dann werden die Punkte gezählt und die nächste Runde beginnt. Wieder beginnt ein Spieler schnell und leise das Alphabet aufzusagen usw. Es empfiehlt sich, die Anzahl der Runden, vielleicht zehn, vorher festzulegen.

Wer am Ende des Spiels die meisten Punkte hat, gewinnt.

Die Wolke ist ein Kind des Himmels

c **Denk fix:** Das Spiel *Denk fix* vom Mattel Verlag besteht aus einer Drehscheibe, mit der man einen Buchstaben des Alphabets auslost, und mehreren Kärtchen mit Oberbegriffen. Das Ziel des Spiels ist es, möglichst schnell, d. h. schneller als die anderen Spieler, einen Unterbegriff zum Wort zu finden, der mit dem ausgelosten Buchstaben beginnt.

◊ Ein Tier mit D? – *Dachs*
◊ Ein Gebäude mit K? – *Kirche* usw.

Sie können sich ein ähnliches Spiel selber herstellen, indem Sie 26 Kärtchen mit den Buchstaben des Alphabets beschriften und weitere Kärtchen mit Oberbegriffen. Nun ziehen Sie jeweils eine Buchstaben- und eine Oberbegriff-Karte und der Spieler, der am schnellsten einen Unterbegriff mit dem richtigen Anfangsbuchstaben nennt, bekommt einen Punkt (oder eine Karte). Wer zuerst zehn Punkte oder Karten zusammen hat, gewinnt das Spiel. Die beiden Kartenstapel werden erneut gemischt und eine neue Runde kann beginnen!

d **Outburst:** *Outburst* ist ein Spiel vom Parker-Verlag, bei dem auf Spielkarten ein Oberbegriff mit zahlreichen Unterbegriffen steht. Die Spieler teilen sich in zwei Gruppen auf. Ein Spieler liest für seine Gruppe den Oberbegriff auf einer zufällig gezogenen Karte vor und die anderen Spieler seiner Gruppe nennen so schnell wie möglich passende Unterbegriffe.

> 10 deutsche Bundesländer?
>
> • Hessen
> • Bayern
> • Mecklenburg-Vorpommern
>
> usw.

Stimmt ein Unterbegriff mit einem der zehn Unterbegriffe (manchmal sind es auch Assoziationen) auf der Karte überein, bekommt die Gruppe einen Punkt. Die Gruppe darf so lange raten und Punkte sammeln, wie die Sanduhr läuft (ca. drei Minuten). Für die gesammelten Punkte darf die Gruppenspielfigur auf dem Spielplan entsprechend viele Schritte vorrücken. Dann ist die andere Gruppe dran. Die Gruppe, die ihre Spielfigur zuerst ins Ziel bringt, gewinnt.

Sie können auch selber Spielkarten herstellen, indem Sie auf jede Karte einen Oberbegriff und zehn Unterbegriffe schreiben. Diese Version eignet sich besonders für Anfänger. Der Nachteil ist, dass derjenige, der die Karten hergestellt hat, nicht mitspielen kann. Vielleicht erklärt sich ja Ihr Lehrer oder Tandempartner dazu bereit. Natürlich können Sie auch selbst hergestellte und gekaufte Karten mischen!

e **Twin Fit Hyponyma:** *Twin Fit Hyponyma* ist ein von Logopäden entworfenes Spiel. Auf 48 Spielkarten sind 24 Bildpaare abgebildet, die jeweils den gleichen Oberbegriff haben. Zu beziehen sind das Spiel und weitere logopädische Sprachspiele über Sport-Thieme unter *http://www.sport-thieme.de*.

III. Teile und Merkmale

Lesen Sie die beiden folgenden Definitionen aus dem *de Gruyter Lernerwörterbuch*.

Wie ist hier jeweils die Bedeutung beschrieben worden?

Bei dem Wort *Insekt* hauptsächlich durch **Teile**, bei dem Wort *Wasser* hauptsächlich durch **Merkmale**.

> **Insekt:** kleines Tier, bei dem Kopf, Brust und Hinterleib je einen Abschnitt bilden

> **Wasser:** natürliche, farb-, geruch- und geschmacklose, durchsichtige trinkbare Flüssigkeit, die für den lebenden Organismus unentbehrlich ist, bei null Grad gefriert und bei hundert Grad siedet

Auflistungen von Teilen und Merkmalen in Bedeutungsbeschreibungen in Lernerwörterbüchern können Ihnen eine wertvolle Hilfe sein, um Ihren Wortschatz zu erweitern.

Lernen Sie so Wörter, die Sie noch nicht kennen oder die Ihnen noch nicht aktiv geläufig sind. Für dieses Beispiel sind dies eventuell die Wörter: *Hinterleib, farblos (geruchslos, geschmacklos), durchsichtig, sieden.*

Bedeutungen

10 [Schwierigkeitsstufe 2] Teile und Merkmale identifizieren

■ Identifizieren Sie die Teile und Merkmale in folgenden Lernerwörterbuchdefinitionen (*de Gruyter Lernerwörterbuch*)!

◊	die Pflaume	meist <u>eiförmige</u>, <u>dunkelblaue</u> oder <u>gelbe</u> Frucht mit <u>saftigem</u> <u>Fleisch</u> und einem ziemlich <u>großen</u> <u>Kern</u>
1.	das Saxofon	metallenes, weich klingendes Blasinstrument mit einem trichterförmigen, nach oben gebogenen Rohr
2.	der Frosch	kleiner Lurch mit grün oder braun gefärbtem, plumpen Körper, hervortretenden Augen, breitem Maul und langen hinteren Gliedmaßen
3.	der Huf	Fuß eines Huftieres, dessen Zehen insgesamt mit einer dicken Schicht aus Horn versehen sind
4.	der Kaktus	blattlose fleischige Pflanze unterschiedlicher Größe und Form mit Stacheln, die in tropischen und subtropischen Wüsten und Steppen verbreitet ist und Wasser speichern kann
5.	das Schaukelpferd	kleines Pferd aus Holz, das auf bogenförmigen Kufen steht und auf dem ein Kind sitzen und schaukeln kann
6.	die Schnecke	Molluske, die sich auf einer von ihr abgesonderten Schicht Schleim vorwärts bewegt und zwei Paar Fühler (und ein vorwiegend spiralig gewundenes Gehäuse aus Kalk) hat
7.	der Schwan	großer Schwimmvogel mit weißem Gefieder und einem langen Hals
8.	die Schubkarre	Karre mit einem Rad und zwei stangenförmigen Griffen, an denen sie geschoben oder gezogen wird
9.	der Schlitten	Fahrzeug mit Kufen zum Gleiten über Schnee
10.	die Orgel	vor allem in Kirchen vorhandenes Musikinstrument, das mit Tasten gespielt und über eine Vielzahl von Pfeifen zu einem sehr vollen Klang gebracht wird
11.	die Beule	Stelle am Körper, an der, besonders infolge eines Schlages, das Gewebe geschwollen ist
12.	die Krawatte	Zubehör der Herrenbekleidung, das unter den Kragen des Oberhemds gelegt wird und vorn in der Mitte zusammengebunden wird
13.	der Nagel	an einem Ende spitzer, gerader, kurzer Gegenstand aus Metall mit einem Kopf, den man in Holz oder Ähnliches schlägt, um es mit etwas zu verbinden
14.	der/das Gummi	aus (synthetischem) Kautschuk hergestellter, elastischer und dehnbarer Werkstoff
15.	der Hagel	Niederschlag in Form von körnigen Eisstücken
16.	der Donner	das auf einen Blitz folgende laut krachende, dumpf rollende Geräusch
17.	der Dom	große, repräsentative Kirche mit einer Kuppel
18.	die Gaze	gitterartiges Gewebe mit weiten Maschen

11 [Schwierigkeitsstufe 2–3] Annahmen nachschlagen

■ Welche Teile und Merkmale erwarten Sie für folgende Gegenstände? Denken Sie zunächst an Ihre Muttersprache. Schlagen Sie dann die Definition im Lernerwörterbuch nach und suchen Sie die Wörter, die Sie erwartet haben. Schlagen Sie Wörter, die Sie nicht gefunden haben, gesondert in Ihrem zweisprachigen Wörterbuch nach!

Sie nehmen an, folgende Wörter zu finden (hier anstatt in Ihrer Muttersprache auf Deutsch angegeben):

◊ das Telefon → Hörer, Tasten, Leitung

Wenn Sie nachschlagen, finden Sie:

1. der Spiegel .... 4. der Baum ....
2. der Topf .... 5. das Dach ....
3. das Stroh .... 6. die Schaufel ....

■ Finden Sie weitere!

....

....

Die Wolke ist ein Kind des Himmels

IV. Kontextstarke Beispielsätze

In Ihrem Lernerwörterbuch finden Sie für viele Wörter auch kontextstarke Beispielsätze oder Satzteile. Sie sind kursiv gedruckt. Auch mithilfe dieser Beispielsätze können Sie Ihren Wortschatz rund um ein Grundwort erweitern.

Beispiel: Schlagen Sie in „Langenscheidts Lernerwörterbuch" nach, finden Sie neben dem Eintrag **der Besen** folgendes Kontextbeispiel: *den Dachboden mit dem Besen fegen*.

Markieren Sie sich *fegen*. So lernen Sie, dass ein häufig verwendetes Verb im Zusammenhang mit *Besen* das Verb *fegen* ist.

12 [Schwierigkeitsstufe 3] Vokabeln aus dem Kontext

■ Markieren Sie aus den folgenden Kontextbeispielen (aus „Langenscheidts Lernerwörterbuch") die Wörter, die Sie im Zusammenhang lernen möchten!

1. das Kleid — ein Kleid mit langen Ärmeln
2. das Büfett — ein Büfett mit einem Aufsatz
3. die Batterie — Die Batterie ist leer und muss neu aufgeladen werden.
4. die Bekleidung *(Pl.)* — leichte Bekleidung für den Sommer
5. der Besucher — Die Besucher strömten in den Saal.
6. der Bogen — einen neuen Bogen in die Schreibmaschine einspannen
7. das Dach — Die neue Stelle im Dach muss ausgebessert werden.
8. die Dampfnudel — Dampfnudeln mit Vanillesoße
9. der Dreck — Dreck vom Fußboden aufkehren
10. die Erde — Die Erde dreht sich in einem Jahr einmal um die Sonne.
11. die Falte — Falten in die Hosenbeine bügeln
12. der Fisch — Fische haben Schuppen und atmen durch Kiemen; ein Schwarm junger Fische
13. die Gurke — ein Salamibrot, mit saurer Gurke garniert
14. der Knopf — den obersten Knopf des Hemdes am Kragen offen lassen
15. das Messing — ein Türschild aus Messing

13 [Schwierigkeitsstufe 4] Abstrakte Nomen im Kontext

■ Eigentlich werden in diesem Kapitel ja nur konkrete Nomen behandelt. Aber es ist natürlich auch sehr sinnvoll, für alle anderen Vokabeln (abstrakte Nomen, Verben) Kontextsätze zu betrachten und daraus Vokabeln zu notieren! Markieren Sie sich aus den folgenden Kontextbeispielen (abstrakte Nomen aus „Langenscheidts Lernerwörterbuch") die Wörter, die Sie im Zusammenhang lernen möchten!

1. die Beschränkung — eine Beschränkung der Kosten auf 1 000 Euro verlangen
2. die Beschreibung — Seine Beschreibung trifft genau auf den Verdächtigen zu.
3. die Erinnerung — Ich habe nur noch eine schwache Erinnerung daran, wie es in meiner Kindheit war.
4. Normalnull — Hamburg liegt 6 m über Normalnull.
5. der Protest — Er verließ unter lautem Protest den Saal.
6. die Restauration — die Restauration eines Bauwerkes
7. der Skandal — Nach dem Skandal bot der Innenminister seinen Rücktritt an.
8. der Schutz — Seine dünne Kleidung bot ihm kaum Schutz vor dem Regen.
9. der Turnus — Die Abgeordneten werden im Turnus von vier Jahren in das Parlament gewählt.
10. der Urlaub — Sie ist gut erholt aus dem Urlaub zurückgekommen.
11. die Maßnahme — Die Regierung leitete Maßnahmen zum Abbau der Arbeitslosigkeit ein.
12. die Lebenserwartung — Die Lebenserwartung der Bevölkerung ist in den letzten Jahren beträchtlich gestiegen.
13. die Öffentlichkeit — Unsere Zeitung brachte die Nachricht an die Öffentlichkeit.
14. die Rechenschaft — Einmal im Jahr legt der Vorstand des Vereins Rechenschaft darüber ab, wofür er das Geld ausgegeben hat.

Bedeutungen

V. Assoziationen

Das schönste deutsche Wort: Im Jahre 2004 wurde vom **Deutschen Sprachrat** das **schönste deutsche Wort ausgezeichnet**. Welches das ist? In einem internationalen Wettbewerb wurde nach dem schönsten deutschen Wort gesucht. Insgesamt 22 838 Wörter und die Begründungen für die Wahl gingen aus 111 Ländern beim Sprachrat ein. Daraus wählte die Jury die Gewinner. Es sind:

1. Habseligkeiten
2. die Geborgenheit
3. lieben
4. der Augenblick
5. die Rhabarbermarmelade

Die schönsten Wörter und die schönsten Begründungen wurden vom Hueber-Verlag in einem Buch veröffentlicht. Sie können auf der Seite des Verlags (*http://www.hueber.de*) einige Probeseiten ansehen.

Die Begründungen beinhalten meist Erklärungen dazu, was der Sprecher mit dem Wort assoziiert, d. h., was er über die Bedeutung des Wortes hinaus mit dem Wort verbindet.

Lesen Sie z. B. die Wahl und Begründung von Elke Rebecca Grommes:

Lesesessel
Dieses Wort ist für mich das schönste deutsche Wort, weil es sich liest, wie es ist: Mit harten Kanten hält der Lesesessel sein weiches Inneres.
In ihm lassen wir unserer Zunge, unseren Gedanken freien Lauf. Er lädt uns ein, seine geschmeidige, behagliche Mitte zu ertasten, und lässt uns wieder gehen. Diese Behaglichkeit ist ein Moment, eine Sekunde, eine Stunde, bis die reale Welt uns wieder hat.
Der Lesesessel ordnet sich trotz seiner Einfachheit von drei Buchstaben doch so geschickt an, dass wir innehalten, kurz verweilen und tatsächlich lesen.

Assoziationen sind nicht Teil der eigentlichen Kernbedeutung, weil sie individuell sehr verschieden sind. Sonst hätte es ja auch keinen Wettbewerb geben müssen und alle wären sich einig gewesen, dass z. B. *Lesesessel* das schönste deutsche Wort ist. Jedoch kann es für Sie sinnvoll sein, auch hin und wieder über bestimmte Assoziationen eines Wortes nachzudenken und einen Muttersprachler, z. B. Ihren Tandempartner, zu fragen, welche Gefühle und Gedanken er mit einem bestimmten Wort verbindet. So erfahren Sie mehr über die emotionale Komponente des Wortschatzes.

VI. Vokabelheftseiten: Bedeutungen

Schlagen Sie ein Wort im Wörterbuch nach, von dem ausgehend Sie Ihren Wortschatz erweitern wollen. Es kann ein beliebiges Wort sein, ein Wort, das Sie gerade gelernt haben, ein Wort, das Ihnen zufällig einfällt, ein Wort, das Sie gerade irgendwo gehört oder gelesen haben, ein Wort, das Ihnen begegnet, während Sie im Wörterbuch stöbern.

1. Schreiben Sie das Wort in die erste Spalte Ihrer Vokabelheftseite „Bedeutungen".
   ⇨ **Kopiervorlage dazu siehe Anhang, Seite 157**

2. Suchen Sie dann in einem Wörterbuch nach einem passenden **Oberbegriff**. Verwenden Sie Ihr **Lernerwörterbuch**, da die Bedeutungserklärungen hier griffiger gehalten sind als in einem normalen wissenschaftlichen Wörterbuch und sich daher besser für diese Wortschatzarbeit eignen. (Auch Kinderwörterbücher und Schülerwörterbücher sind für diese Übung besonders gut geeignet, wenn Sie solche mögen und sie Ihnen zur Verfügung stehen.) Sie werden nicht in jedem Fall einen Oberbegriff finden können. Lassen Sie die Spalte ggf. frei.

3. Identifizieren Sie im Wörterbucheintrag Wörter für Teile und/oder Merkmale, die Sie nicht kennen, oder auch Wörter, die Ihnen nicht geläufig sind und die Sie aus Ihrem passiven Wortschatz in Ihren aktiven Wortschatz übernehmen wollen. Schreiben Sie diese Wörter in die dritte Spalte Ihrer Vokabelheftseite. Für diesen Teil der Wortschatzarbeit können Sie sowohl ein einsprachiges wissenschaftliches Wörterbuch als auch Ihr Lernerwörterbuch (oder auch beide parallel) verwenden!

4. Die vierte Spalte ist für den Kontext bestimmt. Betrachten Sie dafür Beispielsätze aus Ihrem Wörterbuch oder der Leipziger Datenbank (siehe Kapitel 1: Kontextstarke Beispielsätze, Seite 15).

5. Falls Sie Anmerkungen zum Wort haben, z. B. eine Assoziation oder eine Anmerkung in Ihrer Muttersprache, schreiben Sie diese neben die letzte Spalte.

Wort	Oberbegriff	Teile und Merkmale	Kontext
Blume	Pflanze	Blütenblätter, Stängel	blühen auf der Wiese
Wolkenkratzer	Gebäude	Stockwerke	in Großstädten

Jedes Ding an seinem Platz

2 Sachgruppen

I. Einführung: Wortschatzsammlungen
II. Sachgruppen
III. Wörterbucharbeit mit dem *Dornseiff*
IV. „Der große Preis" – Ein Wortschatzquiz
V. Nachrichtensprache
VI. Vokabelheftseiten: Sachgruppen

I. Einführung: Wortschatzsammlungen

Lesen Sie den folgenden Artikel.

> **Uranus und Neptun tauschten ihre Plätze im Sonnensystem**
>
> In den ersten 650 Millionen Jahren nach Entstehung des Sonnensystems sah die Reihenfolge der Planeten noch etwas anders aus als heute, auf den Gasriesen Saturn folgten die äußeren Gasplaneten Neptun und Uranus. Dann tauschten Uranus und Neptun die Bahnen, wie eine Computersimulation des Astronomen Steve Desch von der Arizona State University in Phoenix ergab.
>
> Die Anfangsphase unseres Sonnensystem war überhaupt recht turbulent: Der Mond ist vermutlich aus einem Zusammenstoß der Proto-Erde mit einem etwa marsgroßen Asteroiden entstanden. Und die vor etwa 4 Milliarden Jahren gebildete feste Gesteinskruste des Mars, des sonnennächsten Planeten, war einem heftigen Bombardement von Asteroiden und Kometen ausgesetzt, sodass er sie zu einem großen Teil verlor und heute einen übergroßen Eisenkern besitzt.
>
> Und wie kann man sich die Reihenfolge der acht Planeten im Sonnensystem merken? Da hilft folgender Merksatz: „Mein Vater erklärt mir jeden Sonntag unseren Nachthimmel." Der Anfangsbuchstabe jedes Wortes steht für einen Planeten: **M**erkur, **V**enus, **E**rde, **M**ars, **J**upiter, **S**aturn, **U**ranus, **N**eptun.
>
> Bevor Pluto im Jahre 2006 den Zwergplaneten zugeordnet wurde, waren es noch neun, und da galt ein anderer Merksatz: „Mein Vater erklärt mir jeden Sonntag unsere neun Planeten."

Wie Sie leicht erkennen können, ist das **Thema** des Artikels *Planeten unseres Sonnensystems*. Welcher im Text enthaltene Wortschatz gehört zu diesem Thema?

Ein bisschen in eine logische Reihenfolge gebracht, bildet dieser Wortschatz eine **Sachgruppe**, also eine Gruppe von Wörtern, die dem gleichen Thema angehören.

Wie Sie sicherlich schon wissen, ist es sinnvoll, Wörter in Sachgruppen zusammen zu lernen. Am nebenstehenden Beispiel wird verdeutlicht, wie Sie Sachgruppenwortschätze aus Texten mit einem bestimmten Thema für sich **extrahieren und ordnen** können.

Nomen

das Sonnensystem
der Mond
der Planet, der Gasplanet
der Gasriese
der Zusammenstoß
die (Planeten)bahn
die Proto-Erde
der Asteroid, der Komet
die Gesteinskruste
der Kern (Eisenkern)

der Zwergplanet Pluto
Merkur, Venus, Erde, Mars, Jupiter, Saturn, Neptun, Uranus
der Astronom

Adjektive

äußere (Gas)planeten
sonnennah
marsgroß

Glücklicherweise müssen Sie nicht alle Arbeit selbst machen, denn es haben sich schon vor Ihnen Lexikografen ans Werk gemacht und nach Sachgruppen geordnete Wortschätze erstellt.

Speziell für Lerner haben verschiedene Verlage **Grund- und Aufbauwortschätze** herausgeben:

- die großen **Lernwortschätze** aus dem Hueber-Verlag (einsprachig als Lernwortschatz Deutsch als Fremdsprache von A. Gellert/H. G. Hoffmann sowie verschiedene zweisprachige Wortschätze)
- die **thematischen Grund- und Aufbauwortschätze** aus dem Klett-Verlag (zweisprachig deutsch-englisch, deutsch-französisch, deutsch-spanisch oder deutsch-italienisch)
- Das Buch **MEMO** vom Langenscheidt-Verlag bietet eine Kombination aus einem thematischen Lernerwortschatz und einem Übungsbuch. Es ist einsprachig deutsch-deutsch und in zweisprachigen Varianten erhältlich.

Nach dem Philologen und ersten Herausgeber **Franz Dornseiff** wird ein großes nach Themen geordnetes Wörterbuch „Der deutsche Wortschatz nach Sachgruppen" auch manchmal nur **„der Dornseiff"** genannt. Es erscheint im de Gruyter Verlag. Neben einer gebundenen und einer broschierten Ausgabe ist das Buch auch **als CD-ROM** erhältlich.

Sachgruppen

Wie auch diese Einleitung, beginnt der *Dornseiff* seine Sammlung mit dem Thema **Weltall**. Allerdings ist dieses einem noch größeren Thema, nämlich dem Thema 1 der insgesamt 20 Großthemen, **Anorganische Welt, Stoffe** untergeordnet.

Für Ihren persönlichen **Lernwortschatz nach Sachgruppen**, den Sie sich im Laufe der Zeit erstellen können, bietet es sich an, sich sowohl bei der Systematik als auch in den Einträgen des *Dornseiff* Anregungen zu holen. Das folgende Kapitel hält dazu weitere Erklärungen und Übungen bereit.

Einige der 20 Großthemen des Dornseiff lauten:

1. Anorganische Welt, Stoffe
2. Pflanzen, Tier, Mensch
10. Sinnesempfindungen
12. Denken
13. Zeichen, Mitteilung, Sprache
15. Kunst
18. Wirtschaft
19. Recht, Ethik

Jedes der Großthemen ist wiederum in Unterthemen untergliedert, z. B. Thema 2 u. a. in:

1. Pflanze
2. Pflanzenarten
3. Pflanzenteile
5. Pflanzenanbau
8. Tier
16. Körperteile
36. Schlaf

II. Sachgruppen

1 [Schwierigkeitsstufe 3–4] **Wörter Sachgruppen zuordnen**

■ Ordnen Sie die Begriffe den verschiedenen Sachgruppen zu!

- anfechten
- angegriffen
- ansteckend
- das Antiquariat
- artig
- aufklaren
- der Aufstrich
- der Band
- die Banknote
- bar
- bedeckt
- das Benehmen
- die Berufung
- bettlägerig sein
- die Bewährung
- bewölken
- blauer Fleck
- die Blinddarmentzündung
- die Brise
- die Bücherei
- die Buchhandlung
- das Bußgeld
- die Depression
- die Devisen
- diplomatisch
- donnern
- der Eid
- der Einspruch
- der Eiter
- entwerten
- die Erkältung
- die Erstausgabe
- finanziell
- freisprechen
- galant
- das Gästebuch
- gebunden
- gießen
- der Graupelschauer
- der Groschen
- der Gruß
- der Hagel
- der Händedruck
- der Handkuss
- herzhaft
- hochachtungsvoll
- den Hunger stillen
- husten
- den Hut lüften
- die Inflation
- die Kantine
- klagen
- knabbern
- der Knochenbruch
- der Knicks
- das Kompliment
- das Leckermaul
- die Mandelentzündung
- die Masern
- matt
- die Mensa
- die Mittelohrentzündung
- nahrhaft
- nieseln
- der Pfennig
- prägen
- der Quark
- der Rosenkohl
- der Schmöker
- das Schneegestöber
- der Schorf
- der Schriftsteller
- der Sonnenbrand
- das Sparschwein
- der Speisewagen
- das Taschengeld
- den Tisch decken
- der Tresor
- die Übelkeit
- der Umgangston
- im Umlauf sein
- das Urteil
- sich verneigen
- versalzen
- die Währung
- wehen
- weltmännisch
- das Werk
- das Wetterleuchten
- die Windpocken
- die Windstille
- der Wolkenbruch
- der Zeuge
- der Zeugenstand
- das Zipperlein
- der Zwiebelkuchen

Wetter	Krankheit	Buch	Geld	Gericht	Essen	Höflichkeit

■ Können Sie die Spalten noch weiter ergänzen?

Jedes Ding an seinem Platz

2 [Schwierigkeitsstufe 3] **Sachgruppen aus Texten extrahieren und ordnen**

- Identifizieren Sie das jeweilige Thema der folgenden Texte und extrahieren Sie das Sachgruppenvokabular zu diesem Thema! Ordnen Sie das so gewonnene Vokabular sinnvoll an!

Verdichtungskunst und Flockenkunde
Ein Interview der ZEIT mit Martin Heggli

Tipps vom Experten für den Schneemannbau: Nicht zu kalten Schnee nehmen, die Kugeln fest rollen – und zur Not hilft ein Schuss Wasser.

DIE ZEIT: Herr Heggli, Schneemänner haben eine dicke Kugel unten, eine kleinere Kugel darüber und eine noch kleinere oben als Kopf. Ist das die einzige Möglichkeit, einen Schneemann zu bauen?

Martin Heggli: Natürlich gibt es auch andere Methoden, einen Schneemann zu konstruieren. Das sieht man bei den Schneeskulpturenbauern. Sie fertigen einen festen Schneeblock, aus dem sie die gewünschte Form herausarbeiten.

DIE ZEIT: Weshalb kann ich Schnee überhaupt zu einer großen Kugel rollen und daraus einen Schneemann formen?

Heggli: Bei großer Kälte ist es recht schwierig, einen Schneemann zu bauen. Wie gut der Schnee klebt, hängt nämlich stark von der Temperatur ab. Das merken Sie schon, wenn Sie versuchen, aus sehr kaltem Neuschnee einen Schneeball zu formen. Der fällt einfach wieder auseinander.

DIE ZEIT: Warum?

Heggli: Schnee muss man sich eigentlich wie einen Schwamm vorstellen, das heißt eine poröse Struktur, die aus Eis und Luftporen dazwischen besteht. Bei Neuschnee machen diese Luftporen 90 Volumenprozent aus, der Eisanteil nur 10 Volumenprozent. Auf der Oberfläche der Eiskristalle gibt es einen ganz dünnen Wasserfilm. Er sorgt dafür, dass die einzelnen Eiskristalle aneinanderkleben. Dieser sogenannte Sinterprozess geht sehr schnell. Auch bei Temperaturen unter null Grad Celsius ist der Wasserfilm noch vorhanden. Aber je kälter es ist, desto dünner ist der Film …

DIE ZEIT: … und desto schlechter kleben die Teile aneinander.

Heggli: Genau.

DIE ZEIT: Deshalb kann ich auch bei recht feuchtem Schnee relativ zügig eine große Kugel rollen?

Heggli: Ja. Den Sinterprozess kann man im Übrigen auch in einer Lawine beobachten. Ist sie in Bewegung, reißt sie große Schneemassen mit sich. Wenn sie zum Stillstand kommt, verdichtet sich der Schnee sehr schnell. Die Eisteilchen pappen aneinander, mit dramatischen Folgen für einen Verschütteten. Der Schnee wird in kürzester Zeit fest wie Beton.

DIE ZEIT: Kommen wir noch mal zum Schneemann zurück. Welcher Schnee eignet sich besonders gut zum Bauen?

Heggli: Wenn ich die Forschung einmal beiseite lasse, würde ich sagen: Schnee, der neu gefallen ist. Ansonsten ist vor allem die Temperatur wichtig. Wenn es zu kalt ist, wird es nicht besonders gut funktionieren.

DIE ZEIT: Kann ich Pulverschnee irgendwie bearbeiten, damit er doch klebt, beispielsweise mit Wasser?

Heggli: Das ist schwierig. Man bekommt sehr schnell einen Eisklumpen, den man nur noch sehr schwer bearbeiten kann. Sinnvoller wäre es, die Temperatur zu erhöhen, was aber zugegebenermaßen in der Natur eher schwierig ist.

DIE ZEIT: Aber ich könnte den Schneemann in der Mittagssonne bauen?

Heggli: Oder wenn es schneit. Dann ist der Himmel bedeckt und es ist oft vergleichsweise warm.

DIE ZEIT: Aber wenn die Sonne richtig draufscheint, war eh alles für die Katz. Dann schmilzt das Bauwerk einfach weg.

DIE ZEIT: Bauen Sie selbst noch Schneemänner?

Heggli: *(lacht)* Ich habe schon sehr lange keinen mehr gebaut. Manchmal werfe ich einen Schneeball. Vielleicht sollten wir am Institut mal eine Versuchsreihe konzipieren und unter ganz verschiedenen Bedingungen Schneemänner bauen. Dann könnten wir wissenschaftlich testen, wie man das beste Ergebnis erzielt.

Interview: J. Bröker (Die ZEIT, 52/2007, gekürzt)

Formen von Schnee:	*Neuschnee, Eis,* ....
	....
Was man aus Schnee machen kann:	*Schneemann, Kugel,* ....
Eigenschaften von Schnee:	*klebt, kalt,* ....
Gegenteil von „es schneit":	*der Schnee* ....

II. Sachgruppen

Sachgruppen

Kinderrechte ins Grundgesetz!

Kinder haben Rechte, daran zweifelt niemand. Aber die Interessen der Kinder und Jugendlichen spielen in Deutschland noch immer eine Nebenrolle. Bei Entscheidungen in Politik und Verwaltung werden ihre Stimmen kaum gehört. Das Aktionsbündnis Kinderrechte (UNICEF, Deutscher Kinderschutzbund, Deutsches Kinderhilfswerk) fordert die Bundesregierung, den Bundestag und den Bundesrat deshalb dazu auf, die Rechte der Kinder im Grundgesetz zu verankern.

Die Aufnahme der Kinderrechte als Grundrecht in das Grundgesetz würde vor allem sehr viel stärker als bislang die Verantwortung von Staat und Eltern verdeutlichen, sich bei der Wahrnehmung ihrer Rechte und Pflichten gegenüber Kindern am Vorrang des Kindeswohls zu orientieren.

Das gilt für Entscheidungen von Gerichten in strittigen Rechtsfragen, für Behörden – etwa bei der Planung von Wohnvierteln oder beim Straßenbau – ebenso wie für das Handeln der Eltern.

Der Spatz ist in Deutschland gefährdet

Immer seltener pfeifen die Spatzen von Deutschlands Dächern. Nach einer Untersuchung des Bundesamts für Naturschutz haben sich die Bestände des gewöhnlichsten, sprichwörtlichsten Vogels in deutschen Städten drastisch verringert. Vielerorts hat sich der Spatzenbestand seit den 1980er-Jahren um bis zu 50 Prozent reduziert, in einigen Städten wie zum Beispiel Hamburg sind es sogar 85 Prozent weniger.

Ursachen für den Rückgang des Spatzenbestands sind sowohl der zunehmende Einsatz von Pestiziden, was das Nahrungsangebot für den Sperling schmälert, als auch die umfangreiche Sanierung alter Häuser. Der Spatz liebt nun einmal unsanierte Dächer und Fassaden. Ähnlich wie Spatzen sind auch Mehl- und Rauchschwalben und Mauersegler Gebäudebrüter. Auch ihre Bestände haben sich im letzten Jahrzehnt um etwa 15 Prozent verringert.

Ein Wortschatzübungsbuch, das mit Sachgruppen arbeitet, ist der kleine Band **Wortschatz und mehr** von Mary M. Apelt, erschienen im Hueber-Verlag (Deutsch üben Band 9). Angefangen beim Thema **Alter** bis hin zum Thema **Zeit** werden, in alphabetischer Reihenfolge verschiedene Sachgruppen behandelt, z. B. *Feste, Geist, Gesellschaft, Literatur, Stadt, Tiere* und viele andere mehr.

III. Wörterbucharbeit mit dem „Dornseiff"

Lesen Sie den folgenden Eintrag aus dem Wörterbuch **Der deutsche Wortschatz in Sachgruppen**:

14.8. Brief: durch die Post • durch Boten • durch Güte • franko • beigefügt • beigelegt • als Anlage • anbei • im Anschluss • im Umschlag ◊ Briefe: absenden • adressieren • aufgeben • einschreiben • freimachen • nachsenden • zustellen • Briefe wechseln • korrespondieren • einander schreiben • brieflich verkehren • von sich hören lassen ◊ brieflich • schriftlich ◊ frei • gebührenfrei • portofrei • postlagernd ◊ Brieftaube • Briefträger • Postbote • Postillon ◊ Adressat • Briefeschreiber • Empfänger ◊ Ausfertigungsstelle • Botendienst • Briefkasten • Feldpost • Post • Postamt • Rohrpost • Stadtpost • Flugpost ◊ Adresse, Dank-, Ergebenheits-, Glückwunsch- • Antwort • Bericht • Billett • Brief • Brand-, Doppel-, Droh-, Eil-, Erpresser-, Karten-, Liebes-, Mahn-, Schnell-, Schreibebrief • Gesellen-, Meisterbrief • Ehrendiplom • Briefkarte • Depesche • Telegramm • Eingabe • formloses Schreiben • Gesuch • Erguss • Lebenszeichen • Note • Rundschreiben • Schreiben • Fern- • Hand- Sendschreiben • Postkarte • Tagesbericht • Wertpaket • Wisch • Zettel • Zinken (rotw.), Kassiber • Zuschrift • Ihr Geehrtes, Ihre Zeilen vom ◊ Adresse, Anschrift • Aufschrift • Briefgebühr • (Brief)umschlag • Postgeld • Porto, Brief-, Freimarke • Anweisung • Postanweisung • Wertbrief • Freiumschlag ◊ Einschreiben • Nachnahme • Wertangabe • Eilbote ◊ Beförderung • Brieftausch • Briefwechsel • Papierkrieg

Wählen Sie, eventuell zusammen mit Ihrem Tandempartner, diejenigen Wörter aus, die Sie aus dieser Sachgruppe lernen wollen. Das können Wörter sein,
◊ die Sie schon passiv kennen und verstehen, aber noch nicht in Ihrem aktiven Wortschatz verwenden,
◊ die Sie beim ersten Lesen verstehen,
◊ die Sie schon einmal gehört oder gelesen haben, ohne (genau) zu wissen, was sie bedeuten,
◊ die Sie „ansprechen", weil Sie sie interessant finden und mehr darüber erfahren wollen,
◊ von denen Ihr Tandempartner Ihnen empfiehlt, sie zu lernen, weil sie wichtig sind und häufig vorkommen.

Lernen Sie nicht alle Wörter eines Sachgruppeneintrags auf einmal. Etwa **8–20 Vokabeln** sind eine gute Anzahl. Wenn Sie diese gemeistert haben, können Sie ja, wenn Sie wollen, wieder zu dem Eintrag zurückkehren und weitere Vokabeln lernen. Angenommen, Sie wählen nach den genannten Kriterien folgende Wörter aus:

◊ einen Brief adressieren	◊ Briefe wechseln	◊ das Lebenszeichen	◊ postlagernd
◊ einen Brief freimachen	◊ die Brieftaube	◊ das Porto	◊ anbei
◊ einen Brief zustellen	◊ der Postbote	◊ das Einschreiben	
◊ einen Brief nachsenden	◊ das formlose Schreiben	◊ der Eilbrief	

Jedes Ding an seinem Platz

Schlagen Sie nun die Wörter, deren Bedeutungen Ihnen noch nicht vollständig klar sind, im Wörterbuch nach. Ordnen Sie dann die Wortliste sinnvoll an, sodass Sie diese gut lernen und behalten können. Schreiben Sie gegebenenfalls auch Überschriften und kurze Sätze zur Erklärung. Für unser Beispiel könnte dies so aussehen:

◊ Wenn ich einen Brief abschicken möchte, muss ich erst Namen und Adresse darauf schreiben, also den Brief **adressieren**. Außerdem ihn **freimachen**, also ein Briefmarke daraufkleben. Das Geld, das ich für diese Briefmarke bezahle, heißt **Porto**.

◊ Wenn ein Brief vom **Postboten** nicht **zugestellt** werden kann, weil der Empfänger verzogen (umgezogen) ist, kann dieser Brief **nachgesendet** werden (falls der Empfänger einen Nachsendeantrag gestellt hat).

Ein Brief, der …
◊ eine Kündigung, Stornierung o. ä. ohne Formular enthält, ist ein **formloses Schreiben**.
◊ bei der Post registriert ist, ist ein **Einschreiben**.
◊ so schnell wie möglich zugestellt werden soll, ist ein **Eilbrief**.
◊ nicht nach Hause zugestellt wird, sondern zum nächsten Postamt, liegt dort **postlagernd**.

Vokabeln für eine Brieffreundschaft:
◊ Lass uns Briefe **wechseln**!
◊ Wie romantisch wäre es, wenn sie von einer **Brieftaube** gebracht werden könnten!
◊ Du hast so lange nichts von dir hören lassen, ich warte auf ein **Lebenszeichen** von dir!
◊ **Anbei** schicke ich dir ein Foto von mir.

Wenn Sie bereits selbst einen Blick in den *Dornseiff* getan haben, werden Sie bemerkt haben, dass die Einträge dort nicht alphabetisch, sondern auch in zusammengehörigen Gruppen geordnet (und durch schwarze Absatzzeichen getrennt) sind. Diese Anordnungen werden für Sie nicht immer leicht zu verstehen sein, können Ihnen aber wertvolle Anregungen für Ihre eigenen Anordnungen liefern.

3 [Schwierigkeitsstufe 3–4] Glück

■ Betrachten Sie folgende Wörter aus dem Eintrag **Glück** im *Dornseiff* (5.46) und ordnen Sie sie zu.

◊ ausgesorgt haben	◊ der Glückspilz	◊ himmelhoch jauchzend	◊ wie Gott in Frankreich leben
◊ begnadet	◊ der Glücksstern	◊ sorgenfrei	◊ das Wohlergehen
◊ blühen	◊ die Glückswendung	◊ vom Glück verwöhnt werden	

1. zwei Wörter, die ausdrücken, dass man frei von Sorgen ist: ....
2. ein Nomen, das ausdrückt, dass es einem gut geht: das ....
3. ein Mensch mit besonders viel Glück ist ein Glücks............. Er wird vom Glück .... Ihm .... das Glück.
4. das bestmögliche Leben leben: ....
5. Ein Mensch, der ein besonderes Talent (Können, Fähigkeit) hat, ist ....
6. Eine Sache, die besonders glücklich verläuft, steht unter einem Glücks............. Wenn sie zuerst schlecht verlief, hat sie eine Glücks............. genommen.
7. sehr, sehr glücklich: ....

4 [Schwierigkeitsstufe 4] Gedächtnis

■ Betrachten Sie folgende Wörter aus dem Eintrag **Gedächtnis** im *Dornseiff* (12.39) und ordnen Sie sie zu.

◊ behalten	◊ der Knoten im Taschentuch	◊ der Orientierungssinn
◊ sich besinnen	◊ das Lesezeichen	◊ unvergesslich
◊ einprägen	◊ das Notizbuch	◊ das Zahlengedächtnis

1. sich etwas mit Absicht merken, sich etwas merken wollen: sich etwas ....
2. sich an etwas absichtlich oder unabsichtlich erinnern: etwas im Kopf ....
3. Jemand, der sich besonders gut an Zahlen erinnern kann, hat ein besonders gutes ....
4. Jemand, der sich Wege besonders gut merken kann, hat einen besonders guten ....
5. sich an etwas erinnern (an ein Versprechen) und als Konsequenz sein Verhalten ändern: ....
6. Ein sehr intensives Ereignis oder eine sehr beeindruckende Person ist ....
7. Wenn man kein gutes Gedächtnis hat, braucht man Hilfen, wie z. B. ein ...., einen .... oder ein ....

Sachgruppen

5 [Schwierigkeitsstufe 3–4] Meinungsverschiedenheit

■ Betrachten Sie folgende Wörter aus dem Eintrag **Meinungsverschiedenheit** im *Dornseiff* (12.48) und ordnen Sie sie zu.

◊ abweichen	◊ auseinandergehen	◊ einwenden	◊ protestieren	◊ sich weigern
◊ die Achseln zucken	◊ bekritteln	◊ den Kopf schütteln	◊ unter keinen Umständen	◊ zwiespältig

1. körpersprachliches Zeichen der Ablehnung: ....
2. körpersprachliches Zeichen: „Dazu kann ich nichts sagen.": ....
3. eine andere Meinung haben: die Meinung ....
4. zwei Meinungen sind verschieden: die Meinungen ....
5. ein Argument gegen die Meinung des anderen sagen: etwas ....
6. leicht gegen die Position eines anderen sein: die Position des anderen ....
7. vehement gegen die Position eines anderen sein: gegen die Position des anderen ....
8. ablehnen, etwas zu tun: etwas unter keinen .... tun wollen: sich ...., etwas zu tun
9. keiner Meinung ganz zustimmen können: .... sein

6 [Schwierigkeitsstufe 3–4] Überraschung

■ Betrachten Sie folgende Wörter aus dem Eintrag **Überraschung** im *Dornseiff* (12.45) und ordnen Sie sie zu.

◊ jemanden auf frischer Tat ertappen	◊ hineinplatzen	◊ urplötzlich
◊ aufschrecken	◊ der Julklapp	◊ verblüffen
◊ aus allen Wolken fallen	◊ unverhofft	◊ wie ein Blitz aus heiterem Himmel

a (eher) positive Überraschungen

1. Überraschend etwas erhalten, z. B. Geld: .... zu Geld kommen
   Der Elektriker konnte beim Fernsehquiz alle Fragen beantworten und kam .... zu einer Million.
2. Erstaunt darüber sein, was eine andere Person kann: .... sein
   Sie war .... darüber, dass ihre Großmutter Englisch sprach. Sie hatte nie geahnt, dass diese das konnte.
3. Ein schwedischer Weihnachtsbrauch, bei dem jeder (nur) einem anderen Mitglied anonym ein (überraschendes) Geschenk macht, heißt ....
   Sie bekam zum .... rote selbst gestrickte Socken, wusste aber nicht von wem.

b (eher) negative Überraschungen

1. Durch etwas Plötzliches, z. B. durch ein lautes Geräusch ....
   Ein lauter Knall ließ sie aus dem Schlaf ....
2. Jemand kommt (uneingeladen und) zu spät zu einer Versammlung: ....
   Die Assistentin wusste nicht, dass heute eine Versammlung in der Bibliothek stattfand und .... mitten ...., als sie sich gerade nur ein Buch ausleihen wollte.
3. Etwas beginnt oder ändert sich schnell: ....
   .... änderte sie ohne ersichtlichen Grund ihre Meinung und wollte nun doch nicht mehr heiraten.
4. Eine erschreckende Neuigkeit trifft einen Menschen *(redensartlich)* ....
   Die Mitteilung, dass er entlassen werde sollte, traf ihn ....
5. Wenn etwas anders ist als man gedacht hat, fällt man *(redensartlich)* ....
   Als sie erfuhr, dass sie in der Prüfung durchgefallen war, ..., denn sie hatte gedacht, dass es eigentlich recht gut gelaufen war.
6. Jemanden bei einer kriminellen Tat erwischen: *(idiomatisch)* jemanden ....
   Der Kaufhausdetektiv beobachtete den jungen Mann schon lange durch seine Kamera und konnte ihn so schließlich ....

7 [Schwierigkeitsstufe 4–5] Wörterbucharbeit

■ Wählen Sie jetzt selbst einige Einträge aus dem *Dornseiff* aus und extrahieren und ordnen Sie die Vokabeln nach der erläuterten Methode.

Jedes Ding an seinem Platz

IV. „Der große Preis" – Ein Wortschatzquiz

8 Spielen Sie dieses Spiel im Wortschatzunterricht oder in Ihrer Lerngruppe. Wenn Sie daran Gefallen finden, können Sie danach ähnliche Wortschatzquizspiele mit Sachgruppenthemen entwerfen und in der Gruppe spielen.

▪ Die Spielregeln

Es gibt fünf Kategorien zu je einem Sachgruppenthema: **Musik, Familie, Zahlen, Zeit** und **die Sinne**. In jeder Kategorie gibt es 10 Fragen. Die einfachste Frage ist Frage 10, die schwierigste Frage ist Frage 100, eine Frage in der Mitte ist Frage 50 usw. Für das richtige Beantworten von Frage 10 bekommt man 10 Punkte, für das richtige Beantworten von Frage 20 bekommt man 20 Punkte etc.

Jeder Spieler oder jede Gruppe wählt abwechselnd eine Frage, die der Spielleiter vorliest. Beantwortet der Spieler oder die Gruppe die Frage korrekt, werden ihm die Punkte gutgeschrieben. Beantwortet der Spieler die Frage falsch, bekommt er keine Punkte und der nächste Spieler darf versuchen, die Frage richtig zu beantworten.

Wer bei Spielende, nach einer vereinbarten Zeit oder aber wenn alle Fragen beantwortet sind die meisten Punkte hat, gewinnt das Spiel.

▪ Kategorie 1: Musik

10 Nennen Sie drei Musikinstrumente!
20 Welches Adjektiv beschreibt jemanden, der ein Talent für Musik hat?
30 Nennen Sie drei Blasinstrumente!
40 Was ist eine Tonleiter und warum heißt sie so?
50 Nennen Sie ein anderes Wort für „der Ton"!
60 Welches Wort singt jemand wiederholt, der bei einem Lied die Worte vergessen hat?
70 Wie heißt das Instrument, mit dem ein Dirigent dirigiert?
80 Was ist eine Stimmgabel und warum heißt sie so?
90 Wie heißt ein sehr schneller Wechsel zweier Töne?
100 Wie sagt man (idiomatisch) zu sehr schlechter Musik?

▪ Kategorie 2: Familie

10 Wie nennt man die Mutter der Großmutter?
20 Wie nennt man die Kinder der Enkel?
30 Wie nennt man die Frau des Bruders?
40 Was ist der Unterschied zwischen Geschwistern und Gebrüdern?
50 Welche Familienstände gibt es?
60 Was macht eine Frau, wenn sie unter die Haube kommt?
70 Was ist eine Waise?
80 Was ist ein Stammhalter?
90 Wie nennt man den Namen der Frau, den sie vor ihrer Ehe hatte?
100 Was ist eine Muhme?

▪ Kategorie 3: Zahlen

10 Was ist der Unterschied zwischen einer Zahl und einer Nummer?
20 Ein geläufigeres Wort für „verzweifachen" lautet?
30 Ist die Vier eine ungerade Zahl?
40 Was ist eine Bruchzahl?
50 Was ist das Einmaleins?
60 Wie viele sind ein Dutzend?
70 Wie viele Nullen hat eine Trillion?
80 Wie heißen die Zahlen auf einer Uhr?
90 Was für eine Zahl ist eine Chiffre?
100 Was für eine Zahl ist die Zusatzzahl?

▪ Kategorie 4: Zeit

10 Um wie viel Uhr ist Mitternacht?
20 Nennen Sie drei Arten von Uhren!
30 Was bedeutet „in chronologischer Reihenfolge"?
40 Was ist eine Frist?
50 Was macht man, wenn man etwas auf die lange Bank schiebt?
60 Was bedeutet „in der Zwischenzeit"?
70 Was ist eine Ära?
80 Was sind Annalen?
90 Was ist ein Anachronismus?
100 Was bedeutet: „Das machen wir am Sankt-Nimmerleins-Tag."?

Sachgruppen

■ **Kategorie 5: Die Sinne**

10 Wie lautet das zugehörige Nomen zu dem Verb riechen?

20 Nennen Sie fünf Geschmacksadjektive!

30 Was ist der Unterschied zwischen sehen und starren?

40 Was ist der Unterschied zwischen hören und horchen?

50 Was sind Adleraugen bei einem Menschen?

60 Welche Tiere haben Fühler?

70 Wann benötigt man eine Brille, wie heißen die korrekten Adjektive für Fehlsichtigkeit?

80 Was ist eine Ohnmacht?

90 Was sind eingeschlafene Füße?

100 Was ist wittern?

V. Nachrichtensprache

Sicherlich lesen Sie hin und wieder die aktuellen Nachrichten in deutschen Tages- und Wochenzeitungen, hören Nachrichtensendungen im Radio oder sehen die Nachrichten im Fernsehen. Auch bei dieser Tätigkeit können Sie Ihren Wortschatz erweitern.

Auf der Seite *http://wortschatz.uni-leipzig.de/wort-des-tages* gibt es eine tägliche Auflistung der Wörter aus den aktuellen Nachrichten. Am 3.1.2008 beispielsweise waren dies u. a.:
◊ in der Kategorie *Politiker*: der Bundeswirtschaftsminister, die Präsidentschaftskandidaten
◊ in der Kategorie *Ereignisse*: die Fernsehansprache, die Großdemonstration, der Neujahrsmorgen, die Vorwahlen
◊ in der Kategorie *Schlagwörter*: die Babyklappe, die Jugendkriminalität, die Schwarzarbeit, das Wahlrecht

Wenn Sie vor Ihrer Zeitungslektüre oder vor dem Betrachten der Fernsehnachrichten die aktuellen Nachrichtenwörter durchgehen, wird Ihnen erstens das Verständnis der Nachrichten leichterfallen und zweitens werden Sie sich diese Wörter auf diese Weise gut einprägen können.
Sie können sich auch Beispielsätze mit diesen Wörtern im Kontext anzeigen lassen.

Lesen Sie neben den eigentlichen Nachrichten auch **Kommentare** zum aktuellen Tagesgeschehen, formulieren Sie mithilfe der gelernten Vokabeln Ihre eigene Meinung und **diskutieren** Sie im Unterricht, in der Lerngruppe, mit Ihrem Tandempartner oder in Internet-Foren. Sehen Sie Kommentare auch nach Formulierungen durch, die Sie übernehmen können, um Ihre eigene Meinung auszudrücken, z. B.:
◊ Die Begründung für … erscheint mir zu fadenscheinig.
◊ Ein wesentlicher Punkt wurde jedoch übersehen: …
◊ Da stellt sich die Frage, ob …
◊ Die Argumentation ist gut nachvollziehbar. etc.

VI. Vokabelheftseiten: Sachgruppen

Verwenden Sie die dreispaltige Kopiervorlage von Seite 158 im Anhang. Reservieren Sie für jede Sachgruppe eine eigene Vokabelheftseite. Schreiben Sie das Thema der Sachgruppe als Titel oben links auf die Seite. Ordnen Sie die Vokabeln, wie Sie es in den vorangegangenen Übungen gemacht haben. Lassen Sie zwischendurch Platz für neue Vokabeln dieser Sachgruppe, die Sie zu einem späteren Zeitpunkt ergänzen werden.

Sachgruppe: …………………………………

Oberbegriffe/Kategorien	zugehörige Wörter	Verwendungsbeispiele
der Himmelskörper	*der Planet*	
	der Fixstern	*z. B. der Polarstern*
	das Sternbild	*z. B. Großer Wagen*
der Astronom		
das Teleskop		
◊ *Verben*	*beobachten*	
	vorhersagen	
◊ *Adjektive*	*unendlich*	

⇨ **Kopiervorlage dazu siehe Anhang, Seite 158**

3 Synonyme

I. Einführung: Müde, erschöpft, ausgepowert?
II. Eine Einführung in die Merkmalsanalyse
III. Übungen zu den Merkmalsfragen
IV. Arbeit mit Synonymwörterbüchern
V. Anglizismen als neuer Synonymschub
VI. Aus Fehlern lernen
VII. Synonyme als Stilmittel
VI. Vokabelheftseiten: Synonyme

I. Einführung: Müde, erschöpft, ausgepowert?

Als ich im letzten Winter an einer Apotheke vorbeikam, fiel mir folgendes Werbeschild ins Auge: *„Müde, erschöpft, ausgepowert?"* stand dort in großen Buchstaben im Apothekenfenster.

Es war eine Werbung für ein Medikament mit Vitamin C, das die Apotheke empfahl zu nehmen, wenn man sich im Winter nicht frisch und energiegeladen genug fühlte. Da sich wohl im Winter jeder ein bisschen krank und matt (müde) fühlt, meinte die Apotheke, wohl ein gutes Geschäft machen zu können. Und wollte mit drei sinnähnlichen Wörtern möglichst viele Leute ansprechen, alle, die sich auf die eine oder andere Weise ein bisschen schlapp (müde) fühlen.

Müde?
Erschöpft?
Ausgepowert?

Sehen wir uns einmal die **Bedeutung der drei Wörter** an:
◊ **müde:** jemand hat zu wenig geschlafen, Schlafmangel
 Müde ist überdies ein Wort aus dem **Grundwortschatz**, das einfachste und umfassendste **Grundwort** für den Zustand *wenig Energie, energielos*.
◊ **erschöpft:** jemand hat zu viel gearbeitet, Mangel an Erholung
◊ **ausgepowert:** gleich wie *erschöpft*, jemand hat zu viel gearbeitet, Mangel an Erholung

Aber das Wort kommt (zumindest teilweise) **aus dem Englischen** *(power)* und hat damit, wie viele der Wörter, die aus dem Englischen ins Deutsche gekommen sind, eine **moderne** Bedeutung, die oft von der Werbung genutzt wird. Jemand, der *erschöpft* ist, hat vielleicht zu viel Sport getrieben oder zu viel auf dem Feld gearbeitet. Jemand, der *ausgepowert* ist, ist vielleicht ein moderner, eleganter Manager, der zu viel herumgelaufen ist, in sein Handy gesprochen hat, organisiert hat.

Wer soll also das Medikament kaufen und einnehmen? Alle, die zu wenig geschlafen oder zu viel gearbeitet haben (traditionell oder modern) oder sich so fühlen, also mehr oder weniger alle Menschen im Winter. Eine geschickte Werbestrategie.

Die Apotheke hätte auch folgende Worte wählen können: *matt, schlapp, ausgelaugt, entkräftet, zerschlagen* – alles **sinnähnliche Wörter (Synonyme)** für *müde*.

Möchte man seinen Wortschatz erweitern, ist es sinnvoll, einige Synonyme zu einem Grundwort zu suchen und sie zusammen zu lernen. So kann man, von einem Wort ausgehend, das man schon kennt, etwa zehn oder mehr neue Wörter dazulernen und mit dem Grundwort **verknüpfen**. Dabei lernt man auch, die Wörter voneinander **abzugrenzen**, d. h., man lernt zu unterscheiden, wo genau sich das eine Synonym vom anderen unterscheidet. Wie dieser Lernvorgang besonders effektiv gestaltet werden kann und bei welchen Wörtern sich das **Anknüpfen** von Synonymen lohnt, soll in diesem Kapitel vorgestellt und eingeübt werden.

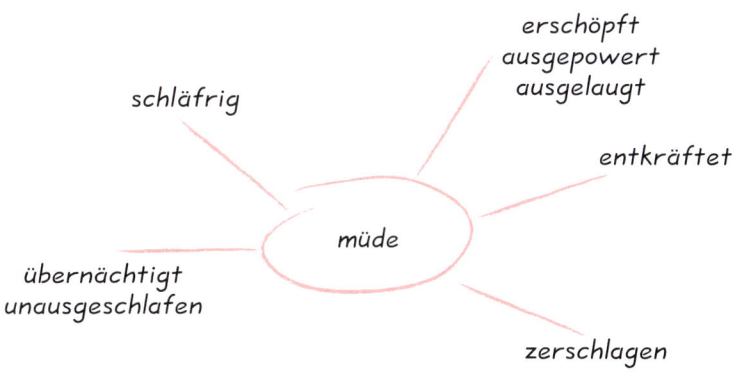

Wortigel *müde* mit Synonymen

Synonyme

- **Definition „Synonym"**

   Synonyme sind zwei oder mehr Wörter, die die gleiche oder eine ähnliche Bedeutung haben, zum Beispiel die Wörter **der Arzt, der Mediziner** und **der Doktor**. Es gibt allerdings keine **perfekten Synonyme**, das heißt, keine Wörter mit exakt der gleichen Bedeutung. Es gibt immer einen kleineren oder größeren Unterschied in der Bedeutung oder im Stil.

   So gibt es zum Beispiel **regionale (dialektale) Unterschiede**: In Süddeutschland (etwa in Bayern) würde man zu **Brötchen** eher **Semmel** sagen.

   Oder es gibt einen Unterschied in der **Herkunft und im Gebrauch** des Wortes: Das Wort **Fahrstuhl** ist aus den deutschen Worten *fahren* und *der Stuhl* gebildet. Sein Synonym, **der Lift**, ist ein Lehnwort aus dem Englischen. Da viele Lehnwörter aus dem Englischen **modisch-chic** sind, würde in einem teuren Hotel vielleicht *Lift* heißen, was in einem normalen Schulgebäude als *Fahrstuhl* bezeichnet wird. Eine gerade Linie, die von oben nach unten verläuft, nennt man eine **senkrechte Linie**. In mathematischer **Fachsprache** allerdings bezeichnet man so eine Linie als **vertikale Linie**.

   Oder es besteht ein Unterschied darin, WER das Wort gebraucht und in welcher SITUATION es verwendet wird (unterschiedlicher Sprachbenutzer, unterschiedliche Register): Ein kleines Kind oder dessen Eltern sagen zu einem **Auto** vielleicht **Töff-töff**. Einem Grundschulkind wird man das schwierige Fachwort **Adjektiv** lieber mit dem Synonym **Wiewort** verdeutlichen. Eine ältere Dame lässt sich ihre Haare vom **Friseur** oder einer **Friseuse** schneiden, während ein junger Filmstar zu seinem **Hairstylisten** geht, wie die Klatschpresse berichtet. Haben Sie auch darauf geachtet, dass hier das Wort **ältere Dame** passender ist als **ältere Frau**? Das liegt daran, dass das Wort *Dame* höflicher und respektvoller ist.

II. Eine Einführung in die Merkmalsanalyse

Wo genau sich ein Synonym vom anderen unterscheidet, lässt sich mit einer **Merkmalsanalyse** deutlich darstellen. Führen wir zur Veranschaulichung einmal eine Merkmalsanalyse für einige Synonyme zum Grundwort **essen** durch:

aufessen, einnehmen, sich etwas einverleiben, sich ernähren, frühstücken, futtern, fressen, grasen, knabbern, kosten, löffeln, mampfen, naschen, picknicken, schlemmen, schlingen, speisen, sich stärken, verzehren

- Die erste Frage, die wir dabei stellen wollen, ist **Merkmalsfrage 1:**
   Welche dieser Begriffe sind **umgangssprachlich**, welche sind **gehoben**, welche sind **stilistisch neutral**?

   Umgangssprachliche Ausdrücke sind Wörter, die fast nur in der mündlichen Sprache zu finden sind. Man würde sie in einem normalen Zusammenhang nicht schreiben. Außerdem würde man sie meistens nur unter Freunden oder guten Bekannten verwenden, da sie einen vertrauten Ton, eine vertraute Stimmung erzeugen, die gegenüber Unbekannten unhöflich wirken würde.

   Gehobene oder formale Ausdrücke dagegen sind Wörter, die man in einer bestimmten formalen Situation verwenden würde, z. B. wenn eine Firma ihren Kunden gegenüber besonders höflich sein möchte oder wenn sehr distanziert und neutral gesprochen werden muss, wie etwa in der Sprache des Rechtswesens.

   Sortieren wir also die Synonyme für *essen* nach der Merkmalsfrage 1, kommen wir zu folgendem Ergebnis:
   Futtern und **mampfen** sind umgangssprachliche Begriffe. **Speisen** und **verzehren** sind gehoben-formale Begriffe.

   ◇ Teenager vor dem leeren Kühlschrank: „Gibt es denn nichts zu *futtern* im Haus?" Er entdeckt seinen kleinen Bruder, der Pommesfrites isst: „Was? Und du *mampfst* hier so ganz alleine vor dich hin, ohne mir etwas abzugeben?"

   ◇ Werbeanzeige: „Vorzüglich *speisen* in Hamburgs Nobelrestaurant ‚Der goldene Teller'."

   ◇ Packungsaufschrift: „Den Räucherlachs bitte möglichst rasch *verzehren*."

- Stellen wir dann die **Merkmalsfrage 2:**
   Haben einige der Wörter andere stilistische Besonderheiten? Gibt es **wissenschaftliche** Wörter? Gibt es **veraltete** Wörter? Gibt es Wörter, die hauptsächlich in einer bestimmten **Region** oder vorrangig von bestimmten Benutzern verwendet werden?

   Wissenschaftliche Begriffe oder fachsprachliche Begriffe können aus den verschiedensten Bereichen der Wissenschaft stammen, aus den Naturwissenschaften, der Medizin, der Psychologie, Geografie, Philosophie, Literaturwissenschaft etc. Manchmal ist der Begriff aber auch ein allgemein-wissenschaftlicher Ausdruck, der in vielen Disziplinen verwendet werden kann. Unter den Synonymen für *essen* könnte man das Wort *sich ernähren* als allgemein-wissenschaftlich bezeichnen.

So oder so ähnlich

- Bleiben uns die stilistisch nicht markierten, neutralen Begriffe. Um sie zu sortieren, stellen wir uns **Merkmalsfrage 3:** Was für **inhaltliche Nuancen** (geringe Bedeutungsunterschiede) erwarten wir? (Denken Sie als Hilfe dazu auch an vergleichbare Synonyme in Ihrer Muttersprache!)

  Im Fall von *essen* könnten wir uns z. B. fragen: WER isst? WAS wird gegessen? WANN wird gegessen? WO wird gegessen? WARUM wird gegessen? WIE/AUF WELCHE WEISE wird gegessen?

  Wörter, bei denen es wichtig ist, WER isst, sind **fressen** und **grasen**. *Fressen* benutzt man für die Nahrungsaufnahmen von Tieren, Menschen essen, Tiere fressen. *Grasen* ist ein noch spezielleres Wort und wird für Paarhufer (u. a. Kühe) verwendet, die ja bekanntlich Gras fressen.

  ◊ Löwen *fressen* am liebsten rohes Fleisch.
  ◊ Im Sommer *grasen* die Kühe auf der Wiese.

  Wörter, bei denen es wichtig ist, WAS gegessen wird, sind **naschen** und **einnehmen**. *Naschen* benutzt man für das Essen von Süßigkeiten. *Einnehmen* für das „Essen", oder vielmehr würde man sagen die „Aufnahme" von Medizin, zum Beispiel von Tabletten.

  ◊ Im neuen Jahr möchte ich nicht mehr so viele Gummibärchen *naschen*.
  ◊ Bitte *nehmen* Sie die Medizin dreimal täglich *ein*.

  Ein Wort, bei dem es wichtig ist, WANN gegessen wird, ist **frühstücken**. Das Frühstück wird natürlich morgens gegessen.
  Ein Wort, bei dem es wichtig ist, WO gegessen wird, ist **picknicken**. Das Essen wird draußen, im Freien, vielleicht in einem Park, auf einer Decke sitzend gegessen.

  ◊ Ich *frühstücke* jeden Morgen um acht Uhr.
  ◊ Im Park gibt es einen schönen Baum, unter dem man gut *picknicken* kann.

  Wörter, bei denen es wichtig ist, WARUM gegessen wird, sind **kosten** und **sich stärken**. *Kosten* bedeutet, nur ein wenig von dem Essen zu probieren, um zu erfahren, wie es schmeckt. *Sich stärken* betont, dass man isst, um wieder neue Kraft zu bekommen.

  ◊ Möchten Sie ein wenig von dem Fisch *kosten*?
  ◊ Nachdem wir uns ein wenig *gestärkt* hatten, konnten wir die Wanderung fortsetzen.

  Wörter, bei denen wichtig ist, WIE oder AUF WELCHE WEISE gegessen wird, sind **löffeln** (man isst mit dem Löffel, z. B. Suppe), **knabbern** (man isst harte Dinge mit den Zähnen, z. B. Nüsse oder Kartoffelchips), **schlingen** (sehr schnell essen), **aufessen** (alles essen) und **schlemmen** (viel und gerne, mit Freude essen).

  ◊ Langsam *löffelte* er seine Suppe.
  ◊ Beim Fernsehen *knabbert* Helga gerne Kartoffelchips.
  ◊ Er *verschlang* sein Essen in einem Zug und rannte schnell weiter zur Vorlesung.
  ◊ Es tut mir leid, es ist zu viel, ich kann wirklich nicht alles *aufessen*.
  ◊ Heute habe ich mal wieder keine Zeit, uns etwas Leckeres zu kochen, aber am Wochenende mache ich uns ein Dreigängemenü und dann wird *geschlemmt*!

- **Merkmalsfrage 4:** Sind einige der Synonyme ausdrücklich **positiv** oder **negativ**?

  Was ist der Unterschied zwischen den beiden Adjektiven **geizig** und **sparsam**? Beide bezeichnen einen Menschen, der wenig Geld ausgibt. Bezeichne ich so einen Menschen als *sparsam*, möchte ich ausdrücken, dass ich diese Eigenschaft positiv bewerte, dass ich es gut finde, dass er wenig Geld ausgibt. Bezeichne ich hingegen einen Menschen als *geizig*, möchte ich damit ausdrücken, dass ich diese Eigenschaft schlecht finde und denke, dass er ruhig mehr Geld ausgeben sollte.

  Bei unserer Merkmalsanalyse der Synonyme von **essen** gibt es ein Wort, das relativ klar eine negative Sprechereinstellung ausdrückt, und zwar **schlingen**. Auch **mampfen** könnte man als negativ markiert bezeichnen. Eine tendenziell positiv besetztes Wort hingegen ist **schlemmen** (Beispielsätze siehe oben).

- Kommen wir schließlich zur letzten Merkmalsfrage, **Merkmalsfrage 5:**
  Spiegelt sich eine weitere **Einstellung des Sprechers** in einigen Synonymen wider?

  Bei manchen Wörtern kann es auch sein, dass sie anzeigen, dass der Sprecher sie **scherzhaft** oder **ironisch** meint oder **verhüllend** gebraucht.

  Es gibt beispielsweise sehr viele Synonyme für das Wort **sterben**. Darunter sind, der menschlichen Natur entsprechend, einige, die scherzhaft, ironisch oder aber verhüllend gebraucht werden. **Ins Gras beißen** ist eine scherzhafte Formulierung, die die grausame Tatsache des Todes auf lustige, comicartige Weise darstellt. **Einschlafen** ist eine verhüllende Formulierung.

II. Eine Einführung in die Merkmalsanalyse

Synonyme

Bei unserem Analysebeispiel der Synonyme für **essen** ist **sich etwas einverleiben** eine scherzhafte Formulierung. Eine recht moderne Variante davon ist der ebenfalls umgangssprachliche Ausdruck **sich etwas in die Figur rammen**.

◇ Beim Büfett hat sich Jan alle Hähnchenflügel *einverleibt*.

Fassen wir also noch einmal zusammen:

Merkmalsfrage 1: gehobene und umgangssprachliche Begriffe heraussuchen
Merkmalsfrage 2: andere stilistisch markierte Begriffe (wissenschaftliche, veraltete, regionale) heraussuchen
Merkmalsfrage 3: inhaltliche Nuancen
Merkmalsfrage 4: positive/negative Markierung
Merkmalsfrage 5: Sprechereinstellung

So könnte das schriftlich festgehaltene Ergebnis einer Merkmalsanalyse aussehen:
(Die Synonyme sind sortiert und mit entsprechenden Anmerkungen und Markierungen versehen.)

futtern *(ugs.)*	WER?	fressen *(Tiere)*	WARUM?	kosten *(probieren)*
mampfen *(ugs., neg.)*		grasen *(Kühe)*		sich stärken *(Kraft)*
speisen *(geh.)*	WAS?	naschen *(Süßigkeiten)*	WIE?	löffeln *(Löffel)*
verzehren *(geh.)*		einnehmen *(Medizin)*		knabbern *(Zähne)*
sich ernähren *(wiss.)*	WANN?	frühstücken *(morgens)*		schlingen *(schnell, neg.)*
sich etwas einverleiben *(scherzh.)*		picknicken *(draußen)*		schlemmen *(viel, pos.)*

III. Übungen zu den Merkmalsfragen

1 [Schwierigkeitsstufe 3] **Merkmalsfrage 1: Umgangssprachliche Begriffe**

■ Ordnen Sie jedem Grundwort ein umgangssprachliches Synonym zu!

◇ anknipsen	◇ eingemummelt	◇ gammelig	◇ hinfliegen	◇ motzen
◇ baff	◇ flott	◇ geknickt	◇ hippelig	◇ tipptopp
◇ bummeln	◇ futsch	◇ der Grips	◇ der Job	◇ sich verdrücken

1. weg ....
2. dick angezogen ....
3. sich beschweren ....
4. mutlos ....
5. erstaunt, sprachlos ....
6. schnell ....
7. makellos sauber ....
8. anschalten ....
9. die Arbeit ....
10. stürzen ....
11. trödeln, sich Zeit lassen ....
12. faul *(Obst, Essen)* ....
13. ungeduldig ....
14. (heimlich) weggehen ....
15. die Intelligenz ....

2 [Schwierigkeitsstufe 3] **Merkmalsfrage 1: Gehobene Begriffe**

■ Ordnen Sie jedem Grundwort ein gehobenes Synonym zu!

◇ sich abzeichnen	◇ die Frühe	◇ das Nachtgewand	◇ die Torheit	◇ verunreinigen
◇ anheimgestellt werden	◇ der Gefährte	◇ preisgeben	◇ übereinkommen	◇ währen
◇ erzürnt	◇ die Geisterstunde	◇ der Schall	◇ sich vermählen	◇ sich wandeln

1. die Mitternacht ....
2. der Morgen ....
3. offenstehen ....
4. der Schlafanzug ....
5. auftauchen ....
6. der Ton ....
7. sich verheiraten ....
8. verraten ....
9. verschmutzen ....
10. sich einigen ....
11. der Freund ....
12. ärgerlich ....
13. die Dummheit ....
14. sich ändern ....
15. andauern ....

So oder so ähnlich

3 [Schwierigkeitsstufe 3] Merkmalsfrage 2: Wissenschaftliche Begriffe (Fachsprache)

■ Ordnen Sie jedem Grundwort ein fachsprachliches Synonym zu!

◊ arid *(Geologie)*	◊ die Halbzeit *(Fußball)*	◊ prozessieren *(Rechtssprache)*
◊ das Axiom *(Philosophie)*	◊ die Infektion *(Medizin)*	◊ die Randgruppe *(Soziologie)*
◊ die Bakterie *(Biologie)*	◊ der Niederschlag *(Meteorologie)*	◊ sanieren *(Architektur)*
◊ zu Dumpingpreisen *(Wirtschaft)*	◊ der Organismus *(Biologie)*	◊ die Verschleppung *(Rechtssprache)*
◊ frustriert *(Psychologie)*	◊ die Prognose *(allg. Wissenschaft)*	◊ der Vergleich *(Rechtssprache)*

1. die Minderheit ....
2. modernisieren ....
3. (sehr) billig ....
4. enttäuscht ....
5. die Erkrankung ....
6. der Grundsatz ....
7. trocken, dürr ....
8. der Keim ....
9. das Kidnapping ....
10. klagen ....
11. der Kompromiss ....
12. das Lebewesen ....
13. der Regen ....
14. die Pause ....
15. die Voraussage ....

4 [Schwierigkeitsstufe 3] Merkmalsfrage 2: Veraltete Wörter

■ Ordnen Sie jedem Grundwort ein veraltetes Synonym zu!

◊ der Brausekopf	◊ gesegneten/schweren Leibes	◊ der Putz	◊ sich verehelichen
◊ das Charité	◊ die Klosterfrau	◊ überhändigen	◊ vollleibig
◊ firm	◊ kund werden	◊ das Unterkommen	◊ das Zuckerwerk
◊ fürwahr	◊ die Missetat	◊ jmdm. untertan sein	

1. schwanger ....
2. die Nonne ....
3. kundig, kompetent ....
4. das Krankenhaus ....
5. der Schmuck ....
6. dick ....
7. die Arbeitsstelle ....
8. Süßigkeiten *(Pl.)* ....
9. überreichen ....
10. der Choleriker ....
11. ungelogen ....
12. das Verbrechen ....
13. jmdm. unterstehen ....
14. heiraten ....
15. bekannt werden ....

5 [Schwierigkeitsstufe 3] Merkmalsfrage 2: Regionale Wörter

■ Ordnen Sie jedem Grundwort ein regionales Synonym zu!

◊ das Blaukraut *(süddt.)*	◊ das Gspusi *(süddt.)*	◊ lütt *(norddt.)*	◊ der Rahm *(süddt.)*
◊ das Daheim *(süddt.)*	◊ der Hausgang *(süddt.)*	◊ neuerdings *(süddt.)*	◊ der Spökenkieker *(norddt.)*
◊ freilich *(süddt.)*	◊ der Klönschnack *(norddt.)*	◊ der Plausch *(süddt.)*	◊ sich verschauen *(Österreich)*
◊ der Fußgeher *(Österreich)*	◊ der Krams *(norddt.)*	◊ die Puschen *(Pl.) (norddt.)*	

1. die Sahne ....
2. der Rotkohl ....
3. sich verlieben ....
4. bestimmt, ohne Frage ....
5. das Zuhause ....
6. die Unterhaltung ....
7. die Unterhaltung ....
8. klein ....
9. der Flur ....
10. noch einmal ....
11. das Gerümpel ....
12. der/die Liebste ....
13. die Hausschuhe *(Pl.)* ....
14. der Hellseher ....
15. der Fußgänger ....

III. Übungen zu den Merkmalsfragen

Synonyme

6 [Schwierigkeitsstufe 4–5] Merkmalsfrage 3: Bedeutungsunterschiede, Nuancen

Ordnen Sie den Wörtern die unterscheidenden Merkmale zu! (Die Grundwörter nicht zuordnen!)

A Grundwort: **glühen**

◊ brennen	◊ glimmen	◊ (rot) leuchten	◊ schwelen

betont die Farbe: ....   betont das Feuer: ....
nur leicht glühen: ....   ein leichtes Feuer/ ein leichter Brandvorgang: ....

B Grundwort: **dunkel**

◊ dämmrig	◊ finster	◊ schattig	◊ stockdunkel
◊ düster	◊ rabenschwarz	◊ schwach beleuchtet	◊ trostlos

noch nicht ganz dunkel: ....   dunkel und traurig: ....
sehr dunkel: ....   wenig Sonne: ....
dunkel und gefährlich: ....   (zu) wenig Licht: ....
sehr dunkel und gefährlich: ....   betont die Farbe: ....

C Grundwort: **atmen**

◊ ächzen	◊ durchatmen	◊ (Luft) einsaugen	◊ keuchen	◊ röcheln	◊ schnauben
◊ Atem holen	◊ einatmen	◊ gähnen	◊ pusten	◊ schnarchen	

einatmen:
durch die Nase: ....
durch den Mund: ....
nach kurzer Pause: ....
tief (ein und aus): ....

ausatmen:
durch die Nase: ....
durch runde Lippen: ....
erschöpft: ....
müde: ....

Atemstörungen:
vor Erschöpfung: ....
zu wenig/keine Luft bekommen: ....
nachts, geräuschvoll: ....

D Grundwort: **süß**

◊ gesüßt	◊ gezuckert	◊ honigsüß	◊ kandiert	◊ süßlich	◊ überzuckert	◊ zuckerig

ein bisschen süß: ....   Zucker hinzugefügt: ....
zu süß: ....   Honig/Zucker/Süßstoff hinzugefügt: ....
schmeckt nach Zucker: ....   mit Zucker überzogen: ....
schmeckt nach Honig: ....

E Grundwort: **stehlen**

◊ ausnehmen	◊ bestehlen	◊ plündern	◊ veruntreuen
◊ beiseite schaffen	◊ plagiieren	◊ rauben	

Fokus auf dem Bestohlenen (der bestohlenen Person):
generelles Wort: ....
von jemandem zu viel Geld als Bezahlung verlangen: ....

Fokus auf der Beute: Die Beute ist weiter weg.
mit Gewalt: ....
fast alles: ....

Fokus auf der Beute: Die Beute ist in der persönlichen Umgebung.
etwas, das man nur zur Aufbewahrung hatte, selbst verwenden: ....
(zunächst) unbemerkt stehlen: ....
einen Text, ein Musikstück unerlaubt nachmachen: ....

So oder so ähnlich

F Grundwort: das Loch

| ◇ das Leck | ◇ die Lücke | ◇ die Mulde | ◇ die Öffnung | ◇ der Riss | ◇ der Schlitz | ◇ die Spalte |

Form eher rund:

ein Eingang zu etwas: ....

zwischen zwei Dingen: ....

im Schiff: ....

unten geschlossen: ....

Form eher länglich:

ein Eingang zu etwas: ....

kaputt: ....

in der Natur: ....

G Grundwort: schwimmen

| ◇ baden | ◇ Delfin schwimmen | ◇ planschen | ◇ treiben |
| ◇ Brust schwimmen | ◇ kraulen | ◇ tauchen | |

über Wasser (ohne Schwimmbewegungen):

über Wasser sein: ....

über Wasser (mit Schwimmbewegungen):

Schwimmstil mit bogenförmigen Armbewegungen: ....

schneller Schwimmstil mit kreisförmigen Armbewegungen: ....

Schwimmstil mit wellenförmiger Körperbewegung: ....

im Wasser:

sein: ....

spielen und spritzen: ....

unter Wasser:

sein: ....

H Grundwort: Gespräch

◇ die Ansprache	◇ das Geplapper	◇ die Predigt	◇ die Unterhaltung
◇ die Aussprache	◇ das Geplauder/die Plauderei	◇ die Rede	◇ die Vorlesung
◇ die Befragung	◇ der Informationsaustausch	◇ das Referat	◇ das Wortgefecht
◇ die Beratung	◇ das Interview	◇ die Rücksprache	◇ der Wortwechsel
◇ die Besprechung	◇ das Lallen	◇ das Selbstgespräch	◇ das Zwiegespräch
◇ der Gedankenaustausch	◇ die Präsentation	◇ das Telefonat	

einer:

einer allein: ....

unverständlich *(Kind)*: ....

unverständlich *(Betrunkener)*: ....

zwei:

einer fragt, einer antwortet: ....

am Telefon: ....

vertraut: ....

streitend/kämpfend: ....

schnell: ....

lange reden, z. B. nach einem Streit: ....

mit einem Vorgesetzten oder Kollegen, um Erlaubnis zu bekommen: ....

zwei oder eine kleine Gruppe:

formal: *(2)* ....

halbformal: *(3)* ....

nicht formal: ....

einer vor einer großen Gruppe:

ein Politiker: ....

ein Student: ....

ein Manager: ....

ein Professor: ....

ein Pastor: ....

ein König: ....

einer mit mehreren nacheinander: ....

III. Übungen zu den Merkmalsfragen

Synonyme

I Grundwort: **rot**

| ◊ blutrot | ◊ flammend | ◊ grellrot | ◊ kirschrot | ◊ orangerot | ◊ rotblond | ◊ sattrot |
| ◊ dunkelrot | ◊ gerötet | ◊ hellrot | ◊ knallrot | ◊ purpurfarben | ◊ rotbraun | ◊ ziegelrot |

Rottöne:

ein helles Rot: ....

ein intensives, helles
(unangenehmes) Rot: ....

ein intensives Rot: ....

ein dunkles Rot: ....

ein intensives, dunkles Rot: ....

Körperteile:

Haare *(2 x)*: ....

Haut: ....

Mund: ....

Vergleiche:

wie Blut: ....

wie Feuer: ....

ein gelbliches Rot: ....

ein bläuliches Rot: ....

eine Naturfarbe aus Ton: ....

J Grundwort: **schmutzig**

| ◊ beschmutzt | ◊ eingestaubt | ◊ klebrig | ◊ schmierig | ◊ trübe | ◊ ungepflegt | ◊ unhygienisch |
| ◊ besudelt | ◊ fleckig | ◊ ölig | ◊ stinkend | ◊ übel riechend | ◊ ungewaschen | ◊ unsauber |

betont, was es NICHT ist:

nicht sauber: ....

nicht gewaschen: ....

nicht gepflegt: ....

nicht hygienisch: ....

betont, dass es schmutzig GEMACHT wurde:

normal negativ: ....

besonders negativ: ....

visuell schmutzig (kann man sehen):

schmutzige Stellen: ....

schmutzige Flüssigkeiten: ....

olfaktorisch schmutzig (kann man riechen):

normal negativ: ....

besonders negativ: ....

taktil schmutzig (kann man fühlen):

durch Staub: ....

durch Fett: ....

durch Öl: ....

durch Zucker: ....

7 [Schwierigkeitsstufe 3]   Merkmalsfrage 4: Negative Ausdrücke

■ Ordnen Sie jedem Grundwort ein negatives Synonym zu! (Manche der negativen Synonyme sind umgangssprachlich!)

◊ besudeln	◊ grell	◊ nachjammern	◊ saufen *(ugs.)*	◊ unerhört
◊ das Gedudel *(ugs.)*	◊ grob	◊ pedantisch	◊ schuften *(ugs.)*	◊ unreif
◊ das Gesöff *(ugs.)*	◊ Machenschaften *(Pl.)*	◊ petzen *(ugs.)*	◊ sensationshungrig	◊ das Unwetter
◊ das Gör *(ugs.)*	◊ jmdn. nachäffen *(ugs.)*	◊ die Plackerei *(ugs.)*	◊ übereilt	◊ verhätscheln

1. die Musik ....
2. das Kind ....
3. die Arbeit ....
4. das Getränk ....
5. der Regen ....
6. das Handeln ....
7. hell ....
8. stark ....
9. jung ....
10. schnell ....

11. neugierig ....
12. sorgfältig ....
13. unfassbar ....
14. trinken ....
15. arbeiten ....
16. etwas verraten ....
17. nachtrauern ....
18. verwöhnen ....
19. beschmutzen ....
20. jemanden nachmachen ....

So oder so ähnlich

8 [Schwierigkeitsstufe 3] **Merkmalsfrage 5: Scherzhafte Ausdrücke**

■ Ordnen Sie jedem Grundwort ein scherzhaftes Synonym zu!

◊ der ABC-Schütze	◊ der Hackenporsche	◊ an der Nasenspitze ansehen	◊ die Schneckenpost[3]
◊ jmdn. beäugen	◊ der Halbgott in Weiß	◊ das Nordlicht	◊ das Tanzbein schwingen
◊ anno dazumal	◊ der Hosenstall	◊ das Pantoffelkino	◊ auf den Topf gehen
◊ der Drahtesel	◊ jwd[1]	◊ pro Nase	◊ der Urlaub auf Balkonien[2]
◊ der Dreikäsehoch	◊ der Langfinger	◊ die Quadratlatschen	◊ der Wetterfrosch
◊ fix und foxi[4]	◊ die Lebensabschnittspartnerin	◊ sägen	◊ wie geleckt
◊ der Göttergatte	◊ die Leseratte	◊ am Sankt-Nimmerleins-Tag	◊ der Wink mit dem Zaunpfahl
◊ das Grünzeug	◊ die Muckibude		

1. (weit) entfernt ....
2. der Ehemann ....
3. Urlaub zu Hause ....
4. der Arzt ....
5. das Fahrrad ....
6. der kleine Junge ....
7. der Erstklässler ....
8. die Briefpost ....
9. der Einkaufsroller ....
10. jmdn. ansehen ....
11. auf die Toilette gehen ....
12. die Freundin ....
13. der Taschendieb ....
14. der Hosenschlitz ....
15. erraten ....
16. der Norddeutsche ....
17. nie ....
18. das Fernsehen ....
19. pro Person ....
20. müde, erschöpft ....
21. gepflegt ....
22. früher ....
23. deutliche Anspielung ....
24. das Gemüse ....
25. schnarchen ....
26. der Bücherfreund ....
27. der Meteorologe ....
28. große Schuhe ....
29. tanzen ....
30. das Fitnesscenter ....

1 Abkürzung für *janz weit draußen* (*janz* = berlinerisch für *ganz*)
2 d. h. auf dem eigenen Balkon
3 weil sie so lange dauert
4 Eine lautspielerische Parodie auf den Ausdruck *fix und fertig* (ugs.), der *sehr erschöpft* bedeutet.
Fix und Foxi sind ein bekanntes Comicfiguren-Paar.

9 [Schwierigkeitsstufe 3] **Merkmalsfrage 5: Verhüllende Ausdrücke**

■ Ordnen Sie jedem Grundwort ein verhüllendes Synonym zu!

◊ die Beitragsanpassung	◊ das freudige Ereignis	◊ mitnehmen	◊ stellensuchend
◊ die dritten Zähne *(Pl.)*	◊ in anderen Umständen	◊ die Mundpflege	◊ das stille Örtchen
◊ einschlafen	◊ kostenintensiv	◊ Preise anpassen	◊ das Wasser
◊ entsorgen	◊ das Minuswachstum	◊ preisgünstig	◊ wohlgeformt
◊ freisetzen	◊ mit jemandem ins Bett gehen	◊ der ständige Begleiter	◊ zur letzten Ruhe geleiten

1. arbeitslos ....
2. dick ....
3. die Geburt ....
4. wegwerfen ....
5. die Preise erhöhen ....
6. der Harn ....
7. entlassen ....
8. beerdigen ....
9. sterben ....
10. schwanger ....
11. Sex haben ....
12. billig ....
13. der Liebhaber ....
14. das Gebiss ....
15. die Toilette ....
16. die Rezession ....
17. stehlen ....
18. die Beitragserhöhung ....
19. teuer ....
20. die Zähne putzen ....

■ In welchen Bereichen finden sich besonders häufig verhüllende Ausdrücke? Warum?

Synonyme

IV. Arbeit mit Synonymwörterbüchern

Es gibt in jeder Sprache zahlreiche **Synonymwörterbücher**, im Englischen auch **Thesaurus** genannt. Hinzu kommen Synonymwörterbücher in Form von **Internetdatenbanken**. In diesem Abschnitt sollen Ihnen einige Synonymwörterbücher und eine Internetsynonymdatenbank vorgestellt werden. Sie werden erfahren, wie Sie mithilfe dieser Wörterbücher eigene Merkmalsanalysen durchführen können.

1. **Duden. Das Synonymwörterbuch** (Der Duden in 12 Bänden, Band 8, Bibliographisches Institut)
2. **Wahrig-Synonymwörterbuch** (Bertelsmann Lexikon Verlag)
3. Das **dtv-Wörterbuch Synonyme** (H. Görner/G. Kempcke) ist ein Synonymwörterbuch im Taschenbuchformat.
4. **Sag es treffender** (A. M. Textor/R. Morell, Rowohlt-Verlag) wendet sich an Schriftsteller und kreative Schreiber. Achtung: Benutzen Sie dieses Wörterbuch nicht ausschließlich, sondern nur als Ergänzung zu einem anderen Synonymwörterbuch oder in Zusammenarbeit mit Ihrem Tandempartner. Sonst können die manchmal langen und zum Teil bunt gemischten Einträge, die oft auch neben Synonymen Assoziationen und Unterbegriffe auflisten, verwirrend sein!
5. Ein kostenloses elektronisches Wörterbuch mit Synonymdatenbank stellt das Institut für Informatik (Abteilung Sprachverarbeitung) der **Universität Leipzig** online zur Verfügung: *http://wortschatz.uni-leipzig.de*. Zu jedem Wort gibt es zahlreiche Beispielsätze.

■ Und so können Sie mit Synonymwörterbüchern arbeiten

1. Wählen Sie ein Wort aus dem **Grundwortschatz** aus, ein ganz simples Wort wie *schlafen, lesen, Buch, Haus, müde, schnell ...*
2. Schlagen Sie das Wort in einem **Synonymwörterbuch** nach. Wenn Sie in einer Bibliothek arbeiten, können Sie auch mehrere Synonymwörterbücher parallel benutzen und die Einträge vergleichen.
3. Schreiben Sie das Wort in die Mitte eines **Wortigels** (ein leeres Oval mit davon abgehenden Linien, den „Stacheln") und hängen Sie an dessen Stacheln die Synonyme, die Sie bereits kennen. Wählen Sie dazu noch etwa fünf bis zehn weitere Wörter aus, die Sie noch nicht kennen.
4. **Schlagen** Sie die Synonyme Ihres Wortigels in einem zweisprachigen Wörterbuch **und** in einem Lernerwörterbuch **nach**. (Wenn in Ihrem Lernerwörterbuch kein Eintrag vorhanden ist, schlagen Sie stattdessen in einem einsprachigen Großwörterbuch nach.)
Erfahren Sie auf diese Weise Genaueres zur Bedeutung und zur stilistischen Markiertheit (z. B. umgangssprachlich, wissenschaftlich etc.) der Synonyme.
Sehen Sie sich neben den **Definitionen auch die Beispielsätze** an, um die Bedeutungen besser zu verstehen. Benutzen Sie die **Merkmalsanalyse**, um die Unterschiede der Synonyme in kurzer Form darzustellen.

Seien Sie dabei nicht zu perfektionistisch! Wenn sich ein Wort mit der Merkmalsanalyse für Ihre Zwecke nicht gut beschreiben lässt, lassen Sie es weg und nehmen stattdessen ein anderes Synonym. Versuchen Sie nicht, alle Synonyme auf einmal zu lernen, sondern nur die, die sich mit dieser Methode **leicht, schnell und mit Spaß** lernen lassen. (Die anderen Wörter werden Sie ein anderes Mal mit einer anderen Methode lernen!) Beschreiben Sie die Synonyme nur kurz mit ein oder zwei wichtigen Merkmalen.

5. Erstellen Sie ein **Übersichtsdiagramm** als Ergebnis Ihrer Analyse und heften Sie es in Ihrem **Vokabelheft** ab.
6. Wenn Sie noch ein wenig Zeit und Lust haben, suchen Sie jetzt für die neuen Wörter **Beispielsätze** aus einem Lernerwörterbuch oder einem einsprachigen Wörterbuch, die Ihnen interessant und einprägsam erscheinen, und schreiben Sie sie unter das Übersichtsdiagramm in Ihrem Vokabelheft.
7. Diese Vokabelarbeit eignet sich auch hervorragend für die Arbeit mit einem **Tandempartner**! Dieser kann Ihnen erklären, welche Synonyme am gebräuchlichsten sind. Er kann Ihnen im Gespräch auch Beispielsätze geben und von seinen eigenen „Erfahrungen" mit den Wörtern berichten. So üben Sie gleichzeitig Ihren Wortschatz und Konversation, es macht Spaß und Sie werden die Wörter noch leichter behalten, wenn Sie sie im Gespräch gehört haben.

■ Lassen Sie uns jetzt anhand von praktischen Beispielen üben!

Den Übungen in diesem Kapitel folgen jeweils Musterlösungen zum Vergleichen. Versuchen Sie auf jeden Fall, zuerst eine eigene Lösung zu finden, bevor Sie vergleichen! So lernen Sie die systematische Arbeit mit Synonymwörterbüchern Schritt für Schritt.

So oder so ähnlich

10 [Schwierigkeitsstufe 5] Synonyme für „Kleidung"

Synonyme aus dem Duden:
Bekleidung, Garderobe, Oberbekleidung, Outfit
salopp: Klamotten
umg. oft scherzhaft: Montur
fam.: Sachen
abwertend: Aufzug
landsch., oft abwertend: Kledasche
norddt. salopp: Plünnen
veraltend: Zeug

Synonyme aus dem dtv-Wörterbuch:
alle Kleidungsstücke zusammen: Garderobe, Bekleidung, Kleider, Gewandung *(veraltend)*
Anzug, Kostüm, Tracht, Uniform
umg.: Sachen, Aufzug *(meist abwertend)*, Kluft, Montur
salopp: Zeug, Kledasche, Klamotten *(meist abwertend)*

Synonyme aus der Leipziger Datenbank:
Anzug, Aufzug, Bekleidung, Garderobe, Klamotten, Kluft, Kostüm, Montur, Sachen, Tracht, Uniform, Zeug

Wenn Sie diese drei Einträge vergleichen, werden Sie verstehen, warum es hilfreich sein kann, in einer Bibliothek mit zwei oder mehreren Synonymwörterbüchern nebeneinander zu arbeiten. Obwohl alles Synonymwörterbücher sind, hat jedes einen unterschiedlichen Schwerpunkt. In diesem Eintrag zu *Kleidung* gibt Ihnen das **Duden-Wörterbuch** die meisten Stilangaben (*salopp, norddeutsch* usw.). Das **dtv-Wörterbuch** gibt Ihnen einen wertvollen Hinweis, welche vier Wörter für *alle Kleidungsstücke zusammen* gebraucht werden. Die **Leipziger Wortdatenbank** listet die Synonyme unkommentiert auf, gibt dafür aber auf einen Mausklick zahlreiche Beispielsätze zu jedem Wort.

- Suchen Sie sich nun für den Wortigel die Synonyme heraus, die Sie schon kennen, und wählen Sie noch ein paar hinzu. Sinnvollerweise werden Sie für den Anfang wahrscheinlich **nicht** die veralteten/veraltenden Synonyme wählen und wohl auch nicht die, die nur in bestimmten Dialekten vorkommen. Vielleicht wählen Sie die folgenden zehn Wörter: *Bekleidung (Pl.), Oberbekleidung (Pl.), die Garderobe, Sachen (Pl.), Klamotten (Pl.), das Outfit, das Kostüm, die Tracht, die Uniform, der Aufzug.*

- Bevor Sie weiterlesen, versuchen Sie Ihre eigene Merkmalsanalyse und Ihr eigenes Übersichtsdiagramm und vergleichen Sie dann mit der folgenden Musterlösung.

Formale Wörter:
- **Bekleidung** *(Pl.)*: formales, wirtschaftliches Wort, oft im Zusammenhang mit Produktion und Verkauf von Kleidung (Bekleidungsindustrie) verwendet
  In diesem Kaufhaus befindet sich die Bekleidungsabteilung im dritten und vierten Stock.
- **Oberbekleidung** *(Pl.)*: formales, wirtschaftliches Wort für alles, was nicht Unterwäsche ist
  Die Damenoberbekleidung befindet sich im dritten Stock.
- **die Garderobe**: formales Wort, betont den Aspekt der Kleidung als mitgebrachten Besitz, oft Mäntel, z. B. im Theater
  Keine Haftung für hier im Theater aufgehängte Garderobe!

Umgangssprachliche Wörter:
- **Sachen** *(Pl.)*: umgangssprachlich
  in der Jugendherberge: *Ich räume meine Sachen in die linke Hälfte des Kleiderschranks ein, dann kannst du deine Sachen in die rechte Hälfte tun, ok?*
- **Klamotten** *(Pl.)*: umgangssprachlich, noch informeller als Sachen
  Student zum Mitbewohner: *Musst du denn deine Klamotten immer in der Küche herumliegen lassen?*
- **das Outfit**: umgangssprachlich, positiv, aus dem Englischen, modisches Wort
  Wenn ich wieder Geld habe, kaufe ich mir ein cooles neues Outfit!

Besondere Arten von Kleidung:
- **das Kostüm**: besondere Kleidung für Verkleidungsfeste wie z. B. Karneval
  Er hatte zum Karneval wieder sein Clownskostüm an.
- **die Tracht**: besondere traditionelle Kleidung einer bestimmten Region
  Die traditionelle bayerische Tracht für Männer sind die Lederhosen.
- **die Uniform**: besondere Kleidung für offizielle Funktionen, z. B. Soldaten, Polizei
  Die Polizei trägt blaue Uniformen.

Negative Sprecherhaltung:
- **der Aufzug**: abwertend, negativ
  In was für einem Aufzug kommst du denn ins Konzert? Das passt ja nun gar nicht!

Synonyme

■ Ein wichtiger Hinweis!

Übungen mit Synonymwörterbüchern sind vergleichsweise sehr schwierige Übungen (Schwierigkeitsstufe 5). Bitte geben Sie nicht auf, wenn Ihre Übungen nicht auf Anhieb gut gelingen. Wenn Ihnen die Arbeit alleine mit Wörterbüchern schwer fällt, üben Sie mit einem Tandempartner oder regen Sie an, dass Synonymübungen in Ihren Deutschunterricht aufgenommen werden. Die harte Arbeit lohnt sich und Sie werden mit Synonymübungen Ihren Wortschatz stark erweitern und ein besseres Gefühl für den richtigen Stil bekommen. Seien Sie auch, gerade am Anfang, nicht zu ehrgeizig bei den Übungen. Wenn Sie es noch nicht schaffen, fünf oder mehr Synonyme zu vergleichen, wie es in der folgenden Aufgabe vorgeschlagen wird, ist es trotzdem lohnenswert, drei oder auch nur zwei Synonyme miteinander zu vergleichen und voneinander abzugrenzen. Die Musterlösungen sind trotzdem sehr ausführlich gehalten, damit Sie Ihre individuellen Lösungen gut vergleichen können.

11 [Schwierigkeitsstufe 5] Synonyme für „Vielfalt"

■ Denken Sie daran, nicht nur für konkrete, sondern auch für **abstrakte Nomen** Synonyme herauszusuchen! Üben Sie dies einmal anhand des Wortes *Vielfalt*. Die Einträge des **Duden-Wörterbuchs**, des **Textor-Wörterbuchs** und der **Leipziger Datenbank** sind für Sie angegeben. Erstellen Sie Ihre eigene Lösung, bevor Sie die vorgeschlagene Musterlösung vergleichen.

Duden-Wörterbuch

breite Skala, Buntheit, Fülle, große Auswahl, großes Angebot, Klaviatur, Palette, Reichhaltigkeit, Reichtum, Universum, Variationsbreite, Verschiedenartigkeit

gehoben: Mannigfaltigkeit, Rausch

bildungssprachlich: Diversifikation, Diversität, Spektrum

Textor

Vielgestaltigkeit, Reichtum, Buntheit, Abwechslung, Wechsel, Farbigkeit, Formenreichtum, Mannigfaltigkeit, Verschiedenartigkeit, Pluralität, Multikultur, Multikulti, Vielförmigkeit, Reichhaltigkeit, Vielheit, Buntheit, Vielerlei, Variationsbreite, Bandbreite, Vielfältigkeit, Allerlei, Auswahl, Fülle, Menge, Masse *(gekürzt)*

Leipziger Datenbank

Abwechslung, Buntheit, Farbigkeit, Fülle, Gemisch, Mannigfaltigkeit, Palette, Reichhaltigkeit, Reichtum, Skala, Variationsbreite, Verschiedenartigkeit, Vielförmigkeit, Vielgestaltigkeit

---

■ Erstellen Sie Ihren Wortigel! Welche und wie viele der angebotenen Synonyme wählen Sie? Welche Synonyme betonen die **Menge** (viel), welche die Variation? Welches sind **soziologische Begriffe**?

■ **Musterlösung**

Betonung auf „viel":
- **eine Fülle (an)**: viel
  In der Bibliothek steht Ihnen eine Fülle an Materialien zur Verfügung.
- **ein Reichtum (an)**: viel; betont, dass es sich um etwas Wertvolles, Wertzuschätzendes handelt
  Aus dem Altchinesischen ist uns ein Reichtum an Gedichten überliefert.
- **großes Angebot (an)**: viel, was man bekommen kann: Der Fokus ist auf die anbietende Person oder Institution gerichtet.
  Dieses Kaufhaus hat ein großes Angebot an Teespezialitäten.
- **große Auswahl (an)**: viel, was man bekommen kann: Der Fokus ist auf die auswählende Person gerichtet.
  Diese Universität bietet eine große Auswahl an Sprachkursen an.

Betonung auf „Variation":
- **Abwechslung**: nicht langweilig, nicht eintönig
  Unser Urlaubsangebot bietet Ihnen viel Abwechslung.
- **Buntheit, Farbigkeit**: bildhaftes Wort, Vergleich mit Farben
  Ein gelungenes Menü erkennen wir an der Buntheit der Speisen und am Geschmack.
  Die ernüchternde Korrektur: Der Kosmos hat seine ganze Farbigkeit verloren. (Quelle: Süddeutsche Zeitung)
- **Gemisch**: unterschiedliche Bestandteile zusammengekommen
  Die Partygäste waren ein buntes Gemisch von alten und jungen Leuten.
- **Skala, Spektrum**: ursprünglich wissenschaftlich, Anfangs- und Endpunkt (implizit) eingeschlossen (von … bis)
  Wie gefällt Ihnen das Buch auf einer Skala von 1 bis 10?
  Das ganze Spektrum der Hamburger Gesellschaft war versammelt.

Betonung auf der Form:
- **Vielförmigkeit, Formenreichtum, Vielgestaltigkeit**
  Der unglaubliche Formenreichtum der Mailänder Kapelle erstaunte die Touristen.

So oder so ähnlich

Soziologische Begriffe:
- **Verschiedenartigkeit**: betont die Unterschiedlichkeit
  Sie jedoch verstehen die Verschiedenartigkeit der Kinder nicht als Belastung, sondern als Chance. (Quelle: Die Zeit)
- **Multikultur, Multikulti**: verschiedene Kulturen zusammen
  Radiomultikulti – der multikulturelle Radiosender für das Leben in der multikulturellen Metropole
- **Pluralität**: oft verwendet für unterschiedliche politische Meinungen
  „Wir sehen uns als europäisch und asiatisch zugleich an und begreifen diese Pluralität als einen Gewinn", sagte Cem jetzt. (Quelle: Berliner Zeitung)

12 [Schwierigkeitsstufe 5] Synonyme für „bunt"

■ Denken Sie daran, auch für **Adjektive** Synonyme herauszusuchen!

Duden-Wörterbuch:
1. farbenfreudig, farbenfroh, farbenprächtig, grell, grellbunt, in Farbe, koloriert, mehrfarbig, poppig, scheckig, schrill, vielfarbig, *(ugs.):* knallig, *(emotional):* kunterbunt, *(ugs. emotional verstärkend):* knallbunt, *(Malerei, Fotogr., bild. Kunst):* polychrom
2. abwechslungsreich, gemischt, reichhaltig, verschiedenartig, verschiedengestaltig, vielfältig, vielgestaltig, vielseitig, *(gehoben):* mannigfaltig, *(emotional):* kunterbunt, *(Fachspr.):* polymorph
3. chaotisch, ungeordnet, unkoordiniert, unordentlich, unüberschaubar, unübersichtlich, wild, wirr, wüst, zusammengewürfelt; *(emotional):* kunterbunt

Leipziger Datenbank:
buntscheckig, chaotisch, durcheinander, farbenfreudig, farbenfroh, farbenprächtig, farbenreich, farbig, grell, kaleidoskopisch, knallbunt, koloriert, koloristisch, kunterbunt, lebhaft, leuchtend, mehrfarbig, polychrom, poppig, regenbogenfarbig, satt, scheckig, schreiend, ungeordnet, unordentlich, unüberschaubar, unübersichtlich, wirr, zusammengewürfelt

Wie Sie am **Duden-Eintrag** erkennen können, gibt es in diesem Fall für das Wort *bunt* **drei deutlich voneinander abgrenzbare Bedeutungen**: 1. bunt (die Farbe), 2. bunt (abwechslungsreich) und 3. bunt (ungeordnet). Beschränken Sie sich in einem solchen Fall bei Ihrer Merkmalsanalyse auf **eine Bedeutung**.

■ **Musterlösung**

Neutrale und wissenschaftliche Begriffe:
- **farbig, in Farbe**: nüchterner, neutraler Stil, neutrale Beschreibung
  Bakterien leuchten daher farbig auf, wenn sie mit Sonden markiert sind und mit dem richtigen Licht angestrahlt werden: So gelingt eine rasche Identifikation oder Zuordnung zu einer Gruppe. (Quelle: Die Zeit)
- **mehrfarbig**: nüchterner, neutraler Stil, neutrale Beschreibung, Betonung auf „mehr" als Gegensatz zu „einfarbig"
  eine mehrfarbig gedruckte Zeitung
- **vielfarbig**: nüchterner, neutraler Stil, neutrale Beschreibung, noch mehr Farben als „mehrfarbig"
  das vielfarbig leuchtende Sternbild
- **polychrom**: wissenschaftlich, Kunstgeschichte
  Auch die polychrom gefassten Holzengel aus Nordfrankreich, die zum Kirchenschmuck … gehörten, sind vom Pariser Stil der Monumentalplastik unabhängig und weisen regionale Eigenheiten auf. (Quelle: Berliner Zeitung)
- **koloriert**: wissenschaftlich, Kunstgeschichte, (nachträglich) bunt gemalte Bilder und Fotos
  Die alten Schwarz-Weiß-Bilder meiner Großeltern hatte der Fotograf nachträglich koloriert und das Kleid meiner Großmutter blau gemalt, obwohl ich glaube, dass es eigentlich ein rotes Kleid war.

Positive und negative Begriffe:
- **farbenfreudig, farbenfroh, farbenprächtig**: positiv, bunt und schön
  Frisch, laut, farbenfroh: Auf dem Wochenmarkt wird jeder Einkauf zum Fest für die Sinne. (Quelle: Die Welt)
- **kunterbunt**: positiv, bunt und (in Bezug auf die Stimmung) fröhlich, oft mit Kindern verbunden
  Im Kindergarten war es kunterbunt. Überall hingen Bilder, die die Kinder gemalt hatten, und Spielzeug lag herum.
- **grell**: negativ
  Die grellen Farben stachen mir ins Auge. Warum nur hatte er seine Wohnung in Neonfarben angestrichen?

Umgangssprachliche Begriffe:
- **poppig, schrill, knallig**
  Du hast aber eine knallige Hose an. Ist dir das nicht peinlich, so aufzufallen?

IV. Arbeit mit Synonymwörterbüchern

Synonyme

13 [Schwierigkeitsstufe 5] Synonyme für „lachen"

■ Denken Sie daran, auch für **Verben** Synonyme herauszusuchen!

> **Duden-Wörterbuch**
> aus vollem Hals lachen, einen Lachanfall/Lachkrampf bekommen, ein Gelächter anstimmen, in Gelächter/Lachen ausbrechen, sich schieflachen, Tränen lachen
> *ugs.:* sich kaputtlachen, sich kranklachen, sich kringeln, sich kugeln vor Lachen, losprusten, wiehern
> *ugs. emotional:* sich krummlachen, sich totlachen
> *salopp:* sich einen Ast lachen

> **Leipziger Datenbank**
> feixen, herausplatzen, kichern, krummlachen, kugeln, losbrüllen, losplatzen, quietschen, schieflachen, totlachen, wiehern

Wie Sie am **Duden-Eintrag** erkennen können, können neben simplen Verben (wie z. B. *kichern*) auch komplexere Konstruktionen (z. B. *aus vollem Hals lachen, einen Lachanfall bekommen*) als Synonyme gelten.

An diesem Beispiel sehen Sie auch noch einmal, wie sinnvoll es sein kann, zwei Synonymwörterbücher (oder in diesem Fall ein Wörterbuch und eine Datenbank) nebeneinander zu verwenden. Hier überschneiden sich die Einträge fast gar nicht und ergänzen sich sehr sinnvoll.

Wie kann man diese Synonyme gruppieren und voneinander abgrenzen? Welche Wörter drücken Laute aus? Welche Wörter sind nicht wörtlich zu verstehen?

■ **Musterlösung**

Betonung auf dem Laut:
◊ **quietschen**
Das Kind im Schwimmbecken quietschte vor Vergnügen und spritzte mit Wasser.
◊ **Tierlaute: wiehern** (wie ein Pferd), **brüllen** (wie ein Löwe)
Alexandra hat ein unangenehmes, wieherndes Lachen. Das Publikum brüllte vor Lachen.
◊ **leise (in sich hinein) lachen: kichern, feixen** (schadenfroh)
Die beiden standen in der Ecke und kicherten. „Jetzt hat er in den Berliner mit Senf gebissen", feixte Johann.
◊ **laut lachen: aus vollem Hals lachen**

Betonung auf einem „sichtbaren" Resultat (bildlich gesprochen, entspricht einer Verstärkung, d. h. sehr stark lachen):
◊ **sich krummlachen, sich kugeln (vor Lachen), sich schieflachen, Tränen lachen, sich totlachen**
Bei dem lustigen Film habe ich wirklich Tränen gelacht!

Betonung auf dem plötzlichen, unfreiwilligen („man kann nicht anders") Anfang des Lachens:
◊ **herausplatzen, losplatzen, losbrüllen**
Als sie sah, wie er komische Grimassen schnitt, konnte sie doch nicht mehr ernst bleiben und platzte los.

mit Absicht anfangen zu lachen:
◊ (von einer Gruppe) **ein Gelächter anstimmen**
Die Essensgäste stimmten ein höfliches Gelächter an, aber man merkte, dass sie es nicht wirklich lustig fanden.

nicht aufhören können zu lachen:
◊ **einen Lachkrampf/Lachanfall bekommen**
Als Kind bekam ich oft einen Lachanfall und konnte nicht wieder aufhören zu lachen, bis mein Bruder mir einen kalten Waschlappen ins Gesicht warf.

14 [Schwierigkeitsstufe 5] Wortigel, Merkmalsanalyse, Übersichtsdiagramm

■ Schlagen Sie jetzt selbst in einem oder mehreren Synonymwörterbüchern ein Grundwort nach und erstellen Sie einen Wortigel, führen Sie eine Merkmalsanalyse durch und fertigen Sie ein Übersichtsdiagramm (mit Beispielsätzen) an.

Wörter, die sich für Anfangsübungen besonders anbieten, sind:
1. die **Nomen**: *Kind, Auto, Klebstoff*
2. die **Adjektive**: *kalt, groß, süß, nackt*
3. das **abstrakte Nomen**: *Treffen*
4. die **Verben:** *sehen, weinen, schenken* und *studieren*

■ Arbeiten Sie allein oder mit einem Tandempartner. Oder gründen Sie mit Ihren Mitstudenten eine Synonym-Lerngruppe.

So oder so ähnlich

■ Gemeinsame Wortschatzarbeit in der Synonym-Lerngruppe

Gemeinsam wird besprochen, zu welchen Wörtern Synonyme gefunden werden sollen. Jeder übernimmt (z. B. jede Woche) ein Wort dieser Liste, erstellt einen Wortigel, führt eine Merkmalsanalyse durch und fertigt für alle ein **Übersichtsdiagramm** an.

Die Übersichtsdiagramme sollten grafisch ansprechend gegliedert sein. Falls es sich anbietet, können sie natürlich auch mit Illustrationen versehen werden. Und vergessen Sie die Beispielsätze nicht! Fertigen Sie eine Kopie für jedes Gruppenmitglied an!

Wenn Sie sich mit der Gruppe treffen, bekommt jeder **Kopien der Übersichtsdiagramme** und jedes Gruppenmitglied hält ein kurzes **Referat** über die Synonyme, mit denen er sich beschäftigt hat. In dem Referat erklärt der Referent sein Übersichtsdiagramm, erzählt etwas zu den einzelnen Synonymen und liest die gefundenen Beispielsätze vor. Je lebendiger das Referat gehalten wird, umso besser! So lernen Sie auch durch Hören und Sprechen, mit Freunden und mit Spaß!

Wenn Sie mit Ihrem **Tandempartner zu zweit** arbeiten, können Sie natürlich auch für Ihren Partner Synonym-Übersichtsdiagramme in Ihrer Muttersprache erstellen und Ihrem Tandempartner ein kleines Referat darüber halten. Ihr Tandempartner kann dann im Gegenzug deutsche Synonymübersichtsdiagramme für Sie erstellen und erläutern. Vielleicht wählen Sie sogar gemeinsam entsprechende Ausgangswörter in den beiden Sprachen und vergleichen Ihre Übersichtsdiagramme.

V. Anglizismen als neuer Synonymschub

Besonders nach 1945 sind viele Wörter aus dem amerikanischen Englisch in die deutsche Sprache gekommen. Aufgrund ihrer Herkunft nennt man sie **Anglizismen**. Viele Anglizismen sind Synonyme für ältere Wörter (Wörter, die schon vorher länger in der deutschen Sprache waren) geworden. Natürlich gibt es auch hier kleine Unterschiede in der Bedeutung und im Stil. Es ist sowohl als **sprachliche Übung**, aber auch als **kulturelle Betrachtung** interessant, sich die Unterschiede zu verdeutlichen.

15 [Schwierigkeitsstufe 3] Wörter aus dem Englischen

■ Betrachten Sie die folgenden **häufig vorkommenden** Anglizismen und ihre Synonyme. Welcher der beiden Ausdrücke passt besser in die jeweilige Lücke und warum? Diskutieren Sie im Kurs oder mit Ihrem Tandempartner!

1. **das Aftershave – das Rasierwasser**
   a) Mein Opa roch immer nach ……………… .
   b) das neue ……………… vom Kenzo

2. **das Babysitten – Kinder betreuen**
   a) Während meines Studiums habe ich mir Geld mit ……………… und Putzen verdient.
   b) Sie wollte ihre Kinder nicht so gerne von fremden Leuten ……………… lassen.

3. **Badminton – Federball**
   a) die mehrmalige deutsche Meisterin im ………………
   b) Im Sommer spielen wir draußen im Park gerne ……………… .

4. **die Band – die Musikgruppe**
   a) An der Schule gibt es eine Fußballmannschaft und eine ……………… .
   b) Seine ……………… spielt Jazz und Blues.

5. **Camping – Zelten**
   a) Deutscher ………………-Club
   b) Wir können im Hotel übernachten, aber ……………… ist auch eine gute Alternative.

6. **checken – kontrollieren**
   a) An der Grenze werden die Ausweise ……………… .
   b) Ich habe beschlossen, am Wochenende meine E-Mails nicht mehr zu ……………… .

7. **der Drink – das Getränk**
   a) Mein Lieblings……………… ist Wodka Lemon.
   b) Mein Lieblings……………… ist Kirsch-Bananensaft.

8. **die Grapefruit – die Pampelmuse**
   a) die ………………-Diät aus Hollywood
   b) Ich kaufe auf dem Markt drei ……………… .

Synonyme

9. **der Lunch – das Mittagessen**
   a) Bei uns zu Hause gibt es das .... immer um halb eins.
   b) Unser Info-.................... findet montags von 11 bis 14 Uhr statt.

10. **das Make-up – die Schminke**
    a) Sie verlässt das Haus nie, ohne perfektes .... aufgetragen zu haben.
    b) Anna ist eine natürliche Frau, die keine .... braucht.

11. **ok – in Ordnung**
    a) Mitarbeiter zum Chef: „Ist es ...., wenn ich heute etwas früher nach Hause gehe?"
    b) Mutter: „Knips das Licht aus, wenn du schlafen gehst!" Sohn: „.................... "

12. **der Partner – der Freund, Lebensgefährte**
    a) Bei der Hochzeit saßen meine Oma und ihr .... neben meiner Schwester und ihrem ....
    b) Auf der Geburtstagseinladung stand: „Auch .... sind herzlich mit eingeladen."

13. **die Party – das Fest, die Feier**
    a) das Weihnachts...................., die Weihnachts.....................
    b) Die wilde .... im Nachbarhaus ging bis um 3 Uhr morgens.

14. **das Recycling – die Wiederverwendung, Wiederverwertung**
    a) In der Nachkriegszeit fand altes Zeitungspapier als Toilettenpapier eine ....
    b) Der Energieaufwand ist bei der Produktion von ....papier deutlich geringer.

15. **shoppen – einkaufen**
    a) Anna (zu ihrer Freundin): „Kommst du am Samstag mit ....? Ich brauche neue Schuhe."
    b) Anna (zu ihrem Mann): „Kannst du am Samstag für das Wochenende ....? Denk bitte vor allem daran, Milch mitzubringen!"

16. **der Service – die Bedienung**
    a) Man nennt Deutschland oft eine ....wüste und meint damit, dass im Dienstleistungsbereich viele Defizite bestehen.
    b) Die .... im Café war sehr unfreundlich, deshalb haben wir kein Trinkgeld gegeben.

17. **der Sound – der Klang**
    a) Das immer gleiche silbrig verkratzte Kofferradio verbreitet seinen .... gleich in mehreren Kaurismäki-Filmen. *(Quelle: Die Zeit)*
    b) Der .... einer Kirchenglocke verhallte in der Ferne.

18. **der Stress – die Belastung, Überlastung**
    a) Der „Tag der offenen Tür" war eine große .... für das Personal.
    b) Stewardessen leiden oft unter ...., weil sie immerzu lächeln müssen.

19. **testen – ausprobieren**
    a) Unsere Software können Sie 30 Tage kostenlos ....
    b) Am Wochenende möchte ich ein Kuchenrezept ....

20. **toasten – rösten**
    a) Brot ....
    b) Kaffee ....

16 [Schwierigkeitsstufe 4–5] Wörter aus dem Französischen

Eine etwas ältere Synonymschicht bilden Wörter aus dem Französischen, die seit dem 17. Jahrhundert (und vereinzelt auch früher) in die deutsche Sprache kamen. Diskutieren Sie mit Ihrem Tandempartner oder im Sprachunterricht folgende Synonympaare.

1. die Frau – die Dame *(17. Jh.)*
2. fein, geschmackvoll – chic, elegant *(19. Jh., 18. Jh.)*
3. einnehmend, bezaubernd – charmant *(18. Jh.)*
4. die Unverzagtheit – die Courage *(16. Jh.)*
5. die Nachsicht – das Pardon *(15. Jh.)*
6. das Ansehen – das Prestige *(19. Jh.)*
7. allmählich – peu à peu
8. auf jeden Fall – partout
9. vorbildlich – par excellence
10. der Abschnitt – der Coupon *(20. Jh.)*
11. der Fahrer – der Chauffeur *(19. Jh.)*
12. die Handpflege – die Maniküre *(20. Jh.)*
13. das Mus – das Mousse (z. B. Apfelmus) – (z. B. Mousse au chocolat, 20. Jh.)

So oder so ähnlich

VI. Aus Fehlern lernen

Gerade im Bereich Synonyme kann man hervorragend aus seinen Sprachfehlern lernen! Als Anfänger ist es bestimmt oft vorgekommen, dass Sie ein bestimmtes Wort gar nicht kannten und es Ihnen nur in Ihrer Muttersprache einfiel. Jetzt als fortgeschrittener Lerner erleben Sie bestimmt oft, dass Ihnen nur ein ähnliches Wort einfällt, das aber nicht ganz das ist, was Sie sagen möchten. Oder dass Sie unabsichtlich ein Wort verwenden, das nicht ganz *falsch*, aber auch nicht ganz *richtig* ist.

Oft bekommen Sie dann in einem solchen Fall etwas zu hören wie „Wir haben verstanden, was Sie meinen, aber …". Geben Sie sich nicht mit ähnlichen Wörtern zufrieden! Wenn Sie einen Text verfassen und ein nicht ganz passendes Wort verwenden und Ihr Deutschlehrer Ihnen einen Stil- oder Wortschatzfehler anstreicht, fragen Sie nicht nur nach, was das richtige Wort gewesen wäre, sondern auch **WIE sich dieses Wort von dem von Ihnen gewählten Wort unterscheidet**. Wenn Sie beim Sprechen mit Freunden oder Ihrem Tandempartner korrigiert werden und Ihnen gesagt wird, das Wort passe nicht ganz so gut wie ein anderes, fragen Sie auch hier, **WO genau der Unterschied zwischen diesen beiden Wörtern ist**.

Manchmal werden Ihre Freunde es nicht erklären können, da sie ihre Muttersprache größtenteils unbewusst sprechen. Trotzdem lohnt es sich, sie ein bisschen überlegen zu lassen, noch jemanden anderes oder Ihren Deutschlehrer zu fragen oder in einem Wörterbuch nachzuschlagen. Denn mit großer Wahrscheinlichkeit werden Sie das Wort bald wieder brauchen!

17 [Schwierigkeitsstufe 4–5] Synonymfehler

■ Korrigieren Sie die folgenden Synonymfehler (Wortfehler, Stilfehler) und erklären Sie den Unterschied zum richtigen Wort!

Tipp: Streichen Sie beim Korrigieren die falschen Wörter durch und schreiben Sie die richtige Version darüber. So prägen Sie sich keine falschen Wendungen ein.

1. Der Maler hat die Wand weiß <u>angemalt</u>.
2. Mechanische Uhren muss man <u>aufdrehen</u>, digitale Uhren laufen mit Batterie.
3. Er <u>gefror</u>.
4. Das Parfüm <u>stank</u> gut.
5. Der Magnet <u>attrahiert</u> Eisen.
6. Kannst du mal das Wasser <u>ausmachen</u>?
7. Sie stach sich mit der Nadel in den Finger und Blut <u>floss heraus</u>.
8. Er <u>kochte</u> sich ein Spiegelei.
9. Sie <u>hörten</u> an der Tür, ob jemand in dem Raum wäre.
10. Sie <u>schüttelte</u> den Kopf <u>aus</u>.
11. Unter dem Dach <u>wohnen</u> Vögel.
12. Du musst den Zwirn durch das Nadel<u>loch</u> <u>stecken</u>.
13. Der Hund gab mir die <u>Hand</u>.
14. Das Warnlicht <u>flackerte</u>.
15. Er brachte ihr eine <u>Kiste</u> Pralinen mit.
16. Hier sind deine fünf Euro. Jetzt sind wir <u>gleich</u>.
17. Der neu polierte Diamant <u>leuchtete</u> in der Sonne.
18. Mein <u>Wohnungsbesitzer</u> hat mir gekündigt.
19. Das Pferd <u>biss</u> lange auf seinem Apfel <u>herum</u>.
20. Er kitzelte sie <u>im Knie</u>.
21. Die Berliner <u>Wand</u> teilte die Stadt in einen Ost- und einen Westteil.
22. Auf der Hallig (Insel) wurde eine große <u>Wand</u> gegen die Sturmflut errichtet.
23. Sie <u>drückte sich</u> in der Schlange beim Bäcker <u>nach vorn</u>.
24. Er aß den Fisch, aber die <u>Knochen</u> ließ er übrig.
25. Das Schiff bekam ein <u>Loch</u> und <u>tauchte unter</u>.
26. Beim Arzt:
    a) Mir ist <u>mulmig</u>.
    b) Soll ich mich obenherum <u>nackt</u> machen?
    c) Der Arzt konnte meinen Schnupfen nicht <u>reparieren</u>.
27. „Darf ich diesen Artikel aus der Zeitschrift <u>herausfetzen</u>?"
28. In der Uni: „Entschuldigen Sie, dass ich zu spät gekommen bin, ich habe <u>verpennt</u>."
29. Ich habe einen Liter Milch <u>erworben</u>.
30. Student zum Mitstudenten: „Darf ich <u>eine Kopie</u> von deinen Vorlesungsaufzeichnungen <u>anfertigen</u>?"

Synonyme

18 [Schwierigkeitsstufe 4] Situationen beobachten

■ Achten Sie in der folgenden Zeit, z. B. eine Woche lang, auf Situationen,
- in denen Ihnen zwar ein Wort einfällt, aber nicht genau das richtige Wort,
- in denen Sie beim Schreiben oder Sprechen einen Synonymfehler (Wortfehler, Stilfehler) machen,
- in denen Ihre Mitlerner oder auch deutsche Muttersprachler ein nicht ganz passendes Wort verwenden.

Halten Sie diese Situationen schriftlich fest, finden Sie das richtige oder passendere Wort, erklären Sie den Unterschied zwischen beiden Wörtern. Tragen Sie Ihre Ergebnisse Ihrem Tandempartner oder im Kurs vor.

VII. *Synonyme als Stilmittel*

■ Alte Paarformeln

Als Martin Luther im 16. Jahrhundert die Bibel ins Deutsche übersetzte, wollte er sie für möglichst viele Leute in verschiedenen Teilen des Landes verständlich machen. So benutzte er Synonympaare, in der Hoffnung, dass die meisten der Leser wenigstens eines der beiden Synonyme verstehen würden. Natürlich wurde durch solche Synonympaare die Sprache auch lebendiger, bildlicher und ausdrucksstärker. Manche dieser Paarformeln sind so in die deutsche Sprache gekommen. Hier sind ein paar Beispiele.

- **angst und bange** jemandem wird angst und bange = jemand bekommt Angst, macht sich Sorgen
  Wenn man nachts allein durch den Wald läuft, kann es nicht nur Kindern angst und bange werden.

- **Gift und Galle** jemand spuckt Gift und Galle = jemand ist sehr wütend, wird ausfallend/beleidigend
  Der Streit ging weiter und wenn sich die ehemaligen Freundinnen sahen, spuckten sie nur noch Gift und Galle.
  ⇨ *Die Galle* ist eine Bezeichnung für den unappetitlichen Gallensaft (ein Verdauungssekret).

- **recht und billig** es ist recht und billig = „alles, was dem geschriebenen Gesetz und dem Gefühl für Gerechtigkeit entspricht" (Brockhaus-Wahrig)
  Wenn die Kirschen von Nachbars Baum in meinen Garten fallen, ist es doch nur recht und billig, wenn ich sie esse!
  ⇨ *Recht und billig* sind alte Bezeichnungen für *richtig*.

- **Haus und Hof** Haus und Hof bewachen, verlieren, verspielen (…) = der gesamte Besitz
  Das Hochwasser der Elbe hat ihnen Haus und Hof genommen.
  ⇨ *Ein Hof* ist die Umgebung des (Bauern)hauses.

- **Hab und Gut** mein Hab und Gut = der gesamte (bewegliche) Besitz
  Er hat all sein Hab und Gut verspielt.
  ⇨ *Das Hab* ist ein veraltetes Nomen und kommt von *Haben*, *das Gut* ist ein veraltetes Wort für *die Güter (Pl.)*.

- **Lug und Trug** Es ist Lug und Trug. = Es ist gelogen.
  Alles, was er gesagt hat, ist nur Lug und Trug!
  ⇨ *Der Lug* ist ein veraltetes Synonym für *die Lüge*, *der Trug* ein veraltetes Synonym für *der Betrug*.

- **Grund und Boden** sich in Grund und Boden schämen = sich sehr schämen
  Als Karins Lüge ans Licht kam, schämte sie sich in Grund und Boden.
  ⇨ *Der Grund* und *der Boden* sind Synonyme für *die Erde*.

■ Intensivierende Paarformeln

Paarformeln mit Synonymen drücken oft eine Intensivierung aus. Etwas wird stark betont. Die Paarformel in *Er ist alt und grau* beispielsweise ist eine stärkere und bildlich-lebendigere Aussage als das einfache *Er ist alt*.

- **alt und grau sein** = alt sein
- **gesund und munter sein** = gesund sein
- **etwas hier und jetzt tun/erledigen, etwas an Ort und Stelle erledigen** = etwas sofort tun
- **für immer und ewig** = für immer
- **voll und ganz (zustimmen)** = völlig zustimmen
- **die Art und Weise (wie er arbeitet)** = wie er arbeitet
- **ohne Wenn und Aber** = ohne Bedingungen zu stellen

So oder so ähnlich

19 [Schwierigkeitsstufe 3] Paarformeln

■ Setzen Sie die richtigen Paarformeln ein!

1. Die Zwillinge seien ...., aber die Namen wollten die frischgebackenen Eltern noch nicht verraten.
2. Er schwor ihr Liebe für ....
3. „Wenn Sie die Wohnung mieten wollen, müssen Sie den Mietvertrag ohne .... akzeptieren", sagte der Vermieter. Da habe ich mich lieber weiter umgeschaut.
4. Auch wenn man schon .... ist, ist das noch lange kein Grund, nicht noch einmal mit einem Studium zu beginnen!
5. Meine Mutter zwang mich immer, die Hausaufgaben nicht auf den späten Abend zu verschieben, sondern sie .... zu erledigen.
6. Deiner Argumentation kann ich .... zustimmen.
7. Die ...., wie sie mit mir redet, macht mich ganz nervös.
8. Bei der Nachricht wurde ihr ....
9. Diese seltsame Briefkastenfirma arbeitet mit ....
10. Wenn man ihn trifft, ist er ein sehr freundlicher Mensch, doch im Internetdiskussionsforum kann er plötzlich ....

■ Synonyme in Gedichten

20 [Schwierigkeitsstufe 4–5] Deutsch für Ausländer

■ In ihrem Gedicht **Deutsch für Ausländer** beschreibt Han Koch negative Erfahrungen mit Deutschland und benutzt in der ersten Strophe Synonyme als Stilmittel. Was soll durch die Synonyme ausgedrückt werden? Kennen Sie weitere Synonyme (z. B. *flehen*)?

Han Koch
Deutsch für Ausländer

Es ist nicht so wichtig, mein Freund,
in Deutschland die Sprache.
Ob du nun **bittest**, **bettelst** oder **betest**.
Man wird dir nichts bieten. (…)

21 [Schwierigkeitsstufe 4] In den Nachmittag geflüstert

■ In der ersten Zeile seines Gedichts **In den Nachmittag geflüstert** beschreibt Georg Trakl die Herbstsonne mit drei Wörtern: *herbstlich*, *dünn* und *zag*. Inwiefern sind diese Wörter Synonyme?

Georg Trakl (1887–1914)
In den Nachmittag geflüstert

Sonne, **herbstlich**, **dünn** und **zag**,
Und das Obst fällt von den Bäumen.
Stille wohnt in blauen Räumen
Einen langen Nachmittag. (…)

22 [Schwierigkeitsstufe 4–5] Einsamkeit

■ Rilke verwendet in seinem Gedicht **Einsamkeit** verschiedene Synonympaare: *fern – entlegen*, *steigen – zum Himmel gehen*, *der Himmel – der Abend*. Inwiefern kann man *der Himmel – der Abend* in diesem Gedicht als Synonympaar interpretieren? Welche Wirkung haben die Synonympaare auf Rhythmus, Bildhaftigkeit und Stimmung des Gedichts?

Rainer Maria Rilke (1875–1926)
Einsamkeit

Die Einsamkeit ist wie ein Regen.
Sie **steigt** vom Meer den **Abenden** entgegen;
von Ebenen, die **fern** sind und **entlegen**,
geht sie **zum Himmel**, der sie immer hat.
Und erst vom **Himmel** fällt sie auf die Stadt. (…)

23 [Schwierigkeitsstufe 4–5] Der Krieg

■ Finden Sie in den ersten beiden Strophen dieses expressionistischen Gedichts Synonyme im engeren und weiteren Sinne und allgemein Ausdrücke mit ähnlicher Bedeutung. Was bewirken diese sprachlichen Mittel?

Georg Heym (1887–1912)
Der Krieg

Aufgestanden ist er, welcher lange schlief,
Aufgestanden unten aus Gewölben tief.
In der Dämmerung steht er, groß und unerkannt,
Und den Mond zerdrückt er in der schwarzen Hand.

In den Abendlärm der Städte fällt es weit,
Frost und Schatten einer fremden Dunkelheit,
Und der Märkte runder Wirbel stockt zu Eis.
Es wird still. Sie seh'n sich um. Und keiner weiß. (…)

VII. Synonyme als Stilmittel

Synonyme

■ Witz und Wortspiel

24 [Schwierigkeitsstufe 4] Die gebrauchten Bundesländer

Als nach der Wiedervereinigung von den *alten* und den *neuen* Bundesländern die Rede war, kam ein synonymer scherzhafter Ausdruck für die *alten* Bundesländer auf: die *gebrauchten* Bundesländer.

■ Was soll mit diesem Wortspiel ausgedrückt werden?

Getrocknetes Gras

Anton: „Sag mal dreimal ganz schnell hintereinander *getrocknetes Gras*!"
Berta: *(schnell)* „Getrocknetes Gras, getrocknetes Gras, getrocknetes Gras."
Anton: „Ich kann's noch schneller!"
Berta: ???
Anton: „Heu, Heu, Heu."

(mündlich überliefert)

Gnädigste auch anwesend?

Auf einem Empfang trifft ein höflicher Mann auf eine schwerhörige alte Dame und ihren Gatten.
Der junge Mann konversiert höflich: „Ach, sind Gnädigste auch anwesend?"
Die schwerhörige alte Dame versteht ihn aber nicht: „Wie bitte?"
Der junge Mann wiederholt: „Gnädigste auch anwesend?"
Die Dame versteht ihn immer noch nicht: „Wie bitte?"
Der junge Mann fragt zum dritten Mal: „Gnädigste auch anwesend?" – „Wie bitte?"
Da schreitet ihr Gatte ein und ruft ihr laut ins Ohr: „Ob du hier bist!"

(mündlich überliefert)

VIII. *Vokabelheftseiten: Synonyme*

Benutzen Sie die Kopiervorlage von Seite 159 im Anhang für die Vokabelheftseiten Ihrer Synonym-Vokabeln. Tragen Sie in die erste Spalte das **Grundwort** ein, in die zweite Spalte **einige Synonyme**. Tragen Sie in die dritte Spalte die Übersetzungen der Synonyme in Ihrer Muttersprache ein. In den folgenden fünf Spalten machen Sie sich **Anmerkungen** entsprechend den Merkmalsfragen (siehe Abschnitt II dieses Kapitels). In die letzte Spalte tragen Sie einen Beispielsatz ein.

Grund-wort	Synonyme	ugs./geh.	wiss./veralt./regio.	Bedeutung	pos./neg.	scherz./verhüllt	Beispielsatz
essen	futtern	ugs.					
	mampfen	ugs.					
	speisen	geh.					
	verzehren	geh.					
	sich ernähren		wiss.				
	fressen			Wer? Tier			
	grasen			Wer? Kuh			
	frühstücken			Wann? morgens			
	picknicken			Wo? draußen			
	kosten	geh.		Warum? probieren			
	sich stärken			Warum? Kraft			
	löffeln			Wie? Löffel			
	usw.						

Beim **Lernen** der Vokabeln decken Sie alles bis auf die ersten beiden Spalten ab und versuchen, sich an die Informationen aus den anderen Spalten zu erinnern.

⇨ **Kopiervorlage dazu siehe Anhang, Seite 159**

Ich bin dagegen!

4 Antonyme

I. Einführung: Dunkel war's …
II. Adjektiv-Antonyme
III. Verb-Antonyme
IV. Nomen-Antonyme
V. Echte und falsche Freunde: Präfixe
VI. Antonymgruppen
VII. Antonyme als Stilmittel
VIII. Arbeit mit Antonymwörterbüchern
IX. Vokabelheftseiten: Antonyme

I. Einführung: Dunkel war's, der Mond schien helle

Nebenstehend finden Sie die ersten beiden Strophen eines mündlich überlieferten anonymen **Scherzgedichtes**, das wahrscheinlich um 1850 entstanden ist. Der Reiz an diesem Gedicht ist unter anderem, dass es einem nicht gelingt, sich im Kopf ein Bild von den beschriebenen Szenen zu machen. Bei einem gewöhnlichen Gedicht hat man keinerlei Probleme, die Worte im Kopf zu einer bildlichen Vorstellung zu verarbeiten.

Vergleichen Sie dazu beispielsweise das Gedicht „**Der Mond ist aufgegangen**" von Matthias Claudius.

Während sich bei dem Gedicht von Claudius nach und nach eine klare **Vorstellung** einer abendlichen Waldszene bildet, gelingt dies bei dem Spottgedicht nicht. Immer wieder scheitert die Vorstellung an den Widersprüchen und das gerade angedachte Bild wird wieder zerstört.

> **Dunkel war's …**
> Dunkel war's, der Mond schien helle,
> schneebedeckt die grüne Flur,
> als ein Wagen blitzeschnelle,
> langsam um die Ecke fuhr.
>
> Drinnen saßen stehend Leute,
> schweigend ins Gespräch vertieft,
> als ein totgeschoss'ner Hase
> auf der Sandbank Schlittschuh lief.

> **Der Mond ist aufgegangen**
> Der Mond ist aufgegangen,
> die gold'nen Sternlein prangen
> am Himmel hell und klar.
> Der Wald steht schwarz und schweiget
> und aus den Wiesen steiget
> der weiße Nebel wunderbar.

Warum ist das so? Wie ist das Spottgedicht sprachlich konstruiert? Lassen Sie uns eine Analyse der **Widersprüchlichkeiten** vornehmen: *dunkel* ↔ *hell*, *Schnee (Farbe weiß)* ↔ *eine grüne Wiese (die „Flur")*, *blitzschnell (= sehr schnell)* ↔ *langsam*, *sitzen* ↔ *stehen*, *schweigen* ↔ *ins Gespräch vertieft sein*.

Die meisten der Widersprüche werden durch Gegenteilwörter (Antonyme) erzeugt. **Antonyme** können **Adjektive** sein wie in der ersten Strophe des Gedichts: *dunkel* ↔ *hell*, *schnell* ↔ *langsam*. Oder es können **Verben** sein wie in der zweiten Strophe: *sitzen* ↔ *stehen*, *schweigen* ↔ *ins Gespräch vertieft sein*.

Wenn Sie die zweite Strophe noch einmal etwas genauer betrachten, werden Sie bemerken, dass es neben den oben genannten expliziten Antonymen auch noch implizite (nicht ausdrücklich genannte) Antonyme gibt: *tot* ↔ *(Hase läuft Schlittschuh, ist also) lebendig*, *(Schlittschuh laufen =) gleiten* ↔ *(auf der Sandbank nicht gleiten können, also) stocken*.

Wieder sind es **Adjektive** und **Verben**. Gibt es auch Antonyme von **Nomen**? Betrachten Sie dazu eine weitere Strophe des Scherzgedichts:

> Und an einem Apfelbaume,
> der sehr schöne Birnen trug,
> hing des Frühlings letzte Pflaume
> und an Nüssen noch genug.

Hier werden Widersprüche durch Nomen ausgedrückt:
Äpfel ↔ *Birnen* ↔ *Pflaumen* ↔ *Nüsse*

In diesem Fall spricht man von einem allgemeinen **Kontrast**. Es gibt neben solchen **Kontrastwörtern** aber auch **Nomen, die Antonympaare bilden**, ihre Bedeutungen sind gegenteilig, z. B. *Tod* und *Leben*, *Maximum* und *Minimum* oder *Lüge* und *Wahrheit*.

Im folgenden Kapitel werden Sie lernen, Ihren Wortschatz mithilfe von **Antonymen und Antonympaaren** zu erweitern.

Übrigens: Haben Sie den impliziten Kontrast in der letzten Gedichtstrophe gefunden?
Der Frühling bringt die ersten Früchte. ↔ *die letzten Früchte des Herbstes (z. B. Pflaumen)*

Antonyme

II. Adjektiv-Antonyme

1 [Schwierigkeitsstufe 3] Wie lautet das Gegenteil?

■ Gegenteile wie: *heiß* ↔ *kalt, groß* ↔ *klein, lang* ↔ *kurz* etc. sind Ihnen schon lange vertraut. Kennen Sie auch die folgenden Adjektivpaare?

◊ abgelesen	◊ anomal	◊ fruchtbar	◊ irdisch	◊ nüchtern	◊ seelisch	◊ stationär
◊ abstrakt	◊ beweglich	◊ gar	◊ mager	◊ ortskundig	◊ senkrecht	◊ verschieden
◊ angenehm	◊ fade	◊ geplant	◊ namentlich	◊ rosig	◊ stabil	

1. waagerecht ↔ ....
2. ähnlich ↔ ....
3. ambulant ↔ ....
4. normal ↔ ....
5. anonym ↔ ....
6. auswendig ↔ ....
7. blass ↔ ....
8. steif ↔ ....
9. spontan ↔ ....
10. betrunken ↔ ....
11. körperlich ↔ ....
12. fett ↔ ....
13. lästig ↔ ....
14. labil ↔ ....
15. konkret ↔ ....
16. himmlisch ↔ ....
17. roh ↔ ....
18. aromatisch ↔ ....
19. öde ↔ ....
20. ortsfremd ↔ ....

■ **Vokabelkarten Antonyme**

Erstellen Sie Lernkarten von den oben genannten Antonymen und von weiteren Antonymen, die Sie auswendig lernen wollen. Sie können sich die Arbeit auch mit den Teilnehmern Ihrer Lerngruppe teilen und die Karten untereinander austauschen.

2 [Schwierigkeitsstufe 2] Die Extreme und der Mittelweg

■ Wie lauten die Gegenteile folgender Extreme? Ordnen Sie zu!

| ◊ bettelarm | ◊ brandneu, nagelneu | ◊ klitschnass | ◊ seelenruhig | ◊ taghell |
| ◊ blutjung | ◊ fest geschlossen | ◊ überflüssig | ◊ stinkend faul | ◊ winzig klein, winzig |

1. steinalt ↔ ....
2. uralt ↔ ....
3. steinreich ↔ ....
4. stockdunkel ↔ ....
5. bienenfleißig ↔ ....
6. riesengroß, riesig ↔ ....
7. knochentrocken ↔ ....
8. sperrangelweit offen ↔ ....
9. notwendig ↔ ....
10. panisch ↔ ....

Ich bin dagegen!

3 [Schwierigkeitsstufe 3] Zwischenzustände

■ Welches Adjektiv bezeichnet den Zwischenzustand zwischen den Polen?

◊ angemessenen	◊ diagonal	◊ feucht	◊ halb voll	◊ leicht bewölkt
◊ breiig	◊ durchschnittlich	◊ gemäßigt *(2 x)*	◊ halb wach (schlaftrunken)	◊ mittleren Alters
◊ dämmrig	*(plus Adjektiv)*	◊ halb bewusst	◊ in Zimmerlautstärke	

◊ kalt	←	*lau(warm)*	→	warm
1. dunkel	←	....	→	hell
2. nass	←	....	→	trocken
3. flüssig	←	....	→	fest
4. schlafend	←	....	→	wach
5. heiter	←	....	→	wolkig
6. senkrecht	←	....	→	waagerecht
7. teuer	←	....	→	billig
8. eine kleine Frau	←	....	→	eine große Frau
9. ein junger Mann	←	....	→	ein alter Mann
10. laute Musik	←	....	→	leise Musik
11. ein langsames Tempo	←	....	→	ein schnelles Tempo
12. ein heißes Klima	←	....	→	ein kaltes Klima
13. bewusst	←	....	→	unbewusst
14. ein leeres Glas	←	....	→	ein volles Glas

Besonders interessant ist das Zwischenwort zwischen *voll* und *leer*: Ein alter Scherz lautet, Optimisten würden den Zustand als *halb voll*, Pessimisten als *halb leer* bezeichnen.

4 [Schwierigkeitsstufe 4–5] Abstufbare Antonyme

In der vorangegangenen Übung haben Sie vielleicht bemerkt, dass es eine *genaue Mitte* nicht für so viele Wörter gibt und dass sie oft umschrieben werden muss. Viel öfter wird Ihnen eine Wortreihe begegnen, die Sie zwischen zwei extremen Polen anordnen können.

Finden Sie die Extreme und ordnen Sie die restlichen Ausdrücke dazwischen an!
◊ **arm** ↔ **reich**
   bettelarm → besitzlos → **arm** → bedürftig → wohlhabend → vermögend → **reich** → steinreich
◊ **leise** ↔ **laut**
   totenstill → still → **leise** → ruhig → geräuscharm → hörbar → halblaut → geräuschvoll → **laut** → lautstark → dröhnend → ohrenbetäubend

Beachten Sie die unterschiedlichen Verwendungsweisen der Adjektive, z. B. *eine ruhige Straße*, *ein geräuscharmer Staubsauger*.

Ohrenbetäubender Lärm ist eine Kollokation, also eine Kombination von zwei Wörtern, die meistens zusammen auftreten.

Nachdem Sie diese Adjektive angeordnet haben, finden Sie in einem zweiten Arbeitsschritt Verwendungsbeispiele und Beispielsätze für die einzelnen Wörter (mithilfe Ihres Lernerwörterbuchs)!

Nach diesem zweiten Arbeitsschritt könnte dann Ihre Lösung folgendermaßen aussehen:
◊ Plötzlich war es **totenstill** im Saal. → ein **still**er Abend → **leise** Musik → ein **ruhig**es Gespräch → ein **geräuscharm**er Kühlschrank → **hörbar**e Laute aus dem Nachbarzimmer → mit **halblaut**er Stimme → ein **geräuschvoll**es Räuspern → **laut**e Musik → eine **lautstark**e Beschwerde → **dröhnend**e Diskomusik → **ohrenbetäubend**er Lärm

Die Anordnungen sind selbstverständlich individuell an einigen Stellen variierbar. Diskutieren Sie gegebenenfalls im Unterricht oder mit Ihrem Tandempartner. Erstellen Sie im Einzelfall auch Anordnungen, bei denen zwei Begriffe nicht hintereinander, sondern an gleicher Stelle übereinander stehen.

Antonyme

■ Nun sind Sie dran! Ordnen Sie in aufsteigender Reihenfolge.

1. **alt ↔ jung** alt, bejahrt, erwachsen, gealtert, greis, jugendlich, jung, kindlich, neugeboren, uralt

   neugeboren → .... → .... → .... → .... → .... → .... → .... → .... → *uralt*

2. **heiß ↔ kalt** behaglich, bitterkalt, brennend heiß, bullig (heiß), eisig, eiskalt, glühend heiß, heiß, kalt, kochend heiß, kühl, lau, sommerlich, tropisch heiß, warm, winterlich

   .... → .... → .... → .... → .... → .... → .... → .... → .... → .... → .... → .... → .... → .... → .... → ....

   Lösungshinweis: Markieren Sie sich, welche der Adjektive für das Wetter verwendet werden können!

3. **sonnig ↔ regnerisch** aufgeklart, bedeckt, bewölkt, heiter, klar, prächtig, regnerisch, sonnig, zugezogen, verregnet

   .... → .... → .... → .... → .... → .... → .... → .... → .... → ....

4. **langweilig ↔ interessant** atemberaubend, aufregend, beflügelnd, interessant, kurzweilig, langweilig, spannend, todlangweilig, üblich, uninteressant, unterhaltsam

   .... → .... → .... → .... → .... → .... → .... → .... → .... → .... → ....

   Lösungshinweis: Das Adjektiv *atemberaubend* tritt oft in der Kombination *atemberaubend schön* auf. Das Adjektiv *kurzweil-* finden Sie oft in der Kombination *ein kurzweiliger Zeitvertreib*. Solche kurzweiligen Zeitvertreibe sind z. B. das Lesen von Unterhaltungszeitschriften, das Lösen von Kreuzworträtseln u. ä.

5. **traurig ↔ glücklich** bedrückt, beschwingt, betrübt, ernst, euphorisch, freudestrahlend, froh, glücklich, glückselig, heiter, himmelhoch jauchzend, niedergeschlagen, schlecht gelaunt, schwermütig, todunglücklich, traurig, trübsinnig, unbekümmert, unglücklich, untröstlich, vergnügt, verstimmt

   .... → ....

6. **normal ↔ ungewöhnlich** alltäglich, auffallend, außergewöhnlich, einzigartig, epochemachend, nennenswert, normal, sensationell, ungewöhnlich, unnachahmlich

   .... → .... → .... → .... → .... → .... → .... → .... → .... → ....

7. **eng ↔ weit** beengt, eingeengt, eingekeilt, eng, geräumig, grenzenlos, unbegrenzt, weit, weitläufig

   .... → .... → .... → .... → .... → .... → .... → .... → ....

8. **zweifelhaft ↔ zweifellos** dahingestellt, geklärt, selbstverständlich, unangefochten, ungeklärt, ungewiss, zweifelhaft, zweifellos

   .... → .... → .... → .... → .... → .... → .... → ....

9. **immer ↔ nie** dauernd, endlos, ewig, gelegentlich, häufig, immer, kaum, manchmal, meistens, mitunter, nie, nie und nimmer, oft, regelmäßig, selten, sporadisch, tagtäglich, zeitlebens

   .... → .... → .... → .... → .... → .... → .... → .... → .... → .... → .... → .... → .... → .... → .... → .... → .... → ....

Ich bin dagegen!

III. Verb-Antonyme

5 [Schwierigkeitsstufe 4] Hinführende Verben

Oft gibt es zwischen zwei Adjektiv-Antonymen ein **hinführendes Verb**, ein Verb, das den Übergang von dem einen in den anderen Zustand beschreibt.

◊ krank → **genesen** → gesund

Das Verb *genesen* bedeutet *gesund werden*.

Auch für den entgegengesetzten Prozess gibt es ein Verb, nämlich *erkranken*. So ergibt sich ein System mit vier Antonymen:

◊ **erkranken** → krank → **genesen** → gesund

Die Verben *genesen* und *erkranken* drücken aus, dass der Gesundungsprozess „von allein" geschieht. Ist jemand (etwa ein Arzt) daran beteiligt, müsste man andere Verben wählen:

◊ (krank machen, anstecken) → krank → **heilen** → gesund

■ Finden Sie die passenden Verben und stellen Sie so die „Antonymsysteme" her!

◊ abdunkeln	◊ aufwärmen	◊ durchnässen	◊ fallen	◊ krümmen	◊ tauen	◊ veröden
◊ abkühlen	◊ ausnüchtern	◊ erhellen	◊ garen	◊ kürzen	◊ trocknen	◊ verwunden
◊ abschwellen	◊ auswildern	◊ erhöhen	◊ gefrieren	◊ schrumpfen	◊ urbar machen	◊ wachsen
◊ abstrahieren	◊ begradigen	◊ erleichtern	◊ heilen	◊ sinken	◊ veralten	◊ würzen
◊ anschwellen	◊ sich betrinken	◊ erneuern	◊ konkretisieren	◊ steigen	◊ verlängern	◊ zähmen
◊ aufheitern	◊ bewölken	◊ erschweren				

◊ *erneuern* → neu *(Gegenstand)* → *veralten* → alt
1. ..../............... → niedrig *(Preise)* → ..../............... → hoch

In diesem Beispiel gibt es zwei Möglichkeiten, dieses System herzustellen: mit Verben, die bedeuten, dass sich die Preise „von allein" verändern, und mit Verben, bei denen man annimmt, dass jemand daran beteiligt ist.

2. .... → klein *(Mensch)* → .... → groß
3. .... → warm *(Essen)* → .... → kalt
4. .... → kurz *(Strecke)* → .... → lang
5. .... → leicht *(Problem)* → .... → schwer
6. .... → nass *(Wäsche)* → .... → trocken
7. .... → dunkel *(Zimmer)* → .... → hell
8. .... → betrunken → .... → nüchtern
9. .... → wild *(Tier)* → .... → zahm
10. .... → wund → .... → heil
11. .... → krumm → .... → gerade
12. .... → heiter → .... → wolkig
13. .... → konkret → .... → abstrakt
14. .... → flüssig *(Wasser)* → .... → fest
15. .... → fruchtbar *(Land)* → .... → öde
16. .... → niedrig *(Fluss)* → .... → hoch

Nicht immer gibt es ein Zurück!

17. roh → .... → gar
18. fade → .... → aromatisch

Antonyme

6 [Schwierigkeitsstufe 3–4] Reverse Antonyme

Manche Antonym-Verben haben die Bedeutung **etwas rückgängig machen**. Sie werden **reverse Antonyme** genannt, z. B. *einatmen* ↔ *ausatmen*.

■ Ordnen Sie die Gegenteile zu!

◇ abbestellen	◇ auflegen	◇ auspacken	◇ austreten	◇ stornieren	◇ zurücklaufen
◇ abdecken	◇ aufribbeln *(ugs.)*	◇ ausparken	◇ austrinken	◇ verdünnen	◇ zurücktreten
◇ aufbauen	◇ ausbeulen	◇ ausreisen	◇ einsammeln	◇ wiederfinden	*(plus Dativ)*
◇ aufforsten	◇ ausgießen	◇ ausschalten	◇ hinausgehen	◇ *zurückfliegen*	

◇ hinfliegen	↔ *zurückfliegen*	11. verteilen	↔	....
1. hinlaufen	↔	12. den Tisch decken	↔	....
2. hineingehen	↔	13. den Telefonhörer abnehmen	↔	....
3. das Licht einschalten	↔	14. eine Zeitschrift bestellen	↔	....
4. einpacken	↔	15. eine Reise buchen	↔	....
5. einreisen	↔	16. in eine Organisation eintreten	↔	....
6. einparken	↔	17. ein Blech einbeulen	↔	....
7. einfüllen	↔	18. eindicken *(Suppe, Saft etc.)*	↔	....
8. einschenken	↔	19. ein Amt antreten	↔	....
9. zerstören	↔	20. einen Wald abholzen	↔	....
10. verlieren	↔	21. stricken	↔	....

7 [Schwierigkeitsstufe 3–4] Reverse Antonyme mit *ent-*

Wahrscheinlich ist Ihnen in der vorangegangenen Übung aufgefallen, dass viele reverse Antonyme mit *ein-/aus-*, *zurück-*, *wieder-* und *ab-* gebildet werden. Eine sehr häufige Vorsilbe bei reversen Antonymen ist auch *ent-*.

■ Finden Sie die Gegenteile mit der Vorsilbe *ent-*!

◇ enteisen	◇ entfernen	◇ entkalken	◇ entlassen	◇ entrümpeln	◇ entweihen	◇ entwöhnen
◇ enterben	◇ entflechten	◇ entkorken	◇ entlasten	◇ entschlüsseln	◇ entwerten	◇ entziehen
◇ entfärben	◇ enthüllen	◇ entladen	◇ entrollen	◇ entspannen		

◇ färben *(z. B. Stoff)*	↔ *entfärben*	10. den Berliner Reichstag verhüllen *(Künstler Christo)*	↔ ....
1. beladen *(z. B. einen Lastwagen)*	↔	11. einen Fleck machen	↔ ....
2. verkorken *(eine Flasche)*	↔	12. jemanden einstellen	↔ ....
3. verschlüsseln *(ein Passwort, eine Datei)*	↔	13. den Dachboden vollstellen	↔ ....
4. zusammenrollen *(z. B. ein Poster)*	↔	14. Geld/Briefmarken drucken	↔ ....
5. die Muskeln anspannen	↔	15. jemandem einen Führerschein ausstellen	↔ ....
6. flechten	↔	16. jemanden im Testament vorsehen	↔ ....
7. jemanden (durch eine Zeugenaussage vor Gericht) belasten	↔	17. vereisen *(z. B. die Scheibe)*	↔ ....
8. eine Kirche weihen	↔	18. verkalken *(z. B. der Wasserkocher)*	↔ ....
9. sich an etwas gewöhnen	↔		

Ich bin dagegen!

8 [Schwierigkeitsstufe 4] Konverse Antonyme

Das Antonympaar *kaufen* ↔ *verkaufen* stellt **ein und dieselbe Handlung aus zwei verschiedenen Perspektiven** dar. Wo etwas *gekauft* wird, wird logisch zwingend gleichzeitig etwas *verkauft*. Nur die Standpunkte der Akteure (der handelnden Personen) unterscheiden sich: Eine Person ist der **Käufer**, die andere Person der **Verkäufer**. Die Handlung *kaufen* ↔ *verkaufen* kann nur gleichzeitig stattfinden. So gehören die beiden Wörter zusammen wie zwei Seiten einer Medaille. Solche Antonympaare nennt man **konverse Antonyme**.

■ Finden Sie die konversen Antonyme!

◇ annehmen	◇ entgegennehmen	◇ jemandem Glauben schenken	◇ verlieren
◇ sich etwas (aus)leihen	◇ erhalten	◇ eine Niederlage erleiden	◇ vermieten
◇ beerben	◇ folgen	◇ Rechte übernehmen	◇ Widerstand leisten
◇ beliefern	◇ gehören	◇ eine Spende empfangen	
◇ einen Eid abnehmen	◇ ein Geschenk entgegennehmen	◇ Steuern abführen	

◇ mieten ↔ *vermieten*
1. jemandem etwas (ver)leihen ↔ ....
2. besitzen ↔ ....
3. leiten ↔ ....
4. gewinnen ↔ ....
5. liefern ↔ ....
6. abliefern ↔ ....
7. abonnieren ↔ ....
8. hinterlassen ↔ ....
9. etwas spenden ↔ ....
10. etwas schenken ↔ ....
11. etwas glaubhaft machen ↔ ....
12. Post aufgeben ↔ ....
13. einen Sieg erringen ↔ ....
14. Steuern einnehmen ↔ ....
15. einen Eid leisten ↔ ....
16. Rechte abtreten ↔ ....
17. Einhalt gebieten ↔ ....

IV. Nomen-Antonyme

Nicht nur Adjektive und Verben, auch Nomen können Gegenteile haben. Manchmal ist der Antonymbegriff bei Nomen „weiter gefasst", d. h., die beiden Gegenteile gehören nicht so eng zusammen. Das Adjektiv-Antonympaar *warm* ↔ *kalt* beispielsweise gehört enger zusammen als das Nomen-Antonympaar *Sonne* ↔ *Mond*. Man kann *Sonne* ↔ *Mond* als **Antonyme im weitesten Sinne** oder als **Kontrastwörter** bezeichnen. Bei Nomen-Antonymen und Kontrasten finden sich viele interessante, bunt gemischte Untergruppen. Lassen Sie uns in den folgenden Übungen einige davon betrachten!

9 [Schwierigkeitsstufe 3] Nomen-Antonyme aus Adjektiven

■ Die folgenden Nomen-Antonyme sind aus Adjektiven gebildet oder eng mit ihren adjektivischen Entsprechungen verwandt. Wie lautet das Gegenteil?

◇ der Altbau	◇ die Feigheit	◇ die Langsamkeit	◇ die Tiefe	◇ die Vollmilch
◇ das Alter	◇ die Gier	◇ die Schwäche	◇ die Traurigkeit	◇ die Wärme
◇ die Dunkelheit	◇ die Kürze	◇ das Tiefdruckgebiet	◇ die Verkürzung	◇ die Zurückhaltung

1. die Kälte ↔ ....
2. die Schnelligkeit ↔ ....
3. die Länge ↔ ....
4. die Höhe ↔ ....
5. die Kraft ↔ ....
6. die Verlängerung ↔ ....
7. der Mut ↔ ....
8. die Jugend ↔ ....
9. die Helligkeit ↔ ....
10. die Fröhlichkeit ↔ ....
11. die Bescheidenheit ↔ ....
12. die Aufdringlichkeit ↔ ....
13. der Neubau ↔ ....
14. das Hochdruckgebiet ↔ ....
15. die Magermilch ↔ ....

Antonyme

10 [Schwierigkeitsstufe 3] Nomen-Antonyme aus Verben

■ Die folgenden Nomen-Antonyme sind aus Verben gebildet oder eng mit ihren verbalen Entsprechungen verwandt. Wie lautet das Gegenteil?

◊ das Fasten	◊ die Freude	◊ das Schweigen	◊ das Verbot	◊ die Wahrheit
◊ das Finden	◊ das Nehmen	◊ die Trauer	◊ der Verlust	◊ das Weinen

1. das Lachen ↔ ....
2. das Geben ↔ ....
3. das Suchen ↔ ....
4. das Essen ↔ ....
5. das Reden ↔ ....
6. die Lüge ↔ ....
7. der Ärger ↔ ....
8. der Gewinn ↔ ....
9. der Jubel ↔ ....
10. die Erlaubnis ↔ ....

11 [Schwierigkeitsstufe 2] Konverse Nomen-Antonyme

■ Auch bei Nomen gibt es Konversität. Wie lautet die konverse Entsprechung? Ordnen Sie zu!

◊ der Arbeitnehmer	◊ der Gläubiger	◊ der Lehrling	◊ der Nachfolger	◊ das Publikum	◊ der Zuhörer
◊ der Enkel	◊ der Kunde	◊ der Nachfahre	◊ der Patient	◊ der Schüler	

1. der Verkäufer ↔ ....
2. der Lehrer ↔ ....
3. der Arzt ↔ ....
4. der Großvater ↔ ....
5. der Arbeitgeber ↔ ....
6. der Redner ↔ ....
7. der Meister ↔ ....
8. der Schuldner ↔ ....
9. der Vorgänger ↔ ....
10. der Vorfahre ↔ ....

12 [Schwierigkeitsstufe 3] Reverse Nomen-Antonyme

■ Auch bei Nomen gibt es Reversität. Viele reverse Nomen werden mit den Präfixen **Wieder-** und **Rück-** gebildet. Wie lautet die reverse Entsprechung? Ordnen Sie zu!

◊ das Löschen	◊ der Rücktritt	◊ die Sühne	◊ die Wiedergeburt
◊ die Rückgabe	◊ die Rückzahlung	◊ der Wiederaufbau	◊ das Wiedersehen
◊ der Rückgang	◊ die Scheidung		

„Man kann nicht zweimal in denselben Fluss steigen", sagte der griechische Philosoph Heraklit im 5. Jh. v. Chr. Wenn Sie mögen, können Sie darüber philosophieren, inwieweit einzelne reverse Antonyme den tatsächlichen ursprünglichen Zustand wiederherstellen.

1. die Trauung ↔ ....
2. die Aufnahme *(Tonträger)* ↔ ....
3. die Schuld ↔ ....
4. der Abschied ↔ ....
5. die Zerstörung ↔ ....
6. der Tod ↔ ....
7. die Anleihe ↔ ....
8. die Ausleihe *(Bücher)* ↔ ....
9. der Antritt ↔ ....
10. die Zunahme ↔ ....

13 [Schwierigkeitsstufe 2–3] Paare

■ Wer ist der entsprechende Partner? Ordnen Sie zu!

◊ der Bock *(2 x)*	◊ die Friseurin	◊ die Hündin	◊ der Mond	◊ der Pfleger
◊ der Eber	◊ der Ganter	◊ der Kater	◊ die Nacht	◊ die Polizistin
◊ der Elefantenbulle	◊ der Hahn	◊ die Magd	◊ die Nichte	◊ die Stiefmutter
◊ der Erpel	◊ der Hengst	◊ der Mann	◊ die Nonne	

Ich bin dagegen!

1. die Frau ↔ ....
2. der Stiefvater ↔ ....
3. der Neffe ↔ ....
4. die Katze ↔ ....
5. der Hund ↔ ....
6. das Huhn ↔ ....
7. das Schaf ↔ ....
8. die Ziege ↔ ....
9. die Stute ↔ ....
10. die Sau ↔ ....
11. die Ente ↔ ....
12. die Gans ↔ ....
13. die Elefantenkuh ↔ ....
14. die Sonne ↔ ....
15. der Tag ↔ ....
16. der Friseur ↔ ....
17. der Polizist ↔ ....
18. die Krankenschwester ↔ ....
19. der Mönch ↔ ....
20. der Knecht ↔ ....

Welcher Volksglaube (welche Volksgeschichte) steckt dahinter, wenn man *Sonne und Mond* und *Tag und Nacht* als Paare betrachtet? Sie finden solche Paarungen auch oft in Gedichten als lyrische Konventionen. Ein Beispiel hierfür ist das Gedicht **Mondnacht** von Joseph von Eichendorff (1788–1857).

*Es war, als hätt' der Himmel
Die Erde still geküsst,
Dass sie im Blütenschimmer
Von ihm nun träumen müsst'.*

■ Welche anderen solcher Paare kennen Sie im Deutschen und in Ihrer Muttersprache?

14 [Schwierigkeitsstufe 2–3] Entsprechungen

■ Was ist die Entsprechung? Ordnen Sie zu!

◊ der Alt	◊ der Breitengrad	◊ die gebundene Ausgabe	◊ die Nachsilbe (das Suffix)	◊ der Schein
◊ der Ausgang	◊ der Buchrücken	◊ der Konsonant	◊ der Nadelbaum	◊ der Südpol
◊ die Ausnahme	◊ der Fixstern	◊ Moll	◊ die Rückseite	◊ die Zahl

1. Dur *(Tonart)* ↔ ....
2. die Münze ↔ ....
3. der Vokal ↔ ....
4. der Wandelstern ↔ ....
5. der Längengrad ↔ ....
6. der Laubbaum ↔ ....
7. die Regel ↔ ....
8. die Vorderseite ↔ ....
9. der Buchdeckel ↔ ....
10. der Kopf *(Münze)* ↔ ....
11. der Sopran *(Singstimme)* ↔ ....
12. der Eingang ↔ ....
13. das Taschenbuch ↔ ....
14. die Vorsilbe *(das Präfix)* ↔ ....
15. der Nordpol ↔ ....

■ Finden Sie weitere Beispiele für Entsprechungen!

15 [Schwierigkeitsstufe 2–3] Orte

■ Was ist die Entsprechung? Ordnen Sie zu!

◊ der Dachboden	◊ der Fuß *(2 x)*	◊ der Hinterausgang	◊ die Mündung	◊ der Westen
◊ die Erde	◊ das Heck	◊ das Lee	◊ die Südhalbkugel	

1. der Osten ↔ ....
2. die Nordhalbkugel ↔ ....
3. die Quelle *(Fluss)* ↔ ....
4. der Himmel ↔ ....
5. der Keller ↔ ....
6. die Eingangstür ↔ ....
7. der Gipfel *(Berg)* ↔ ....
8. der Wipfel *(Baum)* ↔ ....
9. der Bug *(Schiff)* ↔ ....
10. das Luv *(Schiff)* ↔ ....

■ Kennen Sie weitere Beispiele für Orte?

IV. Nomen-Antonyme

Antonyme

V. Echte und falsche Freunde: Präfixe

16 [Schwierigkeitsstufe 5] „Haupt-"

■ Wie lautet das Gegenteil? Schlagen Sie auch im Wörterbuch nach und fragen Sie Ihren Tandempartner!

1. die Hauptrolle *(Theater)* ↔ ....
2. die Hauptfigur *(Roman)* ↔ ....
3. das Hauptgebäude ↔ ....
4. das Hauptfach ↔ ....
5. die Hauptstraße ↔ ....
6. die Hauptsache ↔ ....
7. die Hauptsaison ↔ ....
8. der Hauptberuf ↔ ....
9. der Hauptredner ↔ ....
10. der Hauptfilm ↔ ....
11. die Hauptspeise ↔ ....
12. der Hauptbahnhof ↔ ....
13. die Hauptstadt ↔ ....
14. das Haupthaar ↔ ....
15. der Hauptmann ↔ ....

Versuchen Sie zunächst, die Aufgabe teilweise selbstständig zu lösen, bevor Sie die nachfolgende **Musterlösung** lesen! (Decken Sie die Musterlösung ab.)

◊ die Hauptrolle ↔ die Nebenrolle; die Hauptfigur ↔ die Nebenfigur; das Hauptgebäude ↔ das Nebengebäude; das Hauptfach ↔ das Nebenfach; die Hauptstraße ↔ die Nebenstraße; die Hauptsache ↔ die Nebensache; die Hauptsaison ↔ die Nebensaison
Hier werden die Gegenteile gebildet, indem einfach das Präfix durch ein Gegenteil-Präfix ersetzt wird.

◊ Leider ist es nicht immer so einfach und regelmäßig: der Hauptberuf ↔ der Nebenjob
Auch hier finden sich die gleichen Gegenteil-Präfixe wie oben. Allerdings ändern sich gleichzeitig auch die Hauptwörter.

◊ der Hauptredner ↔ der Vorredner; der Hauptfilm ↔ der Vorfilm; die Hauptspeise ↔ die Vorspeise, die Nachspeise
Hier gibt es zwar auch eine Bedeutungsrelation von **Haupt-** und **Neben-**. Da die Nebenhandlung allerdings zusätzlich **vor** der Haupthandlung stattfindet, wird sie durch das Präfix **Vor-** ausgedrückt.

◊ der Hauptbahnhof ↔ (der Ostbahnhof); die Hauptstadt
Bei diesen Wörtern drückt das Präfix **Haupt-** lediglich aus, dass es sich um den größten, wichtigsten Bahnhof und die größte, wichtigste Stadt handelt. Obwohl es andere Bahnhöfe und Städte gibt, werden sie **nicht** *Nebenbahnhof* oder *Nebenstadt* genannt.

◊ das Haupthaar ↔ die Körperbehaarung
In diesem Wort hat **Haupt-** eine ganz andere Bedeutung (bzw. es hat seine ursprüngliche Bedeutung behalten). *Haupt-* bedeutet hier *Kopf*.

◊ der Hauptmann ↔ der Untergebene (a), der Nebenmann (b)
Hier gibt es neben dem **„wirklichen" Gegenteil** (a) auch ein **formales „Pseudo-Gegenteil"**, (b) ein Wort, das es gibt und das so aussieht, als ob es das Gegenteil sein könnte, es aber in Wirklichkeit nicht ist!
Ein *Hauptmann* ist ein Kommandant, z. B. ein Feuerwehrhauptmann. Ein *Nebenmann* ist jemand, der neben einem sitzt oder steht.

Sie sehen, es gibt bei den Präfixen, die für die Antonymbildung zuständig sind, **echte und falsche Freunde**!

17 [Schwierigkeitsstufe 5] „Unter-"

■ Diese Übung ist als Herausforderung für die Zusammenarbeit mit Ihrem Tandempartner gedacht!
Wie lautet das Gegenteil?

1. die Unterseite ↔ ....
2. der Unterarm ↔ ....
3. der Unterschenkel ↔ ....
4. der Unterkiefer *(Zähne)* ↔ ....
5. der Unterbegriff ↔ ....
6. die Unterschicht ↔ ....
7. die Untergrenze ↔ ....
8. der Unterlauf *(Fluss)* ↔ ....
9. die Unterhitze *(Backofen)* ↔ ....
10. der Unterleib ↔ ....
11. die Unterwäsche ↔ ....
12. der Untergang *(Sonne)* ↔ ....
13. das Untergewicht ↔ ....
14. der Unterdruck ↔ ....

Ich bin dagegen!

15. die Unterbeschäftigung ↔ ....
16. die Unterführung *(Straße)* ↔ ....
17. der Untermieter ↔ ....
18. das Unterbewusstsein ↔ ....
19. der Unterricht ↔ ....
20. der Unterschied ↔ ....

■ Negierende Präfixe

Dass sehr viele Antonyme mit **un-** gebildet werden, wissen Sie schon lange.
◊ entbehrlich ↔ **un**entbehrlich; abhängig ↔ **un**abhängig; gesichert ↔ **un**gesichert

Sie wissen, dass es manchmal auch Antonym**varianten** *mit* und *ohne* **un-** gibt.
◊ sauber ↔ **un**sauber, schmutzig; abgeschlossen ↔ **un**abgeschlossen, offen; ausgeschlafen ↔ **un**ausgeschlafen, müde

Die Variante mit **un-** betont mehr, *was es nicht ist*, also z. B. **nicht** sauber, **nicht** abgeschlossen etc.

Sie wissen auch, dass eine Präfix-Variante von **un-**, die für Wörter **lateinischen Ursprungs** gebraucht wird, **in-** lautet.
◊ adäquat ↔ **in**adäquat; effektiv ↔ **in**effektiv; offiziell ↔ **in**offiziell

Und Sie wissen wahrscheinlich auch, dass die Vorsilbe **in-** je nach lautlicher Umgebung **angepasst** wird.
◊ materiell ↔ **im**materiell; loyal ↔ **il**loyal; relevant ↔ **ir**relevant

Wissen Sie auch, dass (aus Gründen, die mit Sprachwandel zu erklären sind) manche Wörter mit **un-** auch völlig andere Gegenteile haben? Betrachten Sie dazu die folgende Übung!

18 [Schwierigkeitsstufe 4] Unregelmäßiges „un-"

■ Wie lautet das Gegenteil?

◊ artig	◊ (gut) begehbar	◊ höflich, bescheiden	◊ sehr freundlich, sehr angenehm
◊ auffällig	◊ freundlich	◊ höflich, indirekt	◊ völlig überflüssig
◊ ausgereift	◊ hin und wieder (mit Pausen)		

1. ungezogen ↔ ....
2. unscheinbar ↔ ....
3. unverblümt ↔ ....
4. unwirsch ↔ ....
5. unverschämt ↔ ....
6. unausstehlich ↔ ....
7. unablässig ↔ ....
8. unabdingbar ↔ ....
9. ein unausgegorener Plan ↔ ....
10. unwegsames Gelände ↔ ....

19 [Schwierigkeitsstufe 3–4] Andere negierende Präfixe

■ Wie lautet das Gegenteil?

◊ die Antipathie	◊ außerplanmäßig	◊ der Gegenbesuch	◊ die Nichtbeachtung	◊ Nichtzutreffendes
◊ die Antithese	◊ das Desinteresse	◊ die Gegenrede	◊ der Nichtleiter	◊ unnatürlich
◊ außerehelich	◊ die Desorganisation	◊ der Misserfolg	◊ der Nichtraucher	◊ unwillig
◊ außerirdisch	◊ die Disharmonie	◊ das Misstrauen	◊ der Nichtschwimmer	◊ widerrechtlich

1. der Raucher ↔ ....
2. der Schwimmer ↔ ....
3. der Leiter *(Elektronik)* ↔ ....
4. Zutreffendes ↔ ....
5. die Beachtung ↔ ....
6. die Rede ↔ ....
7. der Besuch ↔ ....
8. rechtlich ↔ ....
9. natürlich ↔ ....
10. willig ↔ ....
11. der Erfolg ↔ ....
12. das Vertrauen ↔ ....
13. planmäßig ↔ ....
14. ehelich ↔ ....
15. irdisch ↔ ....
16. das Interesse ↔ ....
17. die Organisation ↔ ....
18. die Harmonie ↔ ....
19. die Sympathie ↔ ....
20. die These ↔ ....

■ Welche acht negierenden Präfixe kommen in der Übung vor?

VI. Antonymgruppen

Bisher haben wir nur von **Antonympaaren** gesprochen. Jedem Wort haben wir ein einziges Gegenteil zugeordnet. Manchmal ist es jedoch auch sinnvoll, **Antonyme in Gruppen** zu betrachten.

Was ist beispielsweise das Gegenteil von *alt*? *Alt* hat zwei Gegenteile, je nach Kontext. Handelt es sich um ein Lebewesen, ist das Gegenteil *jung*, handelt es sich um einen Gegenstand, lautet das Gegenteil *neu*.

ein **jung**er Mann ↔ **alt** ↔ ein **neu**es Auto

20 [Schwierigkeitsstufe 4–5] Antonymgruppen

■ Wie lauten die Gegenteile?

1. scharf, spitz
   - **stumpf** ↔ ein .... Messer, Schwert
   - ↔ ein .... Bleistift

2. behaart, belaubt, bewachsen
   - **kahl** ↔ ein .... Kopf
   - ↔ ein .... Baum
   - ↔ ein .... Felsen

3. gewölbt, hoch, hohl, steil, tief, üppig
   - **flach** ↔ ein .... Gewässer
   - ↔ .... Wellen
   - ↔ eine .... Steigung
   - ↔ ein .... Bauch
   - ↔ eine .... Hand
   - ↔ ein .... Busen

4. abgelesen, besetzt, fest angestellt, gefangen, vermietet, wortwörtlich, zensiert
   - **frei** ↔ ein .... Platz
   - ↔ ein .... Mensch
   - ↔ ein .... Zimmer
   - ↔ ein .... Mitarbeiter
   - ↔ .... Gedanken
   - ↔ ein .... Vortrag
   - ↔ eine .... Übersetzung

5. aufgelockert, gelichtet, porös, schütter, undicht
   - **dicht** ↔ ein .... Wassertank
   - ↔ .... Material
   - ↔ .... Haar
   - ↔ ein .... Wald
   - ↔ .... Wolken

6. abgestanden, alt, altbacken, eingetrocknet, faul *(2 x)*, getragen, muffig, ranzig, sauer, schwach, verblasst, verdorben, verwelkt, verwischt
   - **frisch** ↔ .... Essen
   - ↔ ein .... Ei
   - ↔ .... Obst
   - ↔ .... Milch
   - ↔ .... Butter
   - ↔ .... Brot
   - ↔ .... Wasser
   - ↔ .... Blumen
   - ↔ .... Luft
   - *(gewaschen)* ↔ .... Wäsche
   - ↔ eine .... Wunde
   - ↔ .... Farbe
   - ↔ .... Wind
   - ↔ eine .... Spur
   - ↔ ein .... Eindruck

21 [Schwierigkeitsstufe 4–5] Nicht alt und nicht neu

■ Wie lauten die Gegenteile?

1. neu, jung, frisch
   - **alt** ↔ ein .... Mann
   - ↔ .... Wein
   - ↔ eine .... Waschmaschine
   - ↔ .... Schnee
   - ↔ .... Brot
   - ↔ eine .... Wunde
   - ↔ ein .... Buch

2. abgegriffen, antiquarisch, erfahren, gängig, gebraucht
   - **neu** ↔ eine .... Hose
   - ↔ ein .... Buch
   - ↔ eine .... Münze
   - ↔ ein .... Mitarbeiter
   - ↔ eine .... Methode

Ich bin dagegen!

22 [Schwierigkeitsstufe 4–5]   Nicht hoch und nicht tief

■ Wie lauten die Gegenteile?

1. flach, gemäht, klein, niedrig, tief

   hoch
   - ↔ ein .... Berg
   - ↔ ein .... Haus
   - ↔ ein .... Preis
   - ↔ ein .... Niveau
   - ↔ ein .... Baum
   - ↔ .... Wellen
   - ↔ eine .... Stimme
   - ↔ .... Gras

2. banal, flach, hell, hoch, leicht, oberflächlich, seicht

   tief
   - ↔ eine .... Stimme
   - ↔ ein .... Teller
   - ↔ ein .... Farbton
   - ↔ .... Schlaf
   - ↔ ein .... Gewässer
   - ↔ ein .... Gedanke

   (gehend) ↔ ein .... Gefühl

23 [Schwierigkeitsstufe 4–5]   Nicht leicht und nicht schwer

■ Wie lauten die Gegenteile?

1. schwer verdaulich, dick, tief, herb, schwer, schwierig, steif

   leicht
   - ↔ ein .... Koffer
   - ↔ eine .... Arbeit
   - ↔ eine .... Jacke
   - ↔ .... Schlaf
   - ↔ .... Essen
   - ↔ eine .... Brise
   - ↔ eine .... Enttäuschung

2. harmlos, leichtfüßig, luftig, sanft, unbeschwert, zierlich

   schwer
   - ↔ ein .... Stoff
   - ↔ ein .... Körperbau
   - ↔ ein .... Gang
   - ↔ eine .... Krankheit
   - ↔ ein .... Tod
   - ↔ ein .... Herz

24 [Schwierigkeitsstufe 4–5]   Nicht stark und nicht schwach

■ Wie lauten die Gegenteile?

1. alkoholfrei, dünn, entfernt, erträglich, labil, schwach, sachte

   stark
   - ↔ eine .... Wand
   - ↔ ein .... Buch
   - ↔ .... Regen
   - ↔ .... Bier
   - ↔ eine .... Persönlichkeit
   - ↔ .... Schmerzen
   - ↔ eine .... Ähnlichkeit
   - ↔ ein .... Verb

2. deutlich, durchsetzungsfähig, frisch, gut, hell, intensiv, kräftig, laut, scharf, stark

   schwach
   - ↔ ein .... Verb
   - ↔ eine .... Brille
   - ↔ .... Augen
   - ↔ eine .... Stimme
   - ↔ ein .... Baumstamm
   - ↔ .... Wind
   - ↔ eine .... Beleuchtung
   - ↔ eine .... Leistung
   - ↔ eine .... Erinnerung
   - ↔ eine .... Regierung
   - ↔ einen .... Eindruck hinterlassen

25 [Schwierigkeitsstufe 4–5]   Nicht süß und nicht sauer

■ Wie lauten die Gegenteile?

1. bitter, salzig, sauer, trocken

   süß
   - ↔ ein .... Gericht
   - ↔ ein .... Apfel
   - ↔ .... Schokolade
   - ↔ .... Wein

2. süß, freundlich, basisch

   sauer
   - ↔ ein .... Apfel
   - ↔ eine .... Chemikalie
   - ↔ ein .... Gesichtsausdruck

Antonyme

26 [Schwierigkeitsstufe 4–5] Nicht scharf und nicht stumpf

■ Wie lauten die Gegenteile?

1. mild, sanft, schwach, stumpf, verschwommen, weit, zutraulich

   scharf ↔ ein .... Messer
   ↔ .... Augen
   ↔ eine .... Brille
   ↔ .... Essen
   ↔ ein .... Wind
   ↔ eine .... Kurve
   ↔ ein .... Bild
   ↔ ein .... Hund
   ↔ ein .... Verstand
   ↔ .... Kritik

2. empfindsam, geschliffen, glänzend, scharf, spitz

   stumpf ↔ ein .... Messer
   ↔ ein .... Bleistift
   ↔ ein .... Edelstein
   ↔ ein .... Metall
   ↔ .... Sinne
   ↔ ein .... Winkel (Geometrie)

27 [Schwierigkeitsstufe 4–5] Nicht rau und nicht glatt

■ Wie lauten die Gegenteile?

1. glatt, mild, ruhig, sanft, weich

   rau ↔ eine .... Oberfläche
   ↔ eine .... Schale
   ↔ eine .... Wand
   ↔ .... Holz
   ↔ .... Haut, Hände
   ↔ eine .... Stimme
   ↔ eine .... See
   ↔ ein .... Klima

2. **eine glatte Haut** ↔ eine .... Haut oder
   ↔ eine .... Haut oder
   ↔ eine .... Haut oder
   ↔ eine .... Haut oder
   ↔ eine .... Haut

   glatte Haare ↔ .... Haare oder
   ↔ .... Haare oder
   ↔ .... Haare oder

   (glatt gekämmt) ↔ .... Haare

   glatt rasiert ↔ .... Kinn
   ↔ ein .... Bein

VII. Antonyme als Stilmittel

Wie bei den Synonymen gibt es auch bei den Antonymen **Paarformeln**. Einige Beispiele:

◊ **Mir wird ganz heiß und kalt.** (z. B. vor Angst oder Aufregung) Man fühlt verschiedene Dinge gleichzeitig, hat zur gleichen Zeit verschiedene Gefühlswahrnehmungen.
Er stand in dem einsamen, dunklen Haus. Plötzlich hörte er eine Tür laut knarren und ihm wurde ganz heiß und kalt.

◊ **von früh bis spät** *Er lernte von früh bis spät für seine Prüfung.*

◊ **etwas wohl oder übel hinnehmen müssen** etwas akzeptieren müssen, ob man will oder nicht
Sie musste wohl oder übel hinnehmen, dass ihre Tochter ausziehen wollte.

◊ **mit jemandem durch dick und dünn gehen** seinem Freund in allen Situationen beistehen (helfen)
Sie ging mit ihrer Freundin durch dick und dünn.

◊ **überall und nirgends** *Sie ist viel umgezogen und überall und nirgends zu Hause.
Man findet solche Bücher überall und nirgends.* (Einerseits findet man ähnliche Bücher überall, aber genau so ein Buch ist nirgendwo zu finden.)

Ich bin dagegen!

- **Es geht drunter und drüber.**   Es ist sehr chaotisch.
  Bei der Party in der Studenten-WG ging es drunter und drüber.

- **Groß und Klein/Jung und Alt/Reich und Arm**   verschiedene Menschen = alle
  *Auf dem Fest waren Jung und Alt vertreten.
  ein spannendes Spiel für Groß und Klein*

- **Freud und Leid teilen**   jemandem in jeder Situation beistehen (siehe *durch dick und dünn gehen*)
  Mit meiner besten Freundin teile ich Freud und Leid.

- **ein Unterschied wie Tag und Nacht**   ein sehr großer Unterschied
  Ob wir uns für diese Wohnung entscheiden oder die andere nehmen, das ist doch ein Unterschied wie Tag und Nacht!

- **einmal hü und einmal hott sagen**   sich ständig umentscheiden
  Sie weiß immer noch nicht, ob sie mit in den Urlaub fahren will. Einmal sagt sie hü und einmal hott.
  „Hü" und „hott" sind Ausrufe aus der Fuhrmannssprache (Fuhrmann = jemand, der einen Pferdewagen lenkt). „Hü" bedeutet für das Pferd: „Lauf los!" und „hott": „Bleib stehen!".

VIII. Arbeit mit Antonymwörterbüchern

In diesem Abschnitt werden Ihnen drei **Antonymwörterbücher** vorgestellt und Sie werden lernen, selbstständig mit Antonymwörterbüchern zu arbeiten und so Ihren Wortschatz zu erweitern.

Viele Antonyme können Sie auch in Ihrem **Lernerwörterbuch** nachschlagen. Dort ist zu vielen Einträgen ein Antonym nach dem Symbol ↔ angeführt.

Eine weitere, einfache und schnelle Methode, ein Antonym nachzuschlagen ist die **Leipziger Wortschatzdatenbank** *www.wortschatz.uni-leipzig.de*. Hier können Sie ein Wort in die Suchmaske eingeben und erhalten oft ein passendes Antonym.

Wollen Sie aber **weniger herkömmliche Antonyme** oder gar **Antonymgruppen** und **Kontraste** nachschlagen, sollten Sie mit einem Antonymwörterbuch arbeiten.

1. **Duden Taschenwörterbuch Bd. 23: Wörter und Gegenwörter.** Wörterbuch der sprachlichen Gegensätze. Von Ch. Agricola/E. Agricola (1992 – Bibliothek!)
2. W. Müller: **Das Gegenwort-Wörterbuch.** Ein Kontrastwörterbuch mit Gebrauchshinweisen (de Gruyter)
3. **Wörterbuch der Synonyme und Antonyme.** Von E. und H. Bulitta (Fischer Verlag)

Wenn Sie Standardantonyme suchen, arbeiten Sie mit Ihrem Lernerwörterbuch, der Leipziger Datenbank oder Nr. 3.

Wenn Sie **antonyme Fachbegriffe** (z. B. *kalorienarm/kalorienreich*), aber auch **interessante Kontraste** (z. B. *Kaffeekränzchen/Stammtisch: Die Frauen treffen sich zum Kaffeekränzchen, die Männer haben ihren Stammtisch.*) lernen wollen, schlagen Sie in Nr. 2 nach.

Wenn Sie **Antonymgruppen** und verschiedene Antonyme **in verschiedenen Kontexten** lernen wollen, verwenden Sie Nr. 1.

■ Und so arbeiten Sie mit Antonymwörterbüchern

Gehen Sie die Übungen in diesem Kapitel noch einmal durch und versuchen Sie mithilfe von Antonymwörterbüchern eigene weitere Beispiele zu finden.

- Arbeiten Sie nach Möglichkeit mit Ihrem Tandempartner zusammen.
- Seien Sie besonders achtsam bei Antonymen mit Präfixen, damit sich keine „falschen Freunde" einschleichen.
- Die lohnenswertesten Übungen (und leider zugleich die schwersten) sind die Antonymgruppen. Benutzen Sie zum Finden von Antonymgruppen das Wörterbuch „Wörter und Gegenwörter" (Nr. 3).
- Halten Sie Ihre Ergebnisse auf den Vokabelheftseiten für Antonyme fest.

Antonyme

IX. Vokabelheftseiten: Antonyme

Benutzen Sie die folgenden zwei Kopiervorlagen (⇨ **Anhang, Seite 160/161**) als Vokabelheftseiten für Ihre Antonym-Vokabeln.

Vorlage 1 verwenden Sie für **Antonympaare**, **Vorlage 2** für **Antonymgruppen**.

Vorlage 1 — Antonympaare: 5 Spalten

Tragen Sie in die erste Spalte das Grundwort ein, in die zweite das Antonym. Schreiben Sie vor das Antonym das Antonymsymbol ↔. Handelt es sich eher um einen Kontrast als um ein Antonym, können Sie auch das abgewandelte Symbol ↤ benutzen. Wenn Sie mögen, können Sie für Grundwort und Antonym auch verschiedene Farben (z. B. blau und rot) verwenden.

Tragen Sie in die dritte Spalte die Übersetzung von Grundwort und Antonym in Ihrer Muttersprache ein. In die vierte Spalte können Sie eventuelle Zwischenstufen (bei Adjektiv-Antonymen) eintragen.

In die fünfte Spalte gehören Bemerkungen (besonders bei Verben, eventuell auch bei Nomen):
◊ Handelt es sich um ein reverses/konverses Antonym?
◊ Ist das Präfix ein „falscher Freund"?

Benutzen Sie die Spalte „Bemerkungen" nur, wenn Ihnen die Bemerkungen zum Verstehen und Erinnern hilfreich erscheinen!

Wort	↔ Antonym	Übersetzung	bei Adjektiven Zwischenstufen	bei Verben/Nomen Bemerkungen
waagerecht	↔ senkrecht		diagonal	
der Himmel	↔ die Erde			
heiß	↔ kalt		warm – lau – kühl	
einpacken	↔ auspacken			revers
mieten	↔ vermieten			konvers
färben	↔ entfärben			revers
die Sau	↔ der Eber			Paar
unerzogen	↔ artig			! un = falscher Fr.

Vorlage 2 — Antonymgruppen: 3 Spalten

Tragen Sie in die erste Spalte das Grundwort ein. Dann schreiben Sie in die zweite Spalte verschiedene Antonyme in ihrem jeweiligen Kontext. Spalte drei dient der Übersetzung in Ihre Muttersprache.

Wort	↔ Antonym im Kontext	Übersetzung
alt	↔ ein junger Mann	
	↔ eine neue Waschmaschine	
	↔ frisches Brot	
neu	↔ eine gebrauchte Hose	
	↔ ein antiquarisches Buch	
	↔ eine abgegriffene Münze	
	↔ ein erfahrener Mitarbeiter	

Wenn Sie mögen, können Sie auch verschiedene Farben verwenden, z. B. *rot* für *jung* (*ein junger Mann, junger Wein* etc.).

⇨ **Kopiervorlage dazu siehe Anhang, Seite 160/161**

Das scheint nur gleich

5 Homonyme

I. Einführung: Missverständnisse
II. Homonyme und Polyseme
III. Vokabelheftseiten: Homonyme und leicht verwechselbare Wörter

I. Einführung: Missverständnisse

Was machen Sie, wenn Sie in der Wüste eine Schlange sehen?

Ich hoffe, diese Erfahrung ist Ihnen erspart geblieben. Doch bevor Sie diese Frage mehr oder weniger erfahren und kompetent beantworten, möchte ich darauf hinweisen, dass es sich um eine nicht ernst gemeinte Frage, eine sogenannte **Scherzfrage** handelt. Es ist also damit zu rechnen, dass die Antwort auch nicht ernst gemeint ist. Und sie lautet also: *„Ich stelle mich an!"*

Die Scherzfrage spielt mit den **zwei unterschiedlichen Bedeutungen** des Wortes *Schlange*. *Schlange* kann einerseits *Tier, langes Reptil* bedeuten, andererseits *eine Reihe von Menschen, die auf etwas warten*.

Wörter mit zwei unterschiedlichen Bedeutungen sind im deutschen Wortschatz zahlreich vertreten und auch Gegenstand vieler Witze oder Scherzfragen. Betrachten Sie einmal diese Beispiele.

> Zwei Arbeiter in Deutschland unterhalten sich darüber, was sie ihren Frauen zu Weihnachten schenken wollen.
> „Meine Frau bekommt zu Weihnachten einen neuen Mantel und eine Kette."
> „So viel Geld hast du dafür noch übrig, obwohl wir immer weniger Lohn bekommen und alles teurer wird?"
> „So schlimm ist das nicht. Ist ja für ihr Fahrrad!"

> Eine Frau kommt zum Arzt und sagt: „Mein Kind hat drei Apfelsinen mit Schale gegessen, ist das schlimm?" Darauf der Arzt genervt: „Na, wenn sie nicht gespritzt waren, ist es nicht so schlimm." Die Frau: „Die Schale? Die war aus Porzellan!"

> Ein Tourist auf der Suche zum lang ersehnten Konzert der Wiener Philharmoniker: „Entschuldigen Sie bitte! Wie komme ich zu den Philharmonikern?"
> Antwort des Passanten: „Üben, üben, üben!"

> Die ostfriesischen Wissenschaftler haben jetzt herausgefunden, dass Hühneraugen auch am Kopf vorkommen – und zwar bei Hühnern.

> Der Richter schnauzt die Angeklagte an: „Wie heißen Sie?" Darauf: „Elisabeth Meier." Der Richter: „Und Ihr Alter?" „Wartet draußen."

> Der Beamte zum Ostfriesen: „Soll ich Ihren Pass verlängern?"
> „Nicht nötig. Mir gefällt das jetzige Format sehr gut!"

> Ober: „Wie fanden Sie das Filetsteak, mein Herr?"
> Gast: „Ganz zufällig, als ich das Gemüse beiseite schob."

> Reisender zum Schaffner: „Wie lange hält der Zug?"
> „Bei guter Pflege 25 Jahre."

Verstehen Sie die Doppeldeutigkeiten?
◊ Das Wort **Kette** hat die beiden Bedeutungen *Schmuckstück* und *Fahrradkette*.
◊ Das Wort **Schale** hat die beiden Bedeutungen *äußere Hülle einer Frucht* und *Gefäß für Obst aus Glas oder Porzellan*.
◊ Das Wort **Hühneraugen** hat neben der wörtlichen Bedeutung noch die übertragene Bedeutung *Warzen am Fuß*.
◊ Das Wort **Alter** hat eine zweite, umgangssprachliche Bedeutung, die *mein Mann* oder *mein Vater* bezeichnet.
◊ Das Wort **verlängern** bedeutet neben dem wörtlichen *länger machen* auch ein *zeitliches Verlängern*.
◊ Das Wort **halten** bedeutet neben *anhalten* auch *frisch bleiben, brauchbar bleiben*.
◊ Das Wort **finden** bedeutet neben *auffinden* auch *gefallen*.
◊ Das Wort **kommen** bedeutet hier neben *heute dorthin gelangen, um einen Besuch abzustatten,* auch *Mitglied werden*.

Obwohl viele dieser Witzanekdoten so aussehen, als käme es oft zu Missverständnissen, sind die tatsächlichen Missverständnisse doch eher selten.

Wenn Sie in ein Obstgeschäft gehen und drei **Birnen** und zwei **Äpfel** verlangen, wird Ihnen der Verkäufer kaum drei **Glühbirnen** und zwei **Pferdeäpfel** geben. Der **außersprachliche Kontext** vermeidet dieses Missverständnis. Überdies ist es bei den vergleichsweise weniger gebräuchlichen Wörtern *Glühbirne* und *Pferdeapfel* üblich, sie durch den Vorsatz *Glüh-* bzw. *Pferde-* zu verdeutlichen.

Auch wenn Sie über Ihre **Schwester** reden, wird man annehmen, dass Sie über eine Verwandte sprechen, da Sie sonst das Wort mit einem Vorsatz näher spezifizieren und doch eher **Krankenschwester** sagen würden.

Homonyme

Oft ist es auch die Grammatik, die klar macht, welche Bedeutung gemeint ist. Das Wort **Schimmel** hat die beiden unterschiedlichen Bedeutungen *schwarzer Pilz, der sich an feuchten Stellen bildet,* und *weißgraues Pferd*. Wenn Sie sagen: *Ich habe Schimmel in der Küche*, ist es eindeutig klar, dass **kein** Pferd gemeint ist, denn in diesem Fall müssten Sie sagen: *Ich habe **einen** Schimmel in der Küche*.

Wenn Sie sagen: *Ich habe **ein** Pony*, ist ein kleines Pferd gemeint. Sagen Sie jedoch: *Ich habe **einen** Pony*, reden Sie über Ihren Haarschnitt und erklären, dass Ihre Haare vorne ungefähr auf Augenbrauenhöhe gekürzt sind.

Wenn Sie sagen: *Ich habe **ein** Laster,* wollen Sie damit ausdrücken, dass Sie eine schlechte Angewohnheit haben. Sagen Sie hingegen: *Ich habe **einen** Laster,* reden Sie über Autos und erzählen, dass Sie einen Lastkraftwagen (Lkw) besitzen.

Wenn Sie das Verb **versprechen** verwenden, machen Sie grammatisch deutlich, ob Sie **sich versprechen** (etwas Falsches sagen) oder **etwas versprechen** (fest zusagen, etwas zu tun) meinen: *Ich habe mich versprochen, ich wollte sagen, ich komme um fünf Uhr! Ich habe ihr versprochen, um fünf Uhr zu kommen.*

Es kann eine komische Situation ergeben, wenn Sie sagen, Sie hätten einen **Star** getroffen und dann später auflösen, nachdem Ihre Freunde ergebnislos geraten haben, um wen es sich wohl gehandelt haben mag, dass Sie keinesfalls einen **Filmstar** meinten, sondern einen **Singvogel** gesehen hätten. Aber so eine Situation würden Sie wohl nur mit Absicht herbeiführen. Sonst könnten Sie sie ja vermeiden, indem Sie die ältere Flexion von **Star** (Vogel) gebrauchen und sagen: *Ich habe einen Staren gesehen*. Vielleicht ja am gleichen Tag wie die Schlange?

II. Homonyme und Polyseme

Wenn ein Wort zwei Bedeutungen hat, heißt es **Homonym**. Es kann sein, dass die beiden Bedeutungen miteinander verwandt sind, das heißt, ein Wort stammt von dem anderen ab. Ein Beispiel hierfür ist das Wort *Birne*. Zuerst gab es das Obststück und das Wort dafür. Später wurden Glühbirnen für Lampen erfunden und da sie eine ähnliche Form hatten, nannte man sie auch *Birnen*. Wörter, die auf diese Art miteinander verwandt sind, nennt man **Polyseme**. Polyseme sind also eine Untergruppe der größeren Gruppe **Homonyme**.

Die zweite Möglichkeit ist, dass zwei Wörter völlig unabhängig voneinander entstanden sind und nur zufällig gleich klingen.

Wenn Sie Polyseme im Wörterbuch nachschlagen, finden Sie **einen Haupteintrag** mit mehreren Untereinträgen für die verschiedenen Bedeutungen. Wenn Sie andere Homonyme im Wörterbuch nachschlagen, finden Sie **zwei Haupteinträge**.

In den folgenden Übungen kommen zahlreiche Homonyme und Polyseme vor.

1 [Schwierigkeitsstufe 4] Tier oder kein Tier?

Hier sehen Sie Namen verschiedener Tiere. Was ist die Bedeutung der Wörter, wenn sie **kein** Tier bezeichnen?

1. die Schlange ....
2. der Hahn ....
3. die Maus ....
4. der Boxer ....
5. die Bremse ....
6. der Fisch ....
7. der Löwe ....
8. der Stier ....
9. der Skorpion ....
10. der Schimmel ....
11. das Pony (der Pony) ....
12. der Star ....
13. der Strauß ....
14. der Krebs ....
15. der Käfer ....
16. der Widder ....
17. der Steinbock ....
18. der Kater ....
19. die Fliege ....
20. die Ente ....
21. der Frosch ....
22. der Hering ....
23. die Scholle ....
24. der Wolf ....
25. die Raupe ....
26. die Wanze ....
27. die Schnecke ....
28. die Spinne ....
29. das Pferd ....
30. der Bock ....
31. der Pudel ....
32. der Uhu ....

Das scheint nur gleich

■ Hier folgen weitere Begriffe, die mit Tieren zu tun haben. Was ist eine **zweite Bedeutung** dieser Wörter?

1. der Schwarm ....
2. das Junge (der Junge) ....
3. der Flügel ....
4. das Horn ....
5. der Pferdeschwanz ....
6. das Schweinsohr ....
7. der Löwenzahn ....
8. der Bienenstich ....

9. das Eselsohr ....
10. das Katzenauge ....
11. der Fuchsschwanz ....
12. die Löffel *(Pl.)* ....
13. die Blume ....
14. der Bauer ....
15. das Futter ....
16. die Katzenzunge ....

2 [Schwierigkeitsstufe 4] Körperteil oder kein Körperteil?

■ Hier sehen Sie Namen verschiedener Körperteile. Was ist die Bedeutung der Wörter, wenn sie **kein** Körperteil bezeichnen?

Hinweis: Sie müssen ggf. den ersten Teil des Wortes weglassen, z. B. *Haarwurzel* → *Wurzel*.

1. die Haarwurzel ....
2. der Augapfel ....
3. die Iris ....
4. die Linse ....
5. das Nasenloch ....
6. die Nasenhöhle ....
7. die Ohrmuschel ....
8. die Mandeln *(Pl.)* ....
9. der Fingernagel ....
10. die Speiche ....
11. das Kreuz ....
12. das Becken ....
13. die Kniescheibe ....
14. die Fessel ....
15. die Hacke ....

> Ein bekanntes Sprechspiel mit Homonymen heißt **Teekesselchen**. Hierbei beschreiben zwei Personen ein Homonympaar und die Zuhörer müssen erraten, was gemeint ist. Jeder der beiden Spieler (hier **A** und **B** genannt) ist für eines der Wörter zuständig. Beide geben Hinweise, bis die Zuhörer das Homonympaar erraten haben.
>
> **A:** Mein „Teekesselchen" ist ein Obststück.
> **B:** Mein „Teekesselchen" leuchtet.
>
> **A:** Mein „Teekesselchen" ist gelbgrün.
> **B:** Mein „Teekesselchen" ist Teil einer Lampe.
>
> **A:** Mein „Teekesselchen" wächst am Baum.
> **B:** Mein „Teekesselchen" wird eingeschraubt.
>
> Und so weiter …

3 [Schwierigkeitsstufe 3–4] Unterschiedliche Kategorien

■ Was bedeuten diese Wörter, wenn sie sich dem Bereich **Pflanzen** zuordnen lassen? Und was ist ihre zweite Bedeutung? Ordnen Sie jedem Wort zwei Bedeutungen zu!

◊ bunter Teil der Blume	◊ Falschgeld	◊ Nährboden
◊ Etage	◊ Hilfsmittel zum Gehen	◊ Planet

die Blüte .... die Erde ....
der Stock ....

■ Was bedeuten diese Wörter, wenn sie sich dem Bereich **Essen und Trinken** zuordnen lassen? Und was ist ihre zweite Bedeutung? Ordnen Sie jedem Wort zwei Bedeutungen zu!

◊ durchsichtiges Material	◊ Ort, an dem Recht gesprochen wird	◊ Trinkgefäß
◊ Menschenansammlung	◊ Speise	◊ überbackenes Gericht
◊ Mundgeruch nach Alkoholkonsum	◊ Stoffstück mit symbolischer Bedeutung	

der Auflauf .... das Glas ....
das Gericht .... die Fahne ....

II. Homonyme und Polyseme

Homonyme

■ Was bedeuten diese Wörter, wenn sie sich dem Bereich **Kleidung** zuordnen lassen? Und was ist ihre zweite Bedeutung? Ordnen Sie jedem Wort zwei Bedeutungen zu!

| ◊ Probeware | ◊ Schalter | ◊ Schließvorrichtung am Hemd | ◊ Stoffdekoration |

der Knopf .... das Muster ....

■ Was bedeuten diese Wörter, wenn sie sich dem Bereich **Musik** zuordnen lassen? Und was ist ihre zweite Bedeutung? Ordnen Sie jedem Wort zwei Bedeutungen zu!

| ◊ Erdart, die zum Töpfern verwendet wird | ◊ Teil der Geige, der zum Streichen verwendet wird |
| ◊ Klang | ◊ Teil eines Gebäudes |

der Ton .... der Bogen ....

■ Was bedeuten diese Wörter? Ordnen Sie jedem Wort zwei Bedeutungen zu!

◊ eine Art von Nagel	◊ Frost
◊ Erklärung der Symbole auf einem Stadtplan oder einer Karte	◊ Schmuckstück
◊ Erzählung	◊ Verliererlos
◊ etwas, das man in einem Geschäft kaufen kann	◊ Wort aus der deutschen Grammatik

der Reif .... der Artikel ....
die Niete .... die Legende ....

4 [Schwierigkeitsstufe 4] Ein Wort stammt vom anderen ab

■ Die Wörter in dieser Übung sind alle gut erkennbare Polyseme, das heißt, Sie können erkennen, dass ein Wort von dem anderen abstammt (oder beide den gleichen Ursprung haben) und diese Tatsache als gute Merkhilfe benutzen. Erklären Sie die Gemeinsamkeit!

1. das Blatt — das Blatt am Baum und das Blatt Papier
2. die Feder — die Feder vom Vogel und die Feder zum Schreiben
3. die Kette — die Halskette und die Fahrradkette
4. der/das Bund — der Schlüsselbund und das Bund Petersilie (Schnittlauch etc.)
5. der Zylinder — der Zylinderhut und der Zylinder im Automotor
6. der Besen — das Haushaltsgerät zum Fegen und ein besonderer Schlägel fürs Schlagzeug
7. die Brücke — die Brücke über einen Fluss und die Turnübung
8. die Kerze — die Kerze, die brennt, und die Turnübung
9. der Anhänger — der Anhänger an einer Halskette und der Fan einer Musikgruppe
10. die Decke — die Bettdecke und die Zimmerdecke
11. der Mantel — das Kleidungsstück und der Fahrradmantel
12. die Krone — das Herrschaftssymbol von Königen und ein Zahnersatz
13. die Note — die Musikschrift und die Leistungsbewertung
14. der Kreis — die geometrische Figur und eine Gruppe von Menschen
15. der Liebhaber — der Liebhaber einer Frau und der Musikliebhaber
16. der Strom — ein großer Fluss und der elektrische Strom
17. die Quelle — der Ursprung eines Flusses und der Ursprung eines Zitats
18. der Zug — die Eisenbahn und der Luftzug
19. das Rezept — das Kochrezept und das Rezept vom Arzt
20. die Harmonie — die Harmonie in der Musik und die Harmonie zwischen Menschen
21. der Wirbel — der Luftwirbel und der Haarwirbel

Das scheint nur gleich

5 [Schwierigkeitsstufe 4] Spezifizierung durch Erstwörter

Bei den folgenden Homonymen kommt es selten zu Verwechslungen, denn eines oder beide von Ihnen werden für gewöhnlich durch ein vorangestelltes Wort spezifiziert.

Ein Beispiel: Das Wort **Bank** hat zwei Bedeutungen. Ist jedoch die *Bank zum Sitzen* gemeint, spricht man oft von einer **Park**bank. So wird sie von der *Bank, die mit Geldgeschäften zu tun hat,* unterschieden.

Setzen Sie die richtigen vorangestellten Wörter ein!

◇ Bus-	◇ Kloster-	◇ Motor-	◇ Schreib-	◇ Straßen-	◇ Telefon-
◇ Doktor-	◇ Kranken-	◇ Post-	◇ Schub-	◇ Suppen-	◇ Tür- *(2 x)*
◇ Fluss-	◇ Land-	◇ Schlüssel-	◇ Schuh-	◇ Tannen-	◇ Wohn-
◇ Kinder-	◇ Morgen-	◇ Schrauben-	◇ Spiel-		

1. das Schloss *(Gebäude)* und das .... schloss
2. die .... karte und die .... karte
3. der Hörer *(jemand, der etwas hört)* und der .... hörer
4. der .... block und der .... block
5. das Brett *(langes Stück Holz)* und das .... brett
6. das Bett *(Möbelstück)* und das .... bett
7. der Vater und der .... vater
8. die Mutter und die .... mutter
9. der Bruder und der .... bruder
10. die Schwester und die .... schwester
11. die Nadel *(zum Nähen)* und die .... nadel
12. die Linie *(gerader Strich)* und die .... linie
13. das Pflaster *(Wundverband)* und das .... pflaster
14. der Bart *(im Gesicht)* und der .... bart
15. die .... einlage und die .... einlage
16. das Grauen und das .... grauen
17. die Angel *(zum Fischen)* und die .... angel *(Einhängevorrichtung)*
18. die Haube *(altertümliche Kopfbedeckung)* und die .... haube *(am Auto)*
19. die Lehre *(Ausbildung)* und die .... lehre *(Messgerät)*
20. die Krippe *(Futtertrog für Tiere)* und die .... krippe

6 [Schwierigkeitsstufe 4] Konkret versus abstrakt

Diese konkreten Wörter haben jeweils noch eine abstrakte Bedeutung. Welche ist das? Ordnen Sie zu!

◇ ein anderes Wort für „aufpassen" (sich in ... nehmen)	◇ die Klärung eines Problems
◇ ein anderes Wort für „Intellekt"	◇ eine schauspielerische Interpretation
◇ ein anderes Wort für „Schicksal"	◇ der Schluss einer Veranstaltung
◇ ein anderes Wort für „Sprung"	◇ eine Tanzveranstaltung
◇ ein anderes Wort für „Vereinigung"	◇ wirtschaftlicher Ausdruck für „Verkauf"

1. Der Ball ist ein Spielzeug und eine ....
2. Das Ende ist das Endstück, z. B. einer Wurst, und ....
3. Die Lösung bezeichnet einen in Wasser aufgelösten Stoff und ....
4. Der Satz ist ein Wortgefüge und ....
5. Der Geist ist ein Gespenst und ....
6. Der Absatz ist ein Teil des Schuhs und ....
7. Die Rolle ist ein Teil eines Bürostuhls und ....
8. Der Ring ist ein Schmuckstück und ....
9. Das Los ist ein Teilnahmeschein an einer Lotterie und ....
10. Die Acht ist eine Zahl und ....

II. Homonyme und Polyseme

Homonyme

7 [Schwierigkeitsstufe 4] Unterschiedliche Artikel

■ Die folgenden Homonyme haben unterschiedliche Artikel. Setzen Sie die richtigen Artikel ein!

1. .... Band *(eine Schnur)*
   .... Band *(ein Teil eines mehrbändigen Werkes)*
2. .... Leiter *(der Geschäftsführer)*
   .... Leiter *(das Steiggerät)*
3. .... Steuer *(die Abgabe)*
   .... Steuer *(das Lenkrad)*
4. .... Tau *(ein Seil)*
   .... Tau *(der Niederschlag)*
5. .... Hut *(ein Kleidungsstück)*
   .... Hut *(die Vorsicht, „auf der Hut sein")*
6. .... Kiefer *(ein Nadelbaum)*
   .... Kiefer *(Teil des Schädels mit den Zähnen)*
7. .... Messer *(ein Messgerät)*
   .... Messer *(ein Schneidegerät)*
8. .... Mangel *(ein Zuwenig an etwas)*
   .... Mangel *(Gerät zum Glätten der Wäsche)*
9. .... Gehalt *(das Geld, das ein Angestellter für seine Arbeit erhält)*
   .... Gehalt *(der Inhalt und Sinn eines Textes)*
10. .... Tor *(ein dummer, törichter Mensch)*
    .... Tor *(ein Eingang)*
11. .... Flur *(der Hausflur)*
    .... Flur *(eine Wiese)*
12. .... Kunde *(jemand, der etwas kauft)*
    .... Kunde *(eine Nachricht)*
13. .... Golf *(ein Auto)*
    Golf *(meist ohne Artikel gebraucht: das Spiel)*
14. .... Watt *(Lebensraum an der Nordsee bei Ebbe)*
    Watt *(meist ohne Artikel gebraucht: Maßeinheit für elektrische Leistung)*
15. .... Mühle *(Gerät zum Mahlen)*
    Mühle *(meist ohne Artikel gebraucht: ein Spiel)*

III. Vokabelheftseiten: Homonyme und leicht verwechselbare Wörter

Während ich Ihnen bei den meisten anderen Vokabelkategorien in diesem Buch empfehle, die Vokabeln regelmäßig und systematisch zu lernen, ist dies bei Homonymen und leicht verwechselbaren Wörter nicht sinnvoll.

Lernen Sie daher solche Wortpaare nur sporadisch (manchmal), wenn sie zufällig bei Ihrer Arbeit darauf stoßen. Oder dann, wenn Sie zwei Wörter miteinander verwechselt haben und sie jetzt auseinanderhalten wollen. Daher werden Sie von der hier vorgestellten Kopiervorlage für Ihr Vokabelheft vergleichsweise nur wenige Kopien benötigen.

Tragen Sie das Wortpaar in die beiden Felder der Doppelzeile ein. Markieren Sie, ob es sich um ein Homonym oder ein leicht verwechselbares Wort handelt. Wenn Sie wissen, dass es sich um ein Polysem handelt, schreiben Sie auch dies in diese Spalte, denn es kann Ihnen ja sehr helfen, die Bedeutungen der beiden Worte miteinander zu verbinden und sich zu merken! (Wissen Sie es nicht, schreiben Sie einfach: Homonym!) Schreiben Sie in die letzte Spalte eine Umschreibung oder eine Übersetzung (eventuell mit Erläuterung) in Ihrer Muttersprache.

Wortpaar	Kategorie	Umschreibung oder Übersetzung
die Schlange	Homonym	Kriechtier
die Schlange		Menschenreihe, Autoreihe
die Kerze	Polysem	Wachskerze
die Kerze		Turnübung, die wie eine Kerze aussieht
der Versprecher	leicht verwechselbar	ein Fehler beim Reden
das Versprechen		eine feste Zusage

⇨ **Kopiervorlage dazu siehe Anhang, Seite 162**

Aus eins mach viele

6 Wortfamilien

- I. Einführung: Alles klar?
- II. Adjektivableitungen, Verbableitungen, Substantivableitungen
- III. Welches Wort steckt darin?
- IV. Wortfamilien und Wortfamilienbäume
- V. Suffixe und Präfixe
- VI. Vokabelheftseiten: Wortfamilien

I. Einführung: Alles klar?

Sicher kennen Sie die beiden Bedeutungen des Adjektivs *klar*. Die eine Bedeutung ist konkret, die andere abstrakt.

Zu beiden Bedeutungen lassen sich verwandte Wörter bilden. Bilden wir zunächst **Nomen**.

Das am häufigsten auftretende Nomen ist *die Klarheit,* z. B. *die Klarheit der Atmosphäre* oder *die Klarheit der Ideen*. Es gibt aber noch **weitere Nomen**: *Das Klar* ist der weiße Teil vom Hühnerei, auch Eiweiß genannt, und *der Klare* ist ein umgangssprachliches Wort für hellen Branntwein, z. B. *Korn*.

> **klar**
>
> 1. durchsichtig, das Gegenteil von trüb, z. B. *trüber Apfelsaft ↔ klarer Apfelsaft*
>
> 2. verständlich, deutlich, eindeutig, z. B. *eine klare Vorstellung von etwas haben*

Jetzt bilden wir **Verben**. Die beiden bekanntesten Verben sind wohl *klären* (z. B. *ein Problem klären*) und *erklären* (z. B. *den Weg erklären*).

Weitere Verben sind:
- *aufklaren*: ein Wort aus dem Wetterbereich, das benutzt wird, um zu beschreiben, dass der Himmel wolkenlos wird
- *aufklären*: jemanden genau informieren, z. B. über Nebenwirkungen eines Medikaments aufklären
- *verklären*: etwas schöner erscheinen lassen als es wirklich war, z. B. eine verklärte Erinnerung
- *abklären*: etwas völlig klären, z. B. alle Termine genau abklären

Zu diesen Verben kann man nun wiederum neue **Nomen** oder auch neue **Adjektive** bilden, z. B.
- *die Erklärung*: z. B. in dem Ausdruck *keine Erklärung finden können*
- *die Aufklärung*: eine geistige Strömung des 17. und 18. Jahrhunderts
- *erklärlich/unerklärlich*: z. B. eine unerklärliche Angst
- *abgeklärt*: z. B. ein abgeklärter Mensch (ein durch Lebenserfahrung weise gewordener Mensch)

Wie sind all diese Wörter gebildet worden?

An manche wurden Nachsilben, **Suffixe,** gehängt, z. B. *-heit, -e, -en, -ung* und *-lich*. Vor andere Wörter wiederum wurden Vorsilben, **Präfixe,** gestellt, z. B. *ab-, auf-, er-* und *ver-*. Diese Art der Wortbildung nennt man **Ableitung oder Derivation**.

Da alle diese Wörter vom gleichen Wortstamm ausgehend gebildet werden, spricht man von ihnen als verwandte Wörter, als von einer **Wortfamilie**.

Wortfamilien sind für Ihre Wortschatzerweiterung überaus nützlich. Zu einem Wort, das Sie schon kennen, können Sie zahlreiche verwandte Wörter bilden und in der Erinnerung miteinander verknüpfen.

Da, wie Sie am eben genannten Beispiel sehen können, nicht alle Wortfamilien mit dem gleichen Buchstaben beginnen, ist es sinnvoll für Sie, hier ein spezielles Wörterbuch zu verwenden. Das Spezialwörterbuch von G. Augst: **Wortfamilienwörterbuch der deutschen Gegenwartssprache** (Niemeyer-Verlag) bietet Ihnen eine reiche Übersicht über aus Derivation entstandene Wortfamilien. Die genannten Beispiele stammen aus diesem Wörterbuch.

Lassen Sie uns nun noch eine andere interessante Wortfamilie betrachten. Kennen Sie den **Anker**? Anker sind schwere Haken aus Stahl, mit denen Schiffe auf dem Meeresgrund festgemacht werden.

Dieses Festmachen auf dem Meeresgrund, das *Auswerfen des Ankers*, kann man mit dem verwandten Wort *ankern* beschreiben. Das Verb *ankern* wurde von *Anker* gebildet, indem man ein Verbalsuffix *-n* angehängt hat.

Wortfamilien

Zu diesem Verb kann man jetzt wiederum ein weiteres Verb bilden: *verankern*. Vor das Verb tritt ein neues Präfix *ver-*. Dieser Prozess heißt übrigens, analog zu der Sprache der Verwandtschaftsbezeichnungen, **Ableitung zweiten Grades**, da das Wort *verankern* nicht direkt von *Anker*, sondern erst von *ankern* (der Ableitung ersten Grades) gebildet worden ist.

Verankern hat zunächst einmal die Bedeutung *einem Gegenstand durch Verbindung mit seiner Umgebung, bes. mit dem Boden, festen Halt, Stand geben, z. B. die Sendemaste mit Stahlseilen verankern* (Augst).

Nun hat das Wort aber auch eine zweite, abstrakte Bedeutung angenommen. *Ein verfassungsmäßig verankertes Recht* ist ein Recht, das in der Verfassung festgelegt ist, und, wie die bildliche Bedeutung impliziert, nicht so leicht aufgehoben werden kann.

Stellen Sie sich eine Wortfamilie einmal bildlich vor. Sie können dabei auch an einen Familienstammbaum denken. Das **älteste** Wort, das Ausgangswort (hier: *Anker*), steht unten am Stamm. Dann folgt ein Ast mit der Ableitung ersten Grades, *ankern*, von dem ein weiterer Zweig, die Ableitung zweiten Grades, *verankern*, ausgeht. Von diesem Zweig geht ein kleines Ästchen ab, das die übertragene Bedeutung von *verankern*, ein *verfassungsmäßig verankertes Recht*, anzeigt.

Versuchen Sie so einen **Wortfamilienbaum** einmal zu malen. Einen für die Familie *Anker* und dann einen für die Familie *klar*.

Im folgenden Kapitel werden Sie mehr über Wortfamilien erfahren und darüber, wie Sie mithilfe des Wortfamilienbuches und von Wortfamilienbäumen Ihren Wortschatz erweitern können. Ausgehend von einem Grundwort können Sie viele weitere Wörter der gleichen Familie lernen und in Ihrem Gedächtnis verankern. **Alles klar?**

II. Adjektivableitungen, Verbableitungen, Substantivableitungen

1 [Schwierigkeitsstufe 3] Adjektive aus Nomen

Bilden Sie Adjektive zu folgenden Nomen! Welche Suffixe werden häufig für die Ableitungen verwendet?

1. die Politik
2. die Demokratie
3. der Diplomat
4. der Student
5. die Erde
6. die Stadt
7. der Staat
8. die Behörde
9. der Staub
10. der Dreck
11. die Würde
12. die Pracht
13. der Schwamm
14. der Skandal
15. das Medikament
16. die Religion
17. die Industrie
18. die Maschine
19. die Tradition
20. die Emotion

2 [Schwierigkeitsstufe 4] Ähnlich aussehende Adjektive

Was ist der Unterschied zwischen den folgenden ähnlich aussehenden Adjektiven?

1. problemlos — problematisch
2. kindlich — kindisch
3. geistig — geistlich
4. künstlich — künstlerisch
5. farblich — farbig
6. strapazierbar — strapaziös
7. strafbar — sträflich
8. verständig — verständlich
9. wunderbar — wunderlich
10. holzig — hölzern
11. seidig — seiden

Aus eins mach viele

3 [Schwierigkeitsstufe 3] Verben aus Nomen

Bilden Sie Verben zu folgenden Nomen!

1. der Kreis
2. der Lärm
3. die Tapete
4. der Platz
5. der Kontakt
6. das Pulver
7. der Puls
8. der Tyrann
9. das Trauma
10. die Sanktion
11. die Illusion
12. die Sünde
13. der Hunger
14. der Durst
15. der Witz
16. der Faden
17. der Topf
18. das Ruder
19. der Filter
20. der Trick

4 [Schwierigkeitsstufe 3] Nomen aus Adjektiven

Bilden Sie Nomen zu folgenden Adjektiven!

1. frei
2. bequem
3. dreist
4. falsch
5. sich einigen
6. sich ärgern
7. sich ereignen
8. erben
9. ernten
10. scheinen
11. empfangen
12. gebieten
13. kneifen
14. konstruieren
15. integrieren

III. Welches Wort steckt darin?

5 [Schwierigkeitsstufe 4] Finden Sie das Grundwort!

Welches Grundwort versteckt sich in folgenden Wortbildungen? Was bedeuten die neu gebildeten Wörter? Inwiefern ist die Grundbedeutung des Wortes in der Wortbildung noch erhalten?

1. umarmen
2. belichten
3. nachäffen
4. das Andenken
5. das Herrchen
6. das Gehölz
7. vierköpfig *(eine vierköpfige Familie)*
8. begrünen
9. das Gemälde
10. das Kürzel
11. gastieren
12. übernächtigt
13. liebäugeln mit
14. häufig
15. die Entmündigung

Versuchen Sie zunächst, die „versteckten" Wörter selbst zu entdecken. Wenn Sie nicht mehr weiterwissen, nehmen Sie dann in einem zweiten Schritt die folgende Liste zur Hilfe!

◊ der Affe	◊ denken	◊ der Haufen	◊ der Kopf	◊ malen
◊ der Arm	◊ der Gast	◊ der Herr	◊ kurz	◊ der Mund
◊ das Auge	◊ grün	◊ das Holz	◊ das Licht	◊ die Nacht

Wortfamilien

6 [Schwierigkeitsstufe 4–5] Finden Sie das Grundwort!

■ Welches Grundwort versteckt sich in folgenden Wortbildungen? Was bedeuten die neu gebildeten Wörter? Inwiefern ist die Grundbedeutung des Wortes in der Wortbildung noch erhalten?

1. buchen
2. die Verflechtung
3. beglaubigen
4. innig
5. die Ausbeutung
6. einbläuen
7. wiederkäuen
8. beknien
9. bekräftigen
10. untermauern
11. pünktlich
12. unverblümt
13. der Eigenbrötler
14. anrüchig
15. sich versöhnen

■ Versuchen Sie zunächst, die „versteckten Wörter" selbst zu entdecken. Wenn Sie nicht mehr weiterwissen, nehmen Sie dann in einem zweiten Schritt die folgende Liste zur Hilfe!

◊ die Beute	◊ das Brot	◊ glauben	◊ das Knie	◊ der Punkt
◊ blau	◊ das Buch	◊ in	◊ die Kraft	◊ riechen
◊ die Blume	◊ flechten	◊ kauen	◊ die Mauer	◊ der Sohn

IV. Wortfamilien und Wortfamilienbäume

7 [Schwierigkeitsstufe 3] Wortfamilie „beißen"

■ Sie kennen sicher das Grundwort *beißen*?

| ◊ der Biss | ◊ der Bissen | ◊ bissig *(2 x)* | ◊ das Gebiss | ◊ der Imbiss | ◊ die Verbissenheit |

1. Wie lautet das Adjektiv?
   a) Ein Hund, der Menschen beißt, ist ein .... Hund.
   b) Ein leicht aggressiver Kommentar ist eine .... Bemerkung.
2. Wie lauten zwei Nomen?
   a) Ein frischer Salat ist gesund. Das Gemüse ist knackig frisch und hat ....
   b) Das Abendessen bei den Eltern meines neuen Freundes sah lecker aus, aber ich war so aufgeregt, dass ich keinen .... herunterbekommen konnte.
3. Wie lauten zwei Präfixableitungen?
   a) Einen Zahnersatz für ältere Menschen nennt man „die dritten Zähne" oder auch ....
   b) Eine kleine Mahlzeit nennt man auch ....
4. Wie lautet eine Ableitung mit Präfix und Suffix?
   Man darf das Problem nicht mit .... angehen, sondern muss ganz locker bleiben.

■ Zeichnen Sie jetzt einen Wortfamilienbaum der Wortfamilie *beißen*!

8 [Schwierigkeitsstufe 3] Wortfamilie „graben"

■ Sie kennen sicher das Grundwort *graben*?

| ◊ die Ausgrabung | ◊ das Begräbnis | ◊ das Grab | ◊ der Graben | ◊ das Grübchen | ◊ die Grube | ◊ die Gruft |

1. Wie heißen vier Nomen?
   a) Es wurde ein großer .... um das Grundstück gezogen, damit das Wasser ablaufen konnte.
   b) Bevor der Keller des neuen Hauses angelegt werden kann, muss mit einem Bagger eine große .... ausgehoben werden.
   c) Tote Menschen ruhen im ....
   d) Manchmal legen sich Familien auf dem Friedhof auch zusammen eine .... an.

Aus eins mach viele

2. Wie heißen drei Ableitungen mit Präfix oder Suffix?
   a) Wenn sie lacht, sieht man um den Mund herum viele kleine ....
   b) Das .... fand im engsten Familienkreis auf dem örtlichen Friedhof statt.
   c) Die .... dauerte viele Wochen, doch endlich fand man den gesuchten griechischen Tempel.

■ Zeichnen Sie jetzt einen Wortfamilienbaum der Wortfamilie *graben*!

9 [Schwierigkeitsstufe 3] Wortfamilie „decken"

■ Sie kennen sicherlich das Grundwort *decken*? Wie heißen verschiedene davon abgeleitete Nomen?

| ◊ das Deck | ◊ das Deckchen | ◊ die Decke *(2 x)* | ◊ der Deckel | ◊ der Entdecker | ◊ das Gedeck | ◊ das Verdeck |

1. Für den Winter habe ich mir eine kuschelig warme .... gekauft.
2. In Altbauwohnungen ist die .... relativ hoch.
3. Meine Tante häkelt kleine ...., die sie als Untersetzer für Tassen und Gläser verwendet.
4. Alle Matrosen an ....!
5. Auf jeden Topf passt ein ....
6. Im Café bestellte sie sich sonntags immer ein ....
7. Ein Cabrio hat ein rückklappbares ....
8. Als er noch ein Junge war, wollte er Lokführer, Bergsteiger oder .... werden.

■ Zeichnen Sie jetzt einen Wortfamilienbaum der Wortfamilie *decken*!

10 [Schwierigkeitsstufe 4] Wortfamilie „gleich"

■ Sie kennen sicherlich das Grundwort *gleich*? Wie heißen verschiedene davon abgeleitete Wörter?

| ◊ die Angleichung | ◊ der Ausgleich | ◊ gleichen | ◊ die Ungleichheit |
| ◊ die Ausgeglichenheit | ◊ begleichen | ◊ die Gleichung | ◊ der Vergleich *(2 x)* |

1. Eineiige Zwillinge .... einander sehr.
2. Wenn ich wieder Geld habe, werde ich sofort meine Schulden ....
3. Beim .... stellte er fest, dass ihm der braune Anzug besser gefiel.
4. Es stand zwei zu drei, aber kurz vor Ende der Halbzeit schoss Klose noch ein Tor zum ....
5. Es herrscht .... bei den Mieten in den verschiedenen Stadtteilen.
6. Ein Ziel der Stadtregierung ist daher die .... der Mieten.
7. Diese mathematische .... ist wirklich leicht zu lösen!
8. Sie strahlte immer eine besondere Ruhe und .... aus.
9. Bevor es zur Gerichtsverhandlung kommt, streben beide Parteien einen .... an.

■ Zeichnen Sie jetzt einen Wortfamilienbaum der Wortfamilie *gleich*!

11 [Schwierigkeitsstufe 4] Wortfamilie „binden"

■ Sie kennen sicherlich das Grundwort *binden*? Wie heißen verschiedene davon abgeleitete Wörter?

◊ anbandeln	◊ die Bindung	◊ das Bündel	◊ die Entbindung	◊ der Verband
◊ der Band	◊ das Bund	◊ das Bündnis	◊ unbändig	◊ verbindlich
◊ bandagieren	◊ das Bündchen	◊ der Einband	◊ unverbindlich	◊ die Verbindung

1. Das Wörterbuch besteht aus zehn ....
2. Eine enge Beziehung zwischen zwei Menschen nennt man auch ....
3. Petersilie und andere Kräuter kauft man im ....
4. Ein kleines verschnürtes Päckchen heißt ....
5. Eine politische Verbindung nennt man auch ....
6. Herrensocken mit weichen ....

IV. Wortfamilien und Wortfamilienbäume

Wortfamilien

7. Der .... des Buches war aus grauer, fester Pappe.
8. Zur .... gehen viele Frauen ins Krankenhaus.
9. Der Arzt hat mir am kaputten Handgelenk einen .... angelegt.
10. Was ist die schnellste .... von Kiel nach München?
11. Die Tennisspielerin musste das verletzte Knie ....
12. Kinder sind oft .... fröhlich.
13. Auf dem Fest können Männer mit Frauen ....
14. Bitte geben Sie mir eine .... Zusage!
15. Bestellen Sie sich kostenlos und .... ein Probeexemplar.

■ Zeichnen Sie jetzt einen Wortfamilienbaum der Wortfamilie *binden*!

12 [Schwierigkeitsstufe 4] Wortfamilien mit Zahlen

◊ der Achter	◊ der Dritte	◊ die Eintracht	◊ der Sechser	◊ viertel-
◊ die Beeinträchtigung	◊ einerlei	◊ entzwei	◊ die Siebziger	◊ der Zweier
◊ der Dreier	◊ die Einheit	◊ der Fünfer	◊ das Viertel *(2 x)*	◊ zweierlei

1. Der deutsche Nationalfeiertag ist der Tag der Deutschen ....
2. Anstatt „Es ist mir egal" kann man auch sagen: „Es ist mir ...."
3. Nach langem Streit herrscht jetzt endlich wieder .... zwischen den Brüdern.
4. Der Bahnstreik ist mit .... für die Fahrgäste verbunden.
5. Ein .... im Lotto erzielt noch keinen Gewinn, dafür braucht man einen ....
6. Der Krug fiel auf den Boden und brach ....
7. Das ist unfair! Da wird mit .... Maß gemessen!
8. Das ist firmenintern und nicht für .... bestimmt.
9. Der Tetrapack enthält einen ....liter Milch.
10. Der Mitgliedsbeitrag ist ....jährlich zu leisten.
11. Der Unterricht dauert eine ....stunde.
12. Du hast einen .... verloren!
13. Er hatte einen .... im Lotto und wurde über Nacht Millionär.
14. Sie ist in den .... in Westberlin groß geworden.
15. Beim Rudern fahren wir im ....

13 [Schwierigkeitsstufe 4] Wortfamilien mit Farben

| ◊ begrünen | ◊ bläulich | ◊ das Gelbe | ◊ Röteln | ◊ vergilben |
| ◊ das Blaue | ◊ erröten | ◊ das Grüne | ◊ röten | ◊ weißen |

1. Vor Kälte .... sich ihre Wangen.
2. Sie .... vor Scham.
3. Eine Infektionskrankheit mit rötlichem Ausschlag heißt ....
4. Eine Redensart mit der Bedeutung „Das ist nicht besonders gut.": „Das ist auch nicht das .... vom Ei!"
5. Die alten Gardinen waren schon ganz ....
6. Wir sind aufs Land gezogen und wohnen jetzt ....
7. Die Stadtverwaltung will diese Fläche wieder ....
8. Er badete im kalten Wasser, bis sich seine Lippen .... verfärbten.
9. Eine Redensart mit der Bedeutung „Sie lügt viel.": „Sie lügt .... vom Himmel herunter!"
10. Beim Auszug müssen vom Mieter Decke und Wände .... werden.

Aus eins mach viele

14 [Schwierigkeitsstufe 4] Finden Sie Wortfamilien im Wortfamilienwörterbuch!

■ Arbeiten Sie mit dem **Wortfamilienwörterbuch** von G. Augst, um weitere Wortfamilien zu finden! Sie können alphabetisch ein Wort nachschlagen, das Sie interessiert. Eine weitere Möglichkeit ist, im Buch zu blättern und besonders **lange Einträge** herauszusuchen. Diese sind durch **Tabellen** kenntlich gemacht. Sehen Sie sich diese Tabellen an und schreiben Sie die Wörter der Wortfamilie heraus, die Sie interessieren.

Schreiben Sie nicht die ganze Tabelle ab, das ist nur mühselige Arbeit. Hat doch das Wort *halten* beispielsweise eine Tabelle mit rund 130 Einträgen! Wenn Sie sich hier auf die Einträge beschränken, die für Sie interessant sind und zu Ihrer Wortschatzerweiterung beitragen, kommen Sie vielleicht auf die nebenstehende Liste.

- haltlos
- haltbar
- der Aufenthalt
- der Behälter
- (unter) Vorbehalt
- Einhalt (gebieten)
- die Enthaltsamkeit
- das Gehalt
- das Verhalten
- das Verhältnis
- die Vorhaltung
- die Zurückhaltung
- der Zusammenhalt

■ Die Erklärungen und Beispiele zu den Stichwörtern finden Sie für jedes Wort im Anschluss an die Tabelle. Nutzen Sie diese ausführlichen Informationen, die das Wortfamilienwörterbuch Ihnen bietet, und machen Sie sich Notizen zu jedem der von Ihnen gewählten Wörter.
Gruppieren Sie schließlich Wörter mit ähnlicher Bedeutung und erstellen Sie einen Wortfamilienbaum!

V. Suffixe und Präfixe

Suffixe sind kurze Wortteile, die an das **Ende** eines Wortstamms gehängt werden.
Präfixe sind kurze Wortteile, die an den **Anfang** eines Wortstamms gehängt werden.

15 [Schwierigkeitsstufe 4] Das Suffix „-bar"

■ Das Suffix *-bar* bedeutet in etwa *man kann*. Ist beispielsweise etwas *essbar,* bedeutet das, dass man es essen kann. Ist eine Krankheit *heilbar,* bedeutet das, dass man sie heilen kann. Verbinden Sie!

1. eine lesbare
2. ein waschbares
3. eine abwaschbare
4. brennbares
5. ein zusammenklappbares
6. ein beheizbares
7. ein dehnbares
8. ein vorzeigbares
9. ein begehbarer
10. eine auswechselbare
11. ein erreichbarer
12. ein konjugierbares
13. eine vorhersagbare
14. ein realisierbarer
15. eine nachvollziehbare
16. ein überprüfbarer
17. ein erkennbarer
18. haltbare (d. h.: Man kann sie aufbewahren.)
19. ein absehbarer (d. h.: Man kann ihn überblicken.)
20. fruchtbares (d. h.: Es kann *Frucht*, also eine gute Ernte hervorbringen.)
21. eine ungenießbare[1]

a) Gesprächspartner
b) Plan
c) Kleidungsstück
d) Antwort
e) Land
f) Milch
g) Zeitraum
h) Verb
i) Vorgang
j) Schrift
k) Material
l) Zusammenhang
m) Hülle
n) Fahrrad
o) Gummiband
p) Kleid
q) Zimmer
r) Entscheidung
s) Batterie
t) Schrank
u) Mahlzeit

1 *Ungenießbar* bedeutet <u>nicht</u>: *Man kann es nicht genießen*, sondern: *Man kann es nicht essen*!

Wortfamilien

■ Verbinden Sie!

1. ein unbewohnbares
2. eine unverwechselbare
3. eine unkontrollierbare
4. eine unpassierbare
5. eine unaufschiebbare
6. unzumutbare
7. unfehlbare
8. eine unhaltbare
9. ein unnahbarer
10. unberechenbare

a) Haus
b) Launen
c) Mensch
d) Reform
e) Seuche
f) Stimme
g) Straße
h) These
i) Voraussagen
j) Zustände

16 [Schwierigkeitsstufe 3] Das Suffix „-chen"

■ Das Suffix *-chen* ist eine Verkleinerungsanzeige. Ein kleiner Baum ist ein *Bäumchen*, ein kleines Haus ein *Häuschen*, eine kleine Blume ist ein *Blümchen* etc. Nicht immer gibt es allerdings eine **normale** Form ohne das Suffix *-chen*. Kleine Süßigkeiten in Bärenform werden als *Gummibärchen* bezeichnet, es gibt aber keine *Gummibären*. Eine Form winziger Einzeller heißt *Pantoffeltierchen*, es finden sich jedoch keine *Pantoffeltiere*. Ordnen Sie die Wörter den Definitionen zu!

◇ das Blutkörperchen ◇ ins Fettnäpfchen treten ◇ das Kaffeekränzchen ◇ das Mittagsschläfchen ◇ das Stimmchen
◇ das Bündchen ◇ das Fischstäbchen ◇ das Knöllchen ◇ das Päckchen ◇ das Strichmännchen
◇ das Eiermützchen ◇ das Geburtstagsständchen ◇ das Lungenbläschen ◇ das Papierfähnchen ◇ das Wehwehchen
◇ das Elementarteilchen ◇ das Glöckchen ◇ das Mauerblümchen ◇ das Plätzchen ◇ das Wölkchen
◇ die Essstäbchen *(Pl.)* ◇ das Häppchen ◇ das Maskottchen ◇ das Sandmännchen ◇ das Zäpfchen

1. eine kleine Wolke
2. eine kleine Glocke
3. eine kleine Fahne aus Papier
4. ein kleines Postpaket
5. ein kleines Stück zum Essen
6. asiatisches Esswerkzeug
7. kleine Fischfilets
8. ein kurzer Mittagsschlaf
9. eine dünne, zaghafte Stimme
10. eine Arzneimittelform
11. Weihnachtsgebäck
12. kurzes, gesungenes Lied zum Geburtstag
13. Kaffeerunde
14. Glücksbringer für ein Sportteam
15. Ärmelenden und Hüftende vom Pullover
16. hält Frühstückseier warm
17. die kleinsten Bauteile der Materie
18. ein geformter Bestandteil des Blutes
19. die Alveolen
20. ein kleines, kein ernstes Leiden
21. ein Strafzettel wegen Falschparkens *(ugs.)*
22. ein schüchternes junges Mädchen
23. ein gezeichnetes, stilisiertes Bild eines Menschen
24. eine Fantasiefigur, die Kindern beim Schlafengehen helfen soll
25. einen Fauxpas begehen

Tiere und Pflanzen: Meerschweinchen, Eichhörnchen, Rotkehlchen, Glühwürmchen, Seepferdchen, Silberfischchen, Gänseblümchen, Veilchen, Schneeglöckchen

Aus eins mach viele

17 [Schwierigkeitsstufe 3] Das Suffix „-ei"

Das Suffix *-ei* hat (u. a.) die beiden Bedeutungen *Ort, an dem etwas getan wird* und *ein negativ bewertetes Geschehen, Tun oder Verhalten*. Ordnen Sie die Wörter den Definitionen zu!

| ◊ die Färberei | ◊ die Glaserei | ◊ die Glockengießerei | ◊ die Schneiderei | ◊ die Spinnerei | ◊ die Weberei |
| ◊ die Gärtnerei | ◊ die Glasschleiferei | ◊ die Sattlerei | ◊ die Schuhmacherei | ◊ die Töpferei | ◊ die Ziegelbrennerei |

1. ein Ort, an dem Schuhe repariert werden
2. ein Ort, an dem Glas verarbeitet wird
3. ein Ort, an dem Glocken hergestellt werden
4. ein Ort, an dem Stoffe gefärbt werden
5. ein Ort, an dem Ziegel gebrannt werden
6. ein Ort, an dem Gläser mit Gravuren versehen werden
7. ein Ort, an dem Gefäße hergestellt werden
8. ein Ort, an dem Kleidung hergestellt wird
9. ein Ort, an dem Gemüse und Zierpflanzen gezogen werden
10. ein Ort, an dem Teppiche hergestellt werden
11. ein Ort, an dem Fäden hergestellt werden
12. ein Ort, an dem Leder verarbeitet wird

◊ die Angeberei	◊ die Grübelei	◊ die Kinderei	◊ die Pfuscherei	◊ die Schwarzseherei
◊ die Augenwischerei	◊ die Heuchelei	◊ die Klatscherei	◊ die Phrasendrescherei	◊ die Telefoniererei
◊ die Besserwisserei	◊ die Hochstapelei	◊ die Nörgelei	◊ die Rechthaberei	◊ die Wortklauberei
◊ die Eifersüchtelei	◊ die Katzbuckelei	◊ die Pfennigfuchserei	◊ die Schönrednerei	

1. ständig telefonieren
2. ständig über eigenen Besitz und eigene Erfolge reden
3. ständig die anderen belehren
4. ständig etwas auszusetzen haben
5. ständig über das Gleiche nachdenken
6. ständig eine negative Zukunft vorhersagen
7. hinter dem Rücken über andere reden
8. jemand anderem etwas Negatives als etwas Positives verkaufen wollen
9. ständig mit Geld geizen
10. grundlos eifersüchtig sein
11. als Erwachsener etwas Kindisches tun
12. etwas nicht ordentlich erledigen
13. alles wörtlich nehmen
14. nur bedeutungslose Worte sprechen
15. ständig vor Höhergestellten zurückstehen
16. behaupten, Qualifikationen zu haben, die man gar nicht besitzt
17. ein falsches, positives Bild von sich vortäuschen
18. die Realität besser darstellen, als sie ist, um andere zu manipulieren
19. ständig die eigene Meinung über alle anderen stellen

V. Suffixe und Präfixe

Wortfamilien

18 [Schwierigkeitsstufe 4–5] Arbeit mit dem rückläufigen Wörterbuch

■ Arbeiten Sie in einer Bibliothek mit einem **rückläufigen Wörterbuch**, d. h. mit einem Wörterbuch, das die Wörter von **hinten nach vorne** ordnet. Während Sie in einem **normalen** Wörterbuch beispielsweise alle Wörter, die mit *a* anfangen, zusammen sehen, können Sie in einem rückläufigen Wörterbuch beispielsweise alle Wörter finden, die auf ein bestimmtes Suffix, z. B. *-tum*, enden. So können Sie Wörter mit den gleichen Suffixen gemeinsam lernen. Benutzen Sie z. B. **Gustav Muthmann: Rückläufiges Wörterbuch** (Niemeyer-Verlag).

19 [Schwierigkeitsstufe 4] Das Präfix „Ge-"

Das Präfix *Ge-* hat (u. a.) die beiden Bedeutungen *ein Sammelbegriff* und *aus Verben gebildete Nomen*.

■ Ordnen Sie zu!

◇ das Geäst	◇ die Gebrüder	◇ das Gefilde	◇ das Gelände	◇ das Gestirn	◇ das Gewitter
◇ das Gebälk	◇ das Gebüsch	◇ das Gehäuse	◇ das Gepäck	◇ das Gestrüpp	
◇ das Gebirge	◇ das Gefieder	◇ das Gehölz	◇ die Geschwister	◇ das Gestüt	

1. eine Gruppe von Bergen
2. die Gesamtheit der Federn an einem Vogel
3. eine Gruppe von Sternen
4. eine Gruppe von struppigen Pflanzen
5. eine Gruppe von Brüdern
6. eine Gruppe von Brüdern und Schwestern
7. eine Gruppe von dicht beieinanderstehenden Büschen
8. eine Gruppe von Bäumen und Sträuchern, kleines Wäldchen
9. verschiedene Äste eines Baumes
10. verschiedene Balken im Dach eines Hauses
11. Ort, an dem eine Gruppe von weiblichen Pferden (Stuten) betreut wird
12. Region (*wörtlich:* „viele Felder vereinigt")
13. ein Gebiet (*wörtlich:* „Landstücke vereinigt")
14. mehrere gepackte Gegenstände
15. mehrere kleine „Wohnabteilungen" für Apfelkerne
16. verschiedene Wetterphänomene (Blitz, Donner, Regen u. ä.) treten gemeinsam auf

■ Ordnen Sie zu!

| ◇ das Gebäude | ◇ das Gebiet | ◇ das Gemälde | ◇ das Gesäß | ◇ die Geschichte | ◇ das Gespräch |
| ◇ das Gebet | ◇ die Geduld | ◇ das Geröll | ◇ das Geschäft | ◇ das Gepäck | ◇ das Getreide |

1. etwas, das gebaut worden ist
2. etwas, das gemalt worden ist
3. Gott um etwas bitten
4. eine Handlung, bei der gesprochen wird, eine Unterhaltung
5. die gepackten Koffer und Taschen
6. die Charaktereigenschaft, viel auszuhalten und zu dulden
7. Steinbrocken, die gerollt und liegen geblieben sind
8. der Körperteil, auf dem man sitzt
9. eine Gegend, über die ein Herrscher gebietet
10. ein Ort, an dem man schafft (d. h. arbeitet, heute ist *schaffen* ein regional-mündlicher Ausdruck)
11. eine Wissenschaft, die geschehene Vorgänge notiert
12. etwas, das von den Halmen getragen wird (entstanden aus *getregede*)

Aus eins mach viele

■ Präfixverben

20 [Schwierigkeitsstufe 3–4] Das Verb „finden" und seine Präfixe

■ Setzen Sie die richtigen Präfixe ein!

| ◊ ab- | ◊ ein- | ◊ heraus- | ◊ vor- | ◊ zurecht- | ◊ zusammen- |
| ◊ auf- | ◊ er- | ◊ hin- | ◊ wieder- | ◊ zurück- | |

1. Ich habe mein Portemonnaie verloren und kann es nicht .... finden.

2. In ein Labyrinth hineinzugehen, ist nicht weiter schwierig. Schwierig ist es nur, wieder .... zufinden!

3. Es hat drei Monate gedauert, bis ich mich in meiner neuen Arbeitsstelle richtig .... gefunden habe.

4. Nach seiner Wegerklärung konnte ich gut zum Restaurant .... finden, aber ich habe mich verlaufen und konnte nicht wieder .... finden.

5. Ein Staubsauger, der von alleine durch die ganze Wohnung geht und sich dann ausschaltet, muss wohl leider erst .... funden werden.

6. Ob die streitenden Parteien wohl wieder .... finden werden?

7. Nachdem die Eltern das Haus eine Woche lang ihren beiden Teenagern überlassen hatten, waren sie gespannt, in welchem Zustand sie die Küche .... finden würden.

8. Ich habe meine Schlüssel überall gesucht, aber sie sind nirgendwo .... zufinden.

9. Mein Nachbar hat angefangen, Geige spielen zu lernen. Da kann man nichts machen. Ich muss mich wohl damit .... finden, dass es so lange Katzenmusik geben wird, bis er ein bisschen besser geworden ist.

10. Das Seminar geht jetzt los. Haben sich alle Teilnehmer .... gefunden?

21 [Schwierigkeitsstufe 3–4] Das Verb „gehen" und seine Präfixe

■ Setzen Sie die richtigen Präfixe ein!

◊ auf-	◊ ein-	◊ hervor-	◊ sicher-	◊ unter-
◊ aus-	◊ entgegen-	◊ hinter-	◊ über-	◊ vorüber-
◊ dazwischen-	◊ er-	◊ kaputt-	◊ um-	◊ zer-

1. Morgens geht die Sonne .... und abends geht sie ....

2. Es regnet. Aber es ist nur ein Schauer, der geht schnell ....

3. Sabine will uns besuchen. Aber sie hat gerade angerufen, dass sie den Weg nicht findet. Also werde ich ihr .... gehen.

4. Wenn der Computer .... geht, muss er wieder repariert werden.

5. Sie wollte ganz .... gehen, am Morgen der Prüfung rechtzeitig aufzuwachen, und stellte deshalb drei Wecker.

6. In dem Film gibt es viele Probleme, aber es gibt ein HappyEnd. Der Film geht gut ....

7. Das Eis ist sehr lecker und .... geht auf der Zunge.

8. Wie ist es dir in der Prüfung .... gangen?

9. Es gab eine Prügelei auf dem Schulhof. Der Lehrer ging .... , um sie zu beenden.

10. Die Antwort auf die Frage geht aus dem Text .... , wenn man sich die Zeit nimmt, ihn genau zu lesen.

11. Der Name einer berühmten Persönlichkeit geht in die Geschichte ....

12. Die Musikstücke werden ohne Pause hintereinander gespielt. Sie gehen ineinander ....

13. Sie hat den Staat und die Sozialkasse .... gangen und Gelder erhalten, die ihr gar nicht zustanden.

14. Herr Meyer kommt immer zu spät zur Arbeit, was seinen Vorgesetzten zur Weißglut bringt. Der Personalchef versucht, den Konflikt zu .... gehen, indem er Herrn Meyer Gleitzeit anbietet.

Wortfamilien

22 [Schwierigkeitsstufe 3–4] Das Verb „lesen" und seine Präfixe

■ Setzen Sie die richtigen Präfixe ein!

◊ ab-	◊ durch-	◊ hinweg-	◊ über-	◊ vor-
◊ be-	◊ heraus-	◊ nach-	◊ ver-	◊ zer-

1. Bitte lesen Sie den Roman bis zur nächsten Woche ganz ....!
2. Was ein Rhinozeros ist, können Sie in jedem Lexikon .... lesen.
3. Er las seinen Kindern jeden Abend eine Gutenachtgeschichte ....
4. Heute Nachmittag kommt ein Angestellter der Stadtwerke, um den Zählerstand an den Heizungen ...... zu-lesen.
5. Entschuldigung, ich glaube, Sie haben sich .... lesen. Dort steht nicht Sommersemester, sondern Wintersemester!
6. Das Buch wurde schon von vielen Studenten benutzt und ist schon ganz .... lesen.
7. Er las schnell über das Vorwort .... und widmete sich dann eingehend dem ersten Kapitel.
8. Und auf Seite 256 leiht Herr Janocha Paulina wirklich im strömendem Regen seinen Schirm? Das muss ich noch einmal nachlesen, die Stelle muss ich .... lesen haben.
9. So eine Interpretation kann ich nicht aus dem Gedicht .... lesen. Ich finde, dort steht etwas ganz anderes!
10. Der Mathematiker war unglaublich .... lesen und kannte die meisten wichtigsten Werke der Weltliteratur.

23 [Schwierigkeitsstufe 3–4] Mehr Präfixverben

■ Finden Sie die Bedeutungen folgender Verben heraus und bilden Sie Beispielsätze!

kleben   an-, auf-, be-, ein-, über-, ver-, zu-, zusammen-
kochen   ab-, auf-, aus-, be-, ein-, über-, ver-, vor-, zer-
leben   ab-, auf-, aus-, be,- durch-, ein-, er-, miter-, fort-, über-, vor-, zusammen-

■ Welche Präfixe können die folgenden Grundverben haben?

schlafen   ....
schlagen   ....

Viele weitere Verben mit verschiedenen Präfixen finden Sie im: **Lexikon deutscher Präfixverben** von J. Schröder (Langenscheidt 1992 – Bibliothek!).

VI. Vokabelheftseiten: Wortfamilien

Ihre Vokabelheftseiten für Wortfamilien erstellen Sie am besten in Form eines **Wortfamilienbaums** mit Grundwort, ersten und zweiten Ableitungen, so wie im Einführungsabschnitt beschrieben. Da jeder Baum ein wenig anders aussehen wird, gibt es hierfür keine Kopiervorlage. Verwenden Sie einfache blanke Seiten.

Benutzen Sie zum Erstellen Ihrer Wortfamilien das **Wortfamilienwörterbuch** von G. Augst. Erstellen Sie gegebenenfalls auch Extraseiten für **Präfixverben**!

7 Komposition

I. Einführung: Was ist ein Mutterkuchen?
II. Nomen plus Nomen
III. Nomen plus Adjektiv
IV. Vokabelheftseiten: Komposita

Aus zwei wird eins

I. Einführung: Was ist ein Mutterkuchen?

Der deutsche Komiker **Loriot** empfiehlt neben *Nilpferd in Burgunder* und *Elefantencreme* auch das nebenstehende Kochrezept.

Auch viele andere Witze basieren darauf, dass ein *Jägerschnitzel* natürlich nicht aus Menschenfleisch von Jägern und ein *Hundekuchen* nicht aus Hunden hergestellt ist.

> **Bauernomelette**
>
> Ein bis zwei zarte Landwirte werden durch ein feines Sieb gestrichen. Das Gericht, ein Rezept aus der Entdeckerzeit Australiens, ist uns leider nur unvollständig überliefert. Eine Hausfrau mit Lust und Liebe zur Kochkunst hat jedoch Gelegenheit, ihrer Experimentierfreude freien Lauf zu lassen.
>
> Aus: Loriot, Der gute Geschmack. Copyright © 1972 Diogenes Verlag AG Zürich

Ein *Hundekuchen* ist **kein** Kuchen **mit Hunden als Hauptzutat**, wie z. B. ein *Obstkuchen* ein Kuchen **mit Obst als Hauptzutat** ist. Ein *Hundekuchen* ist ein Kuchen (bzw. eine Nascherei) **für** Hunde.

Ein *Bauernomelette* ist dementsprechend kein Omelette mit Bauern als Hauptzutat, sondern ein Omelette, das Bauern gerne essen, also ein Omelette **für Bauern** oder ein Omelette nach einem Rezept **von Bauern**, also „nach Bauernart". Ebenso verhält es sich mit dem *Jägerschnitzel*.

Die etwas versteckten grammatischen Beziehungen und zusammengefassten Bedeutungen in **zusammengesetzten Wörtern (Komposita)** sind also komplex.

Sehen wir uns den **Ring** an:

- Ein **Silberring** ist ein Ring **aus** Silber,
  ein **Goldring** ein Ring **aus** Gold,
  aber ein **Diamantring** vielleicht ein Ring **mit** (nur einem) Diamanten.
- Ein **Fingerring** ist ein Ring **für** die Finger, ein Ring, den man am Finger trägt,
  und ein **Ohrring** ist ein Ring **im** Ohr.
- Ein **Ehering**, ein **Verlobungsring** oder **Freundschaftsring** zeigen den Familienstand oder einen anderen sozialen Status an.
- Ein **Zwiebelring** besteht **aus** Zwiebeln. Er hat jedoch nicht die gleiche Funktion wie z. B. der Silberring oder Ehering.
- Ein **Schwimmring** oder **Rettungsring** ist eine Schwimmhilfe,
  ein **Beißring** verschafft Babys Erleichterung beim Zahnen,
  ein **Schlüsselring** hält den Schlüsselbund zusammen,
  Gardinenringe halten die Gardinen auf der Stange,
  Serviettenringe die Servietten am Platz.
- **Jahresringe** im Baustamm zeigen an, wie alt ein Baum gewesen ist, als er gefällt wurde.
- Ein **Boxring** ist der Ort eines Boxwettkampfes.
- Und ein **Drogenring** ist eine kriminelle Organisation.

Und wie ist es mit dem **Rad**?

- An einem Auto gibt es verschiedene Arten von **Rädern**: die vier gewöhnlichen **Autoräder,** hinten im Kofferraum ein **Reserverad** (ein Rad **als** Reserve) und das **Steuerrad** (auch **Lenkrad** genannt), (ein Rad **zum** Steuern oder Lenken).
- Natürlich kennen Sie das **Fahrrad**. Aber falls Sie nicht wüssten, was das ist, wäre es mit der Erklärung *Rad zum Fahren* nicht getan. Die Bedeutung, die in diesem Kompositum zusammengefasst ist, ist viel vielschichtiger.
- Im Gegensatz hierzu ist ein **Laufrad** für Kinder eine Art Übungsrad ohne Pedale, das sie benutzen können, bis sie auf ein **Dreirad** (stabiles kleines Fahrrad mit drei Rädern) umsteigen können.
- Ein **Laufrad** für Tiere, z. B. Hamster, ist eine Art Turngerät in Tierkäfigen, das den Tieren mehr Bewegung verschaffen soll.

Komposition

- Ein **Spinnrad** ist ein traditionelles Haushaltsgerät, das hilft, Rohwolle zu Fäden zu spinnen.
- Ein **Wagenrad** ist Teil eines Wagens, z. B. eines Heuwagens aus Holz.
- Ein **Windrad** ist ein Rad, das sich bei Wind bewegt und zur Energiegewinnung eingesetzt werden kann.
- Das **Schaufelrad** an einem Schaufelraddampfer ist Teil des Schiffsantriebs.
- Ein **Mühlrad** ist ein **Wasserrad**, das eine Mühle antreibt.
- Große und kleine **Zahnräder** sind Teile einer mechanischen Maschine. Sie heißen Zahnräder, weil sie **mit** Metallzähnen versehen sind.
- Ein **Riesenrad** findet man auf einem Jahrmarkt. Es ist jedoch keinesfalls ein Rad für oder von Riesen, sondern ein **riesengroßes** Rad, dessen Gondeln langsam kreisen, wodurch die Passagiere die Stadt von oben betrachten können.
- Danach drehen Sie vielleicht an einer anderen Jahrmarktbude das **Glücksrad**, aber haben nur dann Glück, wenn das Rad bei der richtigen Zahl stehen bleibt.
- Ein Pfau, der stolz seine bunten Federn aufstellt, *schlägt ein Rad*, ein **Pfauenrad**.

Was dann, ist ein **Mutterkuchen**?

- Ein Kuchen, den eine Mutter gebacken hat?
- Ein Kuchen, der für eine Mutter gebacken worden ist, z. B. am Muttertag?
- Ein Kuchen, den Mütter gerne essen?
- Ein traditioneller Kuchen nach Mutters Rezept?
- Ein Kuchen in Form einer Mutter?
- Ein Kuchen aus einem Hefeteig, der sich immer wieder vermehrt und den man daher immer wieder aufs Neue zum Kuchenbacken verwenden kann?

Wenn Sie in Ihrem zweisprachigen Wörterbuch nachschlagen, werden sie feststellen, dass es sich um einen sehr euphemistischen Begriff für ein menschliches Organ handelt, das in vielen europäischen Sprachen mit einem medizinischen Fachbegriff lateinischen Ursprungs (Plazenta) bezeichnet wird.

Sie sehen also, dass es keinesfalls immer einfach ist, ein aus zwei Wörtern zusammengesetztes Wort (Kompositum) sofort zu **verstehen**. Sicher ist aber, dass Sie einmal gelernte Komposita gut **behalten** werden. Oder werden Sie nach dieser Einführung wieder vergessen, was ein Bauernomelette oder ein Mutterkuchen ist?

II. Nomen plus Nomen

1 [Schwierigkeitsstufe 2–3] Komposita mit „Buch"

Ordnen Sie die Wörter den Bedeutungen zu!

◊ das Bilderbuch	◊ das Grundbuch	◊ das Kondolenzbuch	◊ das Sachbuch	◊ das Tagebuch
◊ das Drehbuch	◊ das Hörbuch	◊ das Lehrbuch	◊ das Sparbuch	◊ das Taschenbuch
◊ das Geschichtsbuch	◊ das Kochbuch	◊ das Parteibuch	◊ das Strafgesetzbuch	◊ das Telefonbuch

1. ein Buch mit vielen großen Bildern für Kinder ....
2. eine billigere Ausgabe mit einem weichen Einband ....
3. ein Buch über ein Sachthema ....
4. ein Buch für die Schule oder Universität ....
5. ein Buch für den Geschichtsunterricht ....
6. ein vorgelesenes Buch auf CD ....
7. ein persönliches Buch, in das man seine täglichen Erlebnisse notiert ....
8. ein Verzeichnis der Telefonnummern ....
9. eine Rezeptsammlung ....
10. die Anweisungen für einen Film ....
11. ein Katalog staatlicher Sanktionen ....
12. ein Verzeichnis von Geldeinlagen bei einer Bank ....
13. ein Dokument, das die Zugehörigkeit zu einer Partei dokumentiert ....
14. ein öffentliches Register, das den Landbesitz verzeichnet ....
15. ein Buch, in das sich die Gäste auf einer Beerdigung eintragen ....

Aus zwei wird eins

| ◊ der Buchbinder | ◊ das Bücherregal | ◊ der Bücherstapel | ◊ der Buchhändler | ◊ der Buchrücken |
| ◊ der Buchdeckel | ◊ die Büchersendung | ◊ der Buchhalter | ◊ die Buchmesse | ◊ die Buchseite |

1. ein (bedrucktes) Blatt in einem Buch ....
2. die Vorder- und Rückseite eines Buches ....
3. die schmale gebundene Seite des Buches ....
4. mehrere Bücher aufeinandergelegt ....
5. ein Möbelstück zum Aufbewahren von Büchern ....
6. jemand, der Bücher herstellt ....
7. jemand, der Bücher verkauft ....
8. jemand, der die Finanzen einer Firma dokumentiert ....
9. eine Postsendung mit Büchern ....
10. einen Ausstellung, auf der neue Bücher vorgestellt werden ....

2 [Schwierigkeitsstufe 2–3] Komposita mit „Sprache"

■ Ordnen Sie die Wörter den Bedeutungen zu!

◊ die Sprachausgabe	◊ der Spracherwerb	◊ die Sprachreise	◊ der Sprachwitz
◊ die Sprachbarriere	◊ das Sprachgefühl	◊ das Sprachrohr	◊ das Sprachzentrum
◊ die Sprachentwicklung	◊ die Sprachkenntnisse *(Pl.)*	◊ die Sprachstörung	◊ das Sprachenzentrum
◊ die Spracherkennung	◊ der Sprachkurs	◊ die babylonische Sprachverwirrung	

1. Unterricht mit dem Ziel, eine Sprache zu lernen ....
2. eine Universitätseinheit, die den Unterricht verschiedener Fremdsprachen organisiert ....
3. eine Reise, die mit Sprachunterricht kombiniert ist ....
4. das Beherrschen einer oder mehrerer Sprachen ....
5. ein wissenschaftlicher Begriff für das Erlernen von Sprachen ....
6. Fortschritte beim Sprachenlernen oder die Veränderung einer Sprache ....
7. die computerbasierte Erkennung gesprochener Sprache ....
8. die Erzeugung von gesprochener Sprache mit einem Computer ....
9. die Areale im Gehirn, die für die Sprache zuständig sind ....
10. das intuitive Anwenden von Sprache ....
11. Beeinträchtigung der Sprachproduktion oder des Sprachverständnisses (z. B. Stottern) ....
12. Hindernis in der internationalen Kommunikation ....
13. ein witziges Wortspiel ....
14. ein Medium (Zeitung, Fernsehen), das die politische Meinung einer Regierung oder Gruppierung vertritt ....
15. eine verwirrende Vielfalt von Sprachen ....

◊ die Amtssprache	◊ die Geheimsprache	◊ die Programmiersprache	◊ die Verkehrssprache
◊ die Ausgangssprache	◊ die Körpersprache	◊ die Schriftsprache	◊ die Weltsprache
◊ die Fachsprache	◊ die Metasprache	◊ die Umgangssprache	◊ die Zielsprache
◊ die Gebärdensprache	◊ die Muttersprache	◊ die Unterrichtssprache	

1. die Sprache, die man zuerst lernt ....
2. die Sprache, die im Sprachunterricht gesprochen wird ....
3. Sprache ohne Worte, die man mit dem Körper ausdrückt ....
4. Sprache, die Gehörlose verwenden ....
5. die gesprochene Sprache ....
6. die schriftliche Sprache ....
7. die Sprache eines bestimmten Fachbereichs ....
8. die formale Sprache, die auf Ämtern verwendet wird ....

Komposition

9. eine erfundene Sprache, die nur wenige verstehen
10. eine künstlich geschaffene Sprache zum Programmieren von Computern
11. die Sprache, aus der man in eine andere Sprache übersetzt
12. die Sprache, in die man übersetzt
13. eine Sprache, die von vielen Menschen gesprochen wird
14. eine Sprache, in der Sprecher verschiedener Sprachen miteinander kommunizieren
15. das Sprechen über Sprache (z. B. über Grammatik, Grammatikerklärungen)

3 [Schwierigkeitsstufe 4] Komposita mit Zweitglied „-loch" und „-zahl"

Finden Sie die richtigen Wörter! Schlagen Sie gegebenenfalls in einem rückläufigen Wörterbuch nach! Von was für *Löchern* ist hier die Rede?

1. ein Loch in der Erde
2. eine Öffnung in der Nase
3. der Eingang in eine Mausehöhle
4. ein Loch, das durch Bohren entstanden ist
5. Loch in Hemden, das Teil des Verschlusses ist
6. Loch in Pullovern, durch die die Arme gesteckt werden
7. ein Loch in der Tür, das Teil des Verschließmechanismus ist
8. ein Loch im Zaun, durch das man sehen kann
9. Vertiefung, in der der Sprinter vor dem Startschuss seinem Fuß Halt gibt
10. Loch in schlecht gewarteten Straßen
11. ein von Menschen erzeugtes schadbringendes Loch in der Atmosphäre
12. nachrichtenarme Zeit in der Sommerpause

Was für *Zahlen* sind hier gemeint?

1. die Zahl der Einwohner
2. die Zahl der Arbeitslosen
3. die Zahl der Geburten
4. die Zahl der Zuschauer
5. die Zahl, die ein Jahr benennt
6. eine Zahl, die eine Prozentangabe macht
7. eine Zahl, die das Produkt zweier gleicher Zahlen ist
8. eine Zahl, die das Produkt drei gleicher Zahlen ist
9. eine Zahl mit Zähler und Nenner
10. eine Zahl, die nur durch eins und sich selbst ohne Rest teilbar ist
11. die Zahlen, die im Lotto gezogen worden sind
12. die Zahl, die bei Briefen den Ort angibt
13. die Zahl, die bei einer Überweisung für eine bestimmte Bank steht
14. die Vorwahl für einen bestimmten Ort
15. eine Zahl mit zwei, drei oder mehreren gleichen Ziffern, z. B. 333

Rückläufige Wörterbücher sind Wörterbücher, in denen der Sprachstoff **von hinten nach vorne** geordnet ist. Während Sie in einem **normalen** Wörterbuch beispielsweise alle Wörter, die mit *a* anfangen, zusammen sehen, können Sie in einem rückläufigen Wörterbuch beispielsweise alle Wörter finden, die auf ein bestimmtes Wort, z. B. *-loch* oder *-zahl*, enden. So können Sie Komposita mit dem gleichen Zweitglied finden und zusammen lernen.

Ein empfehlenswertes rückläufiges Wörterbuch ist: G. Muthmann: **Rückläufiges deutsches Wörterbuch** (Niemeyer-Verlag).

Aus zwei wird eins

4 [Schwierigkeitsstufe 3–4] Komposita mit Zweitglied „-schein"

■ Ordnen Sie die Wörter den Bedeutungen zu!

◊ der Abmeldeschein	◊ der Gepäckaufbewahrungsschein	◊ der Krankenschein	◊ der Seminarschein
◊ der Angelschein	◊ der Gewerbeschein	◊ der Lieferschein	◊ der Totenschein
◊ der Fahrschein	◊ der Gutschein	◊ der Parkschein	◊ der Trauschein
◊ der Führerschein	◊ der Impfschein	◊ der Pilotenschein	◊ der Überweisungsschein
◊ der Geldschein	◊ der Kraftfahrzeugschein	◊ der Schuldschein	◊ der Wahlschein

1. eine Banknote
2. die Erlaubnis, ein Auto zu fahren
3. die Erlaubnis, ein Flugzeug zu fliegen
4. ein Nachweis darüber, wer der Halter eines Auto ist
5. ein Nachweis darüber, dass jemand Parkgebühren bezahlt hat
6. der Nachweis darüber, dass man den Fahrpreis für den Bus oder die Bahn entrichtet hat
7. der Nachweis darüber, dass ein Paar verheiratet ist
8. die Erlaubnis zu angeln
9. eine Erlaubnis, etwas zu verkaufen oder eine Dienstleistung anzubieten
10. der Nachweis darüber, dass ein Student ein bestimmtes Seminar belegt hat
11. der Nachweis, mit dem ein Reisender sein abgegebenes Gepäck wieder abholen kann
12. das Papier, auf dem man wählt
13. die Bestätigung vom Einwohnermeldeamt, dass jemand in einer bestimmten Gemeinde abgemeldet ist
14. eine ärztliche Bescheinigung für die Arbeit, dass ein Arbeitnehmer aufgrund von Krankheit eine Zeit lang arbeitsunfähig ist
15. die schriftliche Empfehlung eines allgemeinen Arztes, einen Spezialisten aufzusuchen
16. die Bescheinigung über eine durchgeführte Impfung
17. das Begleitdokument zu einer Sendung
18. ein Dokument, das zur Nutzung der darauf angegebenen Leistung berechtigt
19. eine Bescheinigung, das jemand einer anderen Person Geld schuldet
20. die ärztliche Bescheinigung darüber, dass und wann eine Person gestorben ist

5 [Schwierigkeitsstufe 3] Komposita mit Zweitglied „-krise"

■ Ordnen Sie die Wörter den Bedeutungen zu!

| ◊ die Agrarkrise | ◊ die Ehekrise | ◊ die Identitätskrise | ◊ die Regierungskrise | ◊ die Währungskrise |
| ◊ die Dauerkrise | ◊ die Energiekrise | ◊ die Nervenkrise | ◊ die Versorgungskrise | ◊ die Wirtschaftskrise |

1. ein Ehestreit
2. eine persönliche Krise
3. starke seelische Reaktion auf ein belastendes Erlebnis
4. eine plötzliche starke Abwertung der Währung eines Landes
5. eine globale ökonomische Krise
6. eine landwirtschaftliche Krise
7. ein Engpass bei der Lieferung
8. ein Engpass bei den Energievorräten
9. eine politische Lage, in der der Erhalt der Regierung eines Landes in Gefahr ist
10. eine lang anhaltende Krise

■ Kennen Sie weitere Beispiele?

Komposition

III. Nomen plus Adjektiv

6 [Schwierigkeitsstufe 3] Das Zweitglied „-reich"

Das Zweitglied *-reich* bedeutet, dass von einer bestimmten Sache *viel vorhanden* ist. Eine *waldreiche Gegend* beispielsweise ist eine Landschaft mit großen Waldflächen.
Verbinden Sie!

1. eine kinderreiche
2. vitaminreiches
3. ein rohstoffreiches
4. ein niederschlagsreicher
5. eine ertragreiche
6. eine erfolgreiche
7. ein tränenreicher
8. ein kenntnisreicher
9. ein hilfreicher
10. ein fantasiereicher
11. ein kontrastreiches

a) Abschied
b) Bewerbung
c) Ernte
d) Familie
e) Gebiet
f) Gemüse
g) Lehrer
h) Professor
i) Reiseprogramm
j) Sommer
k) Roman

7 [Schwierigkeitsstufe 3] Das Zweitglied „-arm"

Das Zweitglied *-arm* bedeutet, dass von einer bestimmten Sache *wenig vorhanden* ist.
Verbinden Sie!

1. ein salzarmes
2. fettarme
3. kalorienarme
4. säurearmer
5. eine niederschlagsarme
6. eine verkehrsarme
7. ein rohstoffarmes
8. ein geräuscharmer
9. schadstoffarme
10. ein kontaktarmer
11. ein kontrastarmes

a) Foto
b) Ernährung
c) Essen
d) Gebiet
e) Gegend
f) Wohngegend
g) Staubsauger
h) Milch
i) Mensch
j) Möbel
k) Obstsaft

8 [Schwierigkeitsstufe 3] Das Zweitglied „-los"

Das Zweitglied *-los* bedeutet, dass von einer bestimmten Sache *nichts vorhanden* ist bzw. *ohne*.
Verbinden Sie!

1. ein wolkenloser
2. eine sternlose
3. ein traumloser
4. ein bewusstloser
5. ein lebloser
6. eine endlose
7. eine lieblose
8. eine ausweglose
9. eine respektlose
10. eine grundlose
11. eine bargeldlose

a) Behandlung
b) Bemerkung
c) Diskussion
d) Himmel
e) Nacht
f) Patient
g) Körper
h) Situation
i) Schlaf
j) Zahlungsweise
k) Kritik

Aus zwei wird eins

9 [Schwierigkeitsstufe 3] Das Zweitglied „-frei"

■ Auch das Zweitglied *-frei* bedeutet *ohne*.
Ergänzen Sie!

◊ beschwerdefrei	◊ fehlerfrei	◊ schuldenfrei	◊ sorgenfrei	◊ störungsfrei
◊ bleifrei	◊ kniefrei	◊ schulterfrei	◊ steuerfrei	◊ vorurteilsfrei

1. Benzin ohne Blei ist ....
2. Ein Patient ohne Unwohlsein ist ....
3. Eine Arbeit ohne Unterbrechung ist ....
4. Ein Rock, der nur bis zum Knie geht, ist ....
5. Ein Oberteil ohne Ärmel ist ....
6. Jemand, der bei niemandem Geld geliehen hat, ist ....
7. Ein Mensch, der ein unbekümmertes Leben führt, ist ....
8. Ein Test mit voller Punktzahl ist ....
9. Eine unvoreingenommene Meinung ist ....
10. Ein Einkommen, für das man keine Abgaben zahlen muss, ist ....

10 [Schwierigkeitsstufe 3–4] Das Zweitglied „-voll"

■ Das Zweitglied *-voll* bedeutet *mit viel*, oft ist ein Gefühl gemeint.
Welche Adjektive passen in Satz A, welche in Satz B?

◊ anspruchsvoll	◊ gedankenvoll	◊ humorvoll	◊ rücksichtsvoll	◊ verständnisvoll *(2 x)*
◊ fantasievoll	◊ gefühlvoll	◊ liebevoll *(2 x)*	◊ temperamentvoll	◊ vorwurfsvoll
◊ friedvoll	◊ hoffnungsvoll	◊ neidvoll	◊ verheißungsvoll	◊ würdevoll

Satz A: Er blickte sie .... an.

Satz B: Er ist ein .... Mensch.

11 [Schwierigkeitsstufe 3] Das Zweitglied „-reif"

■ So wie das Adjektiv *reif – fertig* (in Bezug auf Obst, Käse u. ä.) bedeutet, nimmt auch *-reif* als Zweitglied die Bedeutung *fertig für* an.
Ordnen Sie zu!

◊ bettreif	◊ druckreif	◊ geschlechtsreif	◊ schrottreif	◊ spruchreif
◊ bühnenreif	◊ erntereif	◊ olympiareif	◊ schulreif	◊ urlaubsreif

1. Getreide oder Obst, das geerntet werden kann, ist ....
2. Ein Kind, das eingeschult werden kann, ist ....
3. Ein Text, der genügend überarbeitet worden ist, ist ....
4. Ein Theaterstück, das genügend geprobt worden ist, ist ....
5. Eine hervorragende sportliche Leitung ist ....
6. Ein Tier, das vermehrungsfähig geworden ist, ist ....
7. Ein Auto, das alt und kaputt ist, ist ....
8. Jemand, der sehr viel gearbeitet hat, ist ....
9. Ein müdes Kind ist ....
10. Ein Plan, der noch nicht detailliert ausgearbeitet ist, ist noch nicht ....

III. Nomen plus Adjektiv

Komposition

12 [Schwierigkeitsstufe 4] Das Zweitglied „-fähig"

■ So wie das Adjektiv *fähig – etwas können* bedeutet, nimmt auch *-fähig* als Zweitglied die Bedeutung *können* an. So ist z. B. *schwimmfähiges Material* Material, das auf Wasser schwimmen kann.
Ordnen Sie zu!

◇ bankrotte Firma	◇ junger Straftäter	◇ Kranker	◇ Regierung	◇ Student	◇ Wähler
◇ Gerät	◇ Kind	◇ Material	◇ Schiff	◇ Tuch	
◇ junger Mann	◇ Komitee	◇ neues Produkt	◇ Spende	◇ Unfallopfer	

1. ein schulfähiges ....
2. ein aufnahmefähiger ....
3. ein heiratsfähiger ....
4. ein seefähiges ....
5. ein saugfähiges ....
6. ein funktionsfähiges ....
7. strapazierfähiges ....
8. ein marktfähiges ....
9. eine zahlungsunfähige ....
10. eine steuerabzugsfähige ....
11. ein arbeitsunfähiger ....
12. ein bewegungsunfähiges ....
13. eine handlungsunfähige ....
14. ein schuldunfähiger ....
15. ein kritikfähiger ....
16. ein beschlussunfähiges ....

13 [Schwierigkeitsstufe 3] Das Zweitglied „-weise"

■ Das Zweitglied *-weise* bedeutet in etwa *so, auf diese Art und Weise*.
Ergänzen Sie die Sätze!

◇ dutzendweise	◇ löffelweise	◇ stufenweise	◇ tropfenweise	◇ wochenweise
◇ körbeweise	◇ scheibchenweise	◇ teilweise	◇ wahlweise	◇ zeilenweise

1. Für die Stelle kamen .... Bewerbungen.
2. Als am Samstag die Wohnungsanzeige in der Zeitung stand, kamen .... Anrufe.
3. Er schüttete sich .... Zucker in den Tee.
4. Der Regen fiel nur ....
5. Er las den Text langsam und ....
6. Die Veranstaltung findet .... jeweils am Montagnachmittag statt.
7. Die Studenten können .... eine Vorlesung über die Geschichte des Mittelalters oder eine Vorlesung über die Geschichte der frühen Neuzeit belegen.
8. Die experimentellen Daten waren .... undeutlich und daher nicht zu verwenden.
9. Der Journalist bekam die Informationen nur nach und nach ....
10. Die Stadt möchte .... die Ganztagsschule einführen.

14 [Schwierigkeitsstufe 4] Das Zweitglied „-widrig"

■ Das Zweitglied *-widrig* bedeutet, dass *etwas gegen Vorschriften verstößt*.
Ergänzen Sie!

◇ gesetzeswidrig	◇ sittenwidrig	◇ verfassungswidrig	◇ vertragswidrig
◇ regelwidrig	◇ stilwidrig	◇ verkehrswidrig	◇ zweckwidrig

1. eine .... Verwendung eines Geräts
2. ein .... Wort im Gedicht
3. .... Parken
4. .... Nacktheit
5. ein .... Gesetz
6. ein .... Vorgehen
7. .... Untervermietung
8. eine .... Schiedsrichterentscheidung

III. Nomen plus Adjektiv

Aus zwei wird eins

15 [Schwierigkeitsstufe 2]   Das Zweitglied „-freudig"

■ Das Zweitglied -freudig bedeutet, dass *jemand etwas gerne tut*.
   Wie würden Sie sich selbst beschreiben?

◊ arbeitsfreudig	◊ gebefreudig	◊ musizierfreudig	◊ tanzfreudig
◊ diskussionsfreudig	◊ heiratsfreudig	◊ redefreudig	◊ trinkfreudig
◊ experimentierfreudig	◊ kontaktfreudig	◊ risikofreudig	

Ich bin ....

16 [Schwierigkeitsstufe 4]   Das Zweitglied „-pflichtig"

■ Das Zweitglied -pflichtig bedeutet, dass *aufgrund von Vorschriften etwas gemacht werden muss*.
   Ergänzen Sie!

◊ anmeldepflichtig	◊ genehmigungspflichtig	◊ meldepflichtig	◊ schulpflichtig	◊ unterhaltspflichtig
◊ gebührenpflichtig	◊ haftpflichtig	◊ rezeptpflichtig	◊ steuerpflichtig	◊ zollpflichtig

1. .... Fernsehen
2. ein .... Wohnungswechsel
3. .... Kinder
4. ein .... Medikament
5. eine .... Krankheit
6. .... Importgüter
7. .... Einnahmen
8. .... Baumaßnahmen
9. ein .... Kindsvater
10. ein .... Unfallteilnehmer

17 [Schwierigkeitsstufe 3]   Die Zweitglieder „-gemäß" und „-gerecht"

■ Die Zweitglieder -gemäß und -gerecht bedeuten, dass etwas in Bezug auf eine bestimmte Sache *richtig* ist.
   Ergänzen Sie!

◊ plangemäß	◊ vertragsgemäß	◊ zeitgemäß
◊ unsachgemäß	◊ wunschgemäß	

◊ fachgerecht	◊ mundgerecht	◊ termingerecht
◊ kindgerecht	◊ normgerecht	

1. .... Kleidung
2. der .... Verlauf einer Feier
3. die .... Abfahrt eines Zuges
4. eine .... Abwicklung
5. die .... Verwendung eines Gegenstandes

1. .... Spielzeug
2. .... Stücke
3. .... Aktenordner
4. die .... Abgabe einer Hausarbeit
5. die .... Reparatur eines Computers

18 [Schwierigkeitsstufe 4]   Das Zweitglied „-getreu"

■ Das Zweitglied -getreu bedeutet, dass *eine Kopie in einem bestimmten Aspekt möglichst genau dem Original entspricht*.
   Verbinden Sie!

1. ein originalgetreues
2. eine werkgetreue
3. eine naturgetreue
4. ein buchstabengetreues
5. eine maßstabsgetreue
6. eine winkelgetreue
7. eine wahrheitsgetreue
8. ein wirklichkeitsgetreue
9. eine sinngetreue
10. eine lautgetreue

a) Geschichtsschreibung
b) Kartenprojektion
c) Kunstwerk
d) Theateraufführung
e) Tierpuppe
f) Schrift
g) Verkleinerung
h) Zeugenaussage
i) Zitat
j) Zusammenfassung

III. Nomen plus Adjektiv

Komposition

19 [Schwierigkeitsstufe 5]   Das Zweitglied „-würdig"

■ Finden Sie Verwendungen für folgenden Zusammensetzungen mit *-würdig* und finden Sie so heraus, was das Zweitglied bedeutet!

- denkwürdig
- förderungswürdig
- fragwürdig
- glaubwürdig
- kreditwürdig
- kritikwürdig
- liebenswürdig
- menschenunwürdig
- merkwürdig
- nachahmenswürdig
- verbesserungswürdig

IV. Vokabelheftseiten: Komposita

Arbeiten Sie mit **normalen** und **rückläufigen Wörterbüchern**, um Komposita zu einem Grundwort zu finden. Schreiben Sie das Grundwort in die mittlere Spalte. Sammeln Sie dann mögliche Komposita in der rechten und linken Spalte. Markieren Sie Besonderheiten, wie z. B. Fugenelemente, mit einem Textmarker.

Komposita I	Grundwort	Komposita II
Sachbuch	das Buch	der Buchdeckel
Sparbuch		der Buchrücken
Strafgesetzbuch		die Buchmesse
		der Bücherstapel
	die Krise	die Währungskrise
		die Energiekrise
		die Versorgungskrise
	würdig	kreditwürdig
		vertrauenswürdig
		glaubwürdig

⇨ **Kopiervorlage dazu siehe Anhang, Seite 163**

8 Kollokationen

I. Einführung: Die Stirn runzeln
II. Kollokationen im Alltag
III. Es treffender ausdrücken
IV. Funktionsverbgefüge
V. Das ergänzende Wort
VI. Kollokationen in Fachsprachen (Universität, Verwaltung, Wirtschaft, Politik, Rechtswesen)
VII. Textarbeit mit Kollokationen (Zeitungsartikel und Übersetzungen)
VIII. Wörterbucharbeit mit Kollokationen
IX. Vokabelheftseiten: Kollokationen

I. Einführung: Die Stirn runzeln

Angenommen, Sie möchten ein Gesicht beschreiben und oben bei der Stirn anfangen. In der Sprache stehen Ihnen dafür eine Reihe von Ausdrücken zur Verfügung:

- Ist es eine **breite** Stirn?
  Ist es eine **hohe** Stirn oder eine **fliehende** Stirn? (Eine fliehende Stirn ist das Gegenteil von einer hohen Stirn.)

- Wenn die Person alt ist oder sich große Sorgen macht, die man ihr ansieht:
  Ist es eine **gefurchte** oder gar eine **zerfurchte** Stirn? (Eine zerfurchte Stirn hat noch mehr Falten als eine gefurchte.)

- Ist es eine **gerunzelte** Stirn?
  Eine **krause** Stirn? Eine **gefaltete** Stirn? Eine **in Falten gelegte** Stirn? (Diese Ausdrücke haben in etwa dieselbe Bedeutung und man benutzt sie, wenn jemand durch seine Mimik zeigen will, dass er nachdenkt oder ihm etwas nicht gefällt. Die entsprechenden Verben lauten *die Stirn runzeln, die Stirn kraus ziehen* bzw. *die Stirn in Falten legen*.)

- Wenn die Person krank ist und Fieber hat: Ist es eine **heiße** Stirn oder gar eine **feuchte** Stirn?

- Wenn die Person Angst hat:
  Ist es eine **schweißbedeckte** Stirn? Steht der Person **der Angstschweiß auf der** Stirn?

Warum aber sagt man **breite Stirn** und **hohe Stirn** und nicht **große Stirn**?
Wie kommt der sonderbare Ausdruck **fliehende Stirn** zustande, wenn ein simpler Ausdruck wie **kleine Stirn** genauso verständlich wäre?
Warum benutzt man für eine von Alter, Lebenserfahrung oder Sorge geprägte Stirn gerade den Ausdruck **gefurcht**, den man gleichsam auch für einen gepflügten Acker verwendet?

Alle Sprachen haben ihre **Konventionen** und konventionellen Ausdrücke, Wörter, die oft zusammen stehen, sehr oft zusammen stehen oder gar fast immer zusammen gebraucht werden. In der Linguistik nennt man solche gemeinsam auftretenden Wörter **Kollokationen**.

Das tagtägliche Zähnereinigen nennt man auf Deutsch **die Zähne putzen**. *Putzen* ist ein Verb, das man gleichzeitig auch für das Reinigen bestimmter Zimmer, z. B. von Küche und Badezimmer, verwendet: *die Küche putzen, das Badezimmer putzen*. Auch bei Schuhen sagt man *die Schuhe putzen*. Im Englischen hingegen benutzt man ein Verb, das von der Zahnbürste her abgeleitet ist: *to brush one's teeth* (Zahnbürste = tooth brush). Im Japanischen wird das Verb *migaku* verwendet, das man u. a. auch für die Reinigung von Autos verwendet:
ha wo migaku = sich die Zähne putzen;
kuruma wo migaku = sein Auto waschen.

Wie ist es in Ihrer Muttersprache?

Kollokationen

Ein richtiger Kollokationengebrauch zeigt ein **sehr hohes Maß an Sprachbeherrschung** an. Das gilt sowohl für **Kollokationen in der allgemeinen Sprache** als auch für Kollokationen in **Fachsprachen**, z. B. der Rechtssprache, oder in mündlichen **Gruppensprachen**, z. B. der Sprache einer Jugendgruppe. Verwenden Sie die **richtigen** Begriffe zusammen, also diejenigen, die konventionell immer zusammen oder meist zusammen verwendet werden, zeigen Sie damit z. B., dass Sie sich in der Rechtsprechung gut auskennen oder schon lange Mitglied dieser Jugendgruppe sind.

Was beim Lernen von Kollokationen besonders schwierig ist, ist die Tatsache, dass sie **nicht völlig festgelegt** sind. Zwar benutzt man das Adjektiv **blond** sehr oft in der Verbindung *blondes Haar*. Aber es ist auch möglich, *blond* mit *Mädchen, Frau, Mann oder Bart* zu kombinieren. Recht ungebräuchlich wäre eine Kombination wie *blonder Friseur*, während *eine blonde Bluse* ein Stilbruch oder Stilfehler wäre. Jedoch hat sich auch die scherzhaft gemeinte Kombination *ein blondes Bier* für ein helles Bier im allgemeinen Sprachgebrauch nach und nach eingebürgert.

Die **Regeln für Kollokationen** sind also nicht fest, sondern **fließend**. Während verschiedene Ausdrücke meistens oder sehr oft gebraucht werden, sind manche Ausdrücke weniger gebräuchlich, aber noch innerhalb der Konvention, andere Ausdrücke wiederum verstoßen bewusst (sprachliche Kreativität, Literatur) oder unbewusst (Sprachfehler) gegen die konventionellen Regeln. Wörter gemeinsam, also als Kollokationen, zu verwenden, gleicht einem **Tanz in Ketten**. Einerseits muss man sich an die Konvention halten (die Ketten), andererseits hat man die Freiheit, ein bisschen zu variieren (zu tanzen).

Glücklicherweise verzeichnen gute einsprachige und zweisprachige Wörterbücher viele Kollokationen. In neuester Zeit können Datenbanken riesige Textmengen auswerten und so gebräuchlichere und weniger gebräuchliche Kollokationen herausfinden. Auch stehen Ihnen heute eine große Reihe an literarischen Übersetzungen aus Ihrer Muttersprache ins Deutsche (und umgekehrt) zur Verfügung. Hier haben sich professionelle Übersetzer den Kopf über passende Ausdrücke zerbrochen und Entsprechungen gegenübergestellt.

Mithilfe von Wörterbüchern, Datenbanken und übersetzter Literatur können Sie also die komplexen, fließenden Regeln der Kollokationen üben und meistern! Die Abschnitte in diesem Kapitel zeigen Ihnen, wie Sie dabei am besten vorgehen.

II. Kollokationen im Alltag

1 [Schwierigkeitsstufe 3] Bewegungen von Gesicht und Körper

■ Was können Sie alles mit Ihrem Gesicht und Ihrem Körper machen?

◊ ballen	◊ grätschen	◊ runzeln	◊ schürzen	◊ zucken *(2 x)*
◊ falten	◊ rollen	◊ schlagen	◊ schütteln	◊ zwinkern
◊ fletschen	◊ rümpfen	◊ schneiden	◊ spreizen	

Sie können z. B.,

wenn Sie mit etwas nicht einverstanden sind,	→	die Stirn ....
wenn Sie mit etwas moralisch nicht einverstanden sind,	→	die Nase ....
wenn Sie anzeigen wollen, dass Sie etwas nicht wissen,	→	mit den Schultern ....
wenn Sie jemanden zu etwas auffordern wollen,	→	mit den Augenbrauen ....
wenn Sie einem Verbündeten ein Signal geben wollen,	→	mit den Augen ....
wenn Sie anzeigen wollen, dass Sie genervt sind,	→	mit den Augen ....
wenn Sie einen Kuss erwarten,	→	die Lippen ....
wenn Sie Aggression zeigen wollen,	→	die Zähne ....
wenn Sie jemanden durch ein lustiges Gesicht zum Lachen bringen wollen,	→	eine Grimasse ....
wenn Sie etwas verneinen wollen,	→	den Kopf ....
wenn Sie sich konzentrieren wollen,	→	die Hände ....
wenn Sie anfangen wollen, Klavier zu spielen,	→	die Finger ....
wenn Sie ärgerlich sind,	→	die Hand zur Faust ....
wenn Sie mit Turnübungen beginnen wollen,	→	die Beine ....
wenn Sie entspannt sitzen wollen,	→	die Beine übereinander ....

■ Fallen Ihnen noch andere Dinge ein, die Sie mit Gesicht und Körper machen können?

Was zusammengehört

2 [Schwierigkeitsstufe 2] Großputz zu Hause

■ Was können Sie alles reinigen?

◊ abstauben	◊ jäten	◊ putzen	◊ scheuern	◊ wischen
◊ abwaschen	◊ polieren	◊ saugen	◊ waschen	

Sie können

die Wäsche ....

das Geschirr ....

die Regale ....

die Teppiche ....

die Böden ....

die Badewanne ....

die Fenster ....

das Silberbesteck ....

(im Garten) das Unkraut ....

3 [Schwierigkeitsstufe 3] Auto fahren

■ Welche Schritte müssen Sie ausführen?

◊ abwürgen *(ugs.)*	◊ anlegen	◊ einlegen	◊ enteisen	◊ gehen	◊ setzen	◊ ziehen
◊ anlassen	◊ drehen	◊ einstellen	◊ geben	◊ lösen	◊ treten	

den Sicherheitsgurt ....

die Rückspiegel ....

die Kupplung ....

den Gang ....

den Blinker ....

den Zündschüssel ....

und den Motor ....

Gas ....

und das Gegenteil: vom Gas ....

die Handbremse ....

und das Gegenteil: die Handbremse ....

(im Winter) die Windschutzscheibe ....

und bitte nicht den Motor ....

4 [Schwierigkeitsstufe 3–4] Am Telefon

◊ abhören	◊ angenehme	◊ erreichen	◊ hinterlassen	◊ verbunden werden
◊ abnehmen	◊ auflegen	◊ erwarten	◊ mitschneiden	◊ wählen
◊ abwarten	◊ erhalten	◊ führen		

den Telefonhörer ....

das Freizeichen ....

die Nummer ....

von der Zentrale ....

die Durchwahl ....

den Gesprächspartner ....

ein Telefongespräch ....

Falls Sie Ihren Gesprächspartner nicht erreichen können, werden Sie vielleicht eine Nachricht ....

Am Ende des Gesprächs werden Sie den Hörer ....

Falls Ihr Gesprächspartner Sie zurückrufen soll, werden Sie einen Rückruf ....

Wenn Sie prüfen wollen, ob Nachrichten auf dem Anrufbeantworter sind, werden Sie den Anrufbeantworter ....

Wenn Sie oder Ihr Gesprächspartner eine Aufnahme von einem Telefongespräch machen (dies bedarf der Zustimmung des Gesprächspartners), heißt das: ein Telefongespräch ....

Ihre Stimme am Telefon sagt vielen Leuten zu, Sie haben eine .... Telefonstimme.

II. Kollokationen im Alltag

Kollokationen

5 [Schwierigkeitsstufe 3–4] Beim Arzt

◊ aufklären	◊ ausstellen	◊ durchführen	◊ schneidend	◊ stechend	◊ vereinbaren
◊ aufsuchen	◊ befragen	◊ konsultieren	◊ schreiben	◊ stellen	◊ verschreiben
◊ aussprechen	◊ brennend	◊ pochend	◊ stark	◊ überwiesen werden	◊ ziehend

Wenn Sie krank sind, werden Sie

einen Arzt ....

(einen Arzt um Rat fragen) einen Arzt ....

Der Arzt wird dann

eine Untersuchung ....

den Patienten ....

Vielleicht wird er Sie um die Beschreibung des Schmerzes bitten. **Wie kann man Schmerzen beschreiben?**

.... Schmerzen oder ein .... Schmerz

ein .... Schmerz oder ein .... Schmerz

ein .... Schmerz oder ein .... Schmerz

Gegen Ende wird der Arzt

eine Diagnose ....

Empfehlungen ....

ein Medikament ....

über Nebenwirkungen ....

ein Rezept ....

und dann entweder mit Ihnen

einen neuen Termin ....

oder Sie müssen

zu einem Facharzt ....

Bei Bedarf wird er Sie für einige Zeit

krank...............................

6 [Schwierigkeitsstufe 4] Auf der Bank

◊ abfragen	◊ ausfüllen	◊ besuchen	◊ entnehmen	◊ nehmen	◊ überprüfen	◊ vornehmen
◊ abheben	◊ ausgleichen	◊ einführen	◊ entrichten	◊ sperren lassen	◊ überweisen	◊ vorzeigen
◊ auflösen	◊ bedienen	◊ eingeben	◊ eröffnen	◊ stellen	◊ überziehen	◊ wechseln
◊ ausdrucken	◊ begleichen	◊ einrichten *(2 x)*	◊ führen	◊ tätigen	◊ umtauschen	

Heute wollen Sie **eine Bankfiliale** .... und **Bankgeschäfte** ....

Sie haben noch kein Konto und wollen **ein Konto** .... oder ....

Wenn Sie ein Konto haben und darauf regelmäßige Bewegungen zu verzeichnen sind, nennt man das: **ein Konto** ....

Wenn Sie mehr Geld von einem Konto abheben, als darauf vorhanden ist: **ein Konto** .... – und diesen Prozess rückgängig machen (bevor es zu teuer wird!): **ein Konto** ....

Falls Ihre Bankkarte gestohlen worden oder verloren gegangen ist, sollten Sie **das Konto** ....

Und wenn Sie kein Konto mehr haben möchten, müssen Sie **das Konto** ....

Am Bankschalter können Sie Geld einzahlen: **eine Zahlung** .... – und das Gegenteil: **Geld** .... und auch **Geld in eine andere Währung** .... oder ....

Unter Umständen müssen Sie **Ihren Ausweis** .... oder auch **eine Gebühr** ....

Sie können auch **Geld** auf ein anderes Konto ....

Vielleicht müssen Sie für diese Transaktionen **ein Formular** ...., z. B. einen Überweisungsschein.

Wenn Sie jeden Monat die gleiche Summe überweisen wollen, ist es praktisch, **einen Dauerauftrag** ....

Wenn Sie einen Kredit haben wollen, müssen Sie zunächst **einen Kreditantrag** .... Und natürlich auch daran denken, wie und wann Sie Ihre **Schulden** .... wollen.

Außerhalb der Öffnungszeiten steht Ihnen auch ein Geldautomat zur Verfügung. Können Sie **einen Geldautomaten** ....? Sie müssen **die Karte** ...., **die Geheimnummer** .... und ein bisschen warten, dann können Sie **das Geld** ....

Sie können am Automaten auch **den aktuellen Kontostand** ...., **einen Kontoauszug** .... und so **Ihre Ausgaben** ....

Wenn Sie Ihre Bankgeschäfte lieber von zu Hause aus erledigen, können Sie Online-Banking **in Anspruch** ....

Was zusammengehört

7 [Schwierigkeitsstufe 4] Eine Versicherung abschließen

- abschließen
- aufklären
- auslaufen
- erfüllen
- reiflich
- verursachen
- der Anspruch
- aufsuchen
- auswählen
- festlegen
- verlängern

Zuerst müssen Sie aus dem vielfältigen Angebot **einen Versicherungsanbieter** ……………………, dann die Adresse der nächstgelegenen Filiale herausfinden und **die Filiale** …………………… *(hingehen)*.

Der dortige Versicherungsvertreter wird Sie **über die Konditionen** *(Versicherungsbedingungen)* …………………… .

Nach …………………… **Überlegung** *(nachdem Sie ausreichend überlegt haben)* können Sie dann die **Versicherung** …………………… .

Im Versicherungsvertrag müssen Sie auch **die Laufzeit** ……………………, d. h. bestimmen, bis wann die Versicherung gültig sein soll.

Sollte es nun zu einem Versicherungsfall kommen, d. h., Sie …………………… **einen Schaden** und müssen **Ihre gesetzliche Pflicht** …………………… und für den Schaden aufkommen, dann nehmen Sie **Ihre Versicherung in** …………………… .

Wenn die Laufzeit zu Ende ist, also **die Versicherung** ……………………, können Sie gegebenenfalls **den Versicherungsvertrag** …………………… .

III. Es treffender ausdrücken

8 [Schwierigkeitsstufe 5] Intensivierende Adjektive bei Verben

■ Die folgenden Adjektive haben in Verbindung mit einem bestimmten Verb in etwa die Bedeutung *sehr*. Welche Adjektive gehören zu welchen Verben?

- abrupt
- gründlich
- lichterloh
- redlich
- steif und fest
- tief und fest
- ununterbrochen
- deutlich *(2 x)*
- heiß
- meisterhaft
- schleunigst
- sträflich
- unaufhörlich
- voll und ganz
- glühend
- innig
- pausenlos
- schwer
- strikt

1. …………………… arbeiten
2. …………………… schlafen
3. …………………… brennen
4. etwas …………………… ablehnen
5. etwas …………………… ahnen
6. etwas …………………… artikulieren
7. …………………… vernachlässigen
8. …………………… verehren
9. …………………… begehren
10. …………………… lieben
11. …………………… behaupten
12. etwas …………………… akzeptieren
13. …………………… überlegen
14. *(sehr gut)* …………………… beherrschen
15. *(sehr viel)* …………………… reden
16. *(sehr viel)* …………………… regnen
17. sich *(sehr viel)* …………………… Mühe geben
18. *(sehr viel, oft)* …………………… essen
19. *(sehr schnell)* …………………… erledigen
20. *(sehr schnell)* …………………… aufhören

Doppelt gemoppelt

Bei diesen intensivierenden Adjektiv-Verb-Kombinationen ist die Bedeutung des Adjektivs eigentlich schon im Verb mit enthalten:

- *leise flüstern*
- *heiser krächzen*
- *kurz nippen*
- *gemütlich plaudern*

Kollokationen

9 [Schwierigkeitsstufe 5] Intensivierende Adjektive bei Adjektiven

Die folgenden Adjektive und Partizipien haben in Verbindung mit einem bestimmten anderen Adjektiv oder Adverb in etwa die Bedeutung *sehr*. Welche Adjektive gehören zusammen?

◊ akribisch/peinlich ◊ äußerst *(2 x)* ◊ grässlich ◊ hellauf ◊ prall ◊ unmittelbar
◊ allzu ◊ durchaus ◊ greifbar ◊ hoch- *(2 x)* ◊ redlich ◊ voll
◊ astronomisch ◊ fein ◊ grob ◊ hoffnungslos ◊ reichlich ◊ wunschlos
◊ außerordentlich ◊ felsenfest ◊ hell ◊ in- und ◊ unerreichbar

1. .... fern
2. .... nah
3. .... glücklich
4. .... langweilig
5. .... genau
6. .... wichtig
7. .... hoch *(hohe Summe)*
8. .... begabt
9. .... schwanger *(deutlich sichtbar)*
10. .... automatisch
11. .... albern
12. .... fahrlässig
13. .... bedenklich
14. .... heikel
15. .... menschlich
16. .... verständlich
17. .... auswendig
18. .... verliebt
19. .... beleuchtet
20. .... gefüllt
21. .... begeistert
22. .... verdient
23. .... betroffen
24. .... gesponnen
25. .... (davon) überzeugt

> Auch die Werbesprache hat neue Kollokationen geschaffen. So spricht sie beispielsweise von Waschmitteln, die nicht nur **rein**, sondern sogar **porentief rein** waschen sollen.

10 [Schwierigkeitsstufe 4] (Bildlich) gesteigerte Adjektive (1)

Auch die ersten Teile der folgenden bildlichen (und einiger anders ins Extrem gesteigerten) Adjektive haben die Kernbedeutung *sehr*. Ergänzen Sie die fehlenden ersten Teile in den Beispielsätzen.

◊ bettel- ◊ eis- ◊ hauch- ◊ meter- ◊ stein- ◊ tag-
◊ blitz- ◊ ellen- ◊ klitsch- ◊ riesen- ◊ stock- ◊ zentimeter-
◊ butter- ◊ haar- ◊ kugel- ◊ samt-

1. Er hat an der Losbude auf dem Jahrmarkt einen ....großen Teddybären gewonnen.
2. Die Verwendung des Programms wird in der Beschreibung ....klein erläutert.
3. Die Wand in seinem Zimmer war ....dick mit Postern beklebt.
4. Er schmierte sich ....dick Butter aufs Brot.
5. Die Zimmer waren voneinander nur durch eine ....dünne Wand getrennt.
6. Der Planet Saturn ist nicht ....rund, sondern wegen seiner schnellen Rotation etwas abgeplattet.
7. Die Liste mit den eingeladenen Personen war ....lang.
8. Der Mond verschwand hinter den Wolken und plötzlich war es ....dunkel.
9. Die Scheinwerfer gingen an und es wurde plötzlich ....hell.
10. Das Wasser der Ostsee war im Juni immer noch ....kalt.
11. Die erste Auflage des Buches war ....schnell ausverkauft.
12. Die Brötchen sind eine Woche alt und inzwischen ....hart.
13. Wenn man ein wenig Backpulver zum Braten gibt, wird das Fleisch ....weich.
14. Sie sang mit ....weicher Stimme.
15. Das Land ist ....arm. Es gibt keine Gesundheitsversorgung und kein sauberes Wasser.
16. Er hatte seinen Regenschirm vergessen und kam ....nass nach Hause.

Was zusammengehört

11 [Schwierigkeitsstufe 4] (Bildlich) gesteigerte Adjektive (2)

■ Ergänzen Sie die fehlenden ersten Teile in den Beispielsätzen.

◊ bienen-	◊ blitz-	◊ glas-	◊ kreide-	◊ spiegel-	◊ tod-
◊ bild-	◊ brand-	◊ hell-	◊ knochen-	◊ stein-	◊ zentner-
◊ blei-	◊ feder-	◊ kinder-	◊ schnur-	◊ stock-	

1. Die Familie ist .... reich, sie besitzt mehrere Hotelketten.
2. Das Handtuch war hart und .... trocken.
3. Dein Koffer ist ja .... schwer!
4. Sie war müde und ihre Augenlider wurden .... schwer.
5. Die Blütenblätter schweben .... leicht im Wind.
6. Der Test war .... leicht!
7. Der König hatte drei .... schöne Töchter.
8. Es hatte gefroren und die Straßen waren .... glatt.
9. Nach Ihrer Aufräumaktion war das ganze Haus wieder .... blank sauber.
10. Zuerst schien es .... klar. Der Mörder war der Gärtner. Doch Holmes zweifelte.
11. Ich konnte die letzten zwei Nächte kaum schlafen und bin heute .... müde.
12. Der laute Knall hatte ihn .... wach gemacht.
13. Vor Schreck wurde er so .... bleich wie das Gespenst, das vor ihm stand. Er wagte sich nicht zu rühren und stand .... steif da.
14. Die Angestellten arbeiteten das ganze Wochenende hindurch .... fleißig und waren Montagmorgen endlich fertig.
15. Die Nachrichten sind .... aktuell.
16. Er ging .... stracks auf die Gruppe zu.

12 [Schwierigkeitsstufe 4] (Bildlich) gesteigerte Adjektive (3)

■ Ergänzen Sie die fehlenden ersten Teile in den Beispielsätzen.

◊ abgrund-	◊ hunde-	◊ pech-	◊ mutterseelen-	◊ quick-	◊ schnee-
◊ glocken-	◊ kern-	◊ putz-	◊ niet- und nagel-	◊ quietsch-	◊ splitter-
◊ haar-	◊ knall-	◊ messer-	◊ pudel-	◊ ratze-	◊ tod-
◊ heil-	◊ lamm-	◊ mucksmäuschen-			

1. Helene war .... krank, aber wie durch ein Wunder ist sie jetzt wieder .... gesund!
2. Der Kinderchor sang mit .... hellen Stimmen.
3. Die Frau hatte .... rot lackierte Fußnägel.
4. Die Popsängerin hat sich die Haare jetzt .... schwarz gefärbt.
5. Der Kirschbaum trägt .... weiße Blüten.
6. Ihre Kinder sind meistens .... fromm und tun, was sie sollen.
7. Sie war .... froh zu hören, dass es ihm gut ging.
8. Der Schauspieler stand .... nackt auf der Bühne.
9. Das kleine Tier ist .... lebendig, springt von einem Ast zum anderen.
10. Die Diebe nahmen alles mit, was nicht .... fest war.
11. Der Leuchtturmwärter verbrachte den Abend .... allein auf seinem Leuchtturm.
12. Die Kinder waren .... still und lauschten der Geschichte.
13. Der Fahrradfahrer fuhr .... scharf an ihm vorbei.
14. Der Philosoph hat einen .... scharfen Verstand.
15. Er war .... tief enttäuscht, dass seine Fußballmannschaft verloren hatte.
16. Am Morgen war er noch .... müde (ugs.), aber jetzt ist er wieder .... munter (ugs.) und .... fidel (ugs.).
17. Sie haben das ganze Buffet .... kahl (ugs.) leer gegessen.
18. Ich fühle mich .... wohl (ugs.)!

13 [Schwierigkeitsstufe 3] Ein Krimi

■ Verwenden Sie möglichst viele der neu gelernten bildlichen Adjektive in einem selbst geschriebenen Krimi! Tragen Sie Ihren Krimi im Wortschatzunterricht oder Ihrem Partner vor!

III. Es treffender ausdrücken

Kollokationen

14 [Schwierigkeitsstufe 4–5] Intensivierende Adjektive bei Nomen

Die folgenden Adjektive haben in Verbindung mit einem bestimmten Nomen in etwa die Bedeutung *sehr*. Welche Adjektive gehören zu welchen Nomen?

- akut *(2 x)*
- beachtlich *(2 x)*
- drakonisch
- durchdringend
- durchschlagend
- enorm
- erheblich *(2 x)*
- exorbitant *(3 x)*
- grob
- harsch *(2 x)*
- heftig
- jäh *(2 x)*
- krass
- lebensgefährlich
- markerschütternd
- maßlos
- ohrenbetäubend
- reiflich
- rein
- scharf
- schwer
- stürmisch
- tief *(2 x)*
- tief greifend
- unverzeihlich *(2 x)*

1. ein .... Wind
2. ein .... Blick
3. ein .... Schrei
4. .... Lärm
5. eine .... Verletzung
6. .... Beifall
7. eine .... Auseinandersetzung
8. .... Aufwand
9. eine .... Übertreibung
10. .... Veränderungen
11. .... Erfolg
12. ein .... Gegensatz
13. nach .... Überlegung
14. ein .... Vergnügen
15. eine .... Strafe
16. eine .... Bürde
17. .... Unfug
18. ein .... Irrtum
    ein .... Fehler
19. .... Schmerz
    eine .... Verletzung
20. ein .... Ende
    ein .... Tod
21. .... Kosten
    .... Preise
    .... Gehälter
22. .... Kritik
    eine .... Reaktion
23. eine .... Summe
    eine .... Leistung
24. eine .... Gefahr
    eine .... Erkrankung
25. .... Bedenken
    .... Konsequenzen

15 [Schwierigkeitsstufe 4–5] Abschwächende Adjektive

Die folgenden Adjektive haben in Verbindung mit einem bestimmten Verb, Adjektiv oder Nomen in etwa die Bedeutung *weniger*. Welche Adjektive gehören zu welchen Nomen?

- gering *(3 x)*
- geringfügig
- indirekt
- kümmerlich
- nicht ganz
- sachte *(2 x)*
- spärlich *(5 x)*
- weitgehend *(2 x)*
- vage *(2 x)*
- zart
- ziemlich

1. sich .... ernähren
2. .... wecken
3. .... hin und her wiegen
4. .... geheuer
5. .... albern
6. .... betroffen
7. .... autark
8. .... authentisch
9. .... bekleidet
10. .... beleuchtet
11. .... möbliert
12. .... Beifall
13. ein .... Einkommen
14. eine .... Erinnerung
15. eine .... Andeutung
16. eine .... Nuance
17. .... Wahrscheinlichkeit
18. ein .... Risiko
19. eine .... Entfernung
20. ein .... Unterschied

III. Es treffender ausdrücken

16 [Schwierigkeitsstufe 4]   Abschwächende Verben

■ Die folgenden Verben haben in Verbindung mit einem bestimmten Nomen in etwa die Bedeutung *weniger machen* oder *weniger werden*. Welche Verben gehören zu welchen Nomen?

◊ abklingen   ◊ begrenzen   ◊ drosseln   ◊ nachlassen   ◊ schmälern   ◊ senken   ◊ verkleinern   ◊ verringern
◊ (ab)sinken   ◊ beschränken   ◊ lindern   ◊ reduzieren   ◊ schwinden   ◊ stillen   ◊ vermindern

1. die Kosten, die Preise, die Steuern, die Zinsen ....
2. die Kosten (drastisch) ....
3. die (Neu-)verschuldung ....
4. die Aufgaben ....
5. den Abstand, die Abhängigkeit ....
6. das Parlament, die Armee ....
7. den Ausstoß, die Emission ....
8. die Geschwindigkeit, das Tempo, den (Energie-)verbrauch, die Produktion ....
9. den Durst, den Hunger ....
10. die Not, die Schmerzen, die Leiden ....
11. die Chancen (erheblich) ....
12. das Fieber, die Symptome, die Schwellung, die Beschwerden ....
13. die Temperaturen ....
14. die Kräfte, die Schmerzen, die Konzentration ....
15. die Macht, der Einfluss, die Bedeutung ....

17 [Schwierigkeitsstufe 4]   Verstärkende Verben

■ Die folgenden Verben haben in Verbindung mit einem bestimmten Nomen in etwa die Bedeutung *mehr machen* oder *mehr werden*. Welche Verben gehören zu welchen Nomen?

◊ erhöhen *(2 x)*   ◊ steigern   ◊ sich verdichten   ◊ sich vermehren   ◊ verschärfen   ◊ sich verschärfen   ◊ verstärken

1. die Preise ....
2. den Druck auf eine Institution ....
3. den Umsatz, den Gewinn, den Marktanteil ....
4. Strafen, Kontrollen ....
5. einen Eindruck ....
6. Zellen, Viren, Erreger ....
7. Spekulationen, Vermutungen, Gerüchte ....
8. Probleme, Konflikte, Spannungen ....

18 [Schwierigkeitsstufe 4]   Anstelle von „machen"

■ Die folgenden Verben haben in den angegebenen Kontexten in etwa die Grundbedeutung *machen*. Welche Verben gehören zu welchen Nomen?

◊ abschließen   ◊ anstellen   ◊ durchführen   ◊ erfüllen   ◊ leisten   ◊ schlagen   ◊ treffen   ◊ wecken
◊ absolvieren   ◊ ausüben   ◊ eingehen   ◊ erstellen   ◊ schaffen *(2 x)*   ◊ schließen   ◊ treiben
◊ abstatten   ◊ bereiten *(3 x)*   ◊ einjagen   ◊ hervorrufen   ◊ schinden   ◊ setzen   ◊ veranstalten

1. ein Fest ....
2. einen Besuch ....
3. Freundschaft ....
4. einen Beruf ....
5. eine Prüfung ....
6. einen Purzelbaum ....
7. ein Projekt ....
8. einen Vertrag ....
9. Handel ....
10. eine Entscheidung ....
11. Überlegungen ....
12. eine Analyse ....
13. Ordnung ....
14. Frieden ....
15. Interesse ....
16. eine Krankheit ....
17. Angst ....
18. Prioritäten ....
19. eine Verpflichtung ....
20. seine Pflicht ....
21. Widerstand ....
22. Kopfzerbrechen ....
23. Schwierigkeiten ....
24. Vergnügen ....
25. Eindruck ....

III. Es treffender ausdrücken

Kollokationen

19 [Schwierigkeitsstufe 4] Anstelle von „haben" und „sein"

■ Die folgenden Verben haben in den angegebenen Kontexten in etwa die Grundbedeutung *haben* oder *sein*. Welche Verben gehören zu welchen Nomen?

| ◊ aufweisen | ◊ bilden | ◊ erleiden *(2 x)* | ◊ erweisen | ◊ unterliegen |
| ◊ bestehen | ◊ darstellen | ◊ erregen | ◊ herrschen | |

1. Aufmerksamkeit ....
2. Mängel ....
3. ein Schicksal ....
4. einen Kollaps/einen Herzinfarkt ....
5. einer Verpflichtung ....
6. eine Einheit ....
7. Zweifel/Bedenken/Unterschiede ....
8. sich als verhängnisvoll ....
9. ein Problem ....
10. Es .... Ruhe.

20 [Schwierigkeitsstufe 4] Anstelle von „geben"

■ Die folgenden Verben haben in den angegebenen Kontexten in etwa die Grundbedeutung *geben*. Welche Verben gehören zu welchen Nomen?

| ◊ aushändigen | ◊ bereiten | ◊ erfüllen | ◊ gewähren | ◊ liefern | ◊ zubilligen | ◊ zollen |
| ◊ auszahlen | ◊ einräumen | ◊ erteilen | ◊ leisten | ◊ spenden *(3 x)* | ◊ zustellen | |

1. Geld ....
2. ein Paket ....
3. einen Schlüssel ....
4. ein Visum ....
5. Beweise ....
6. Unterkunft ....
7. eine Überraschung ....
8. einen Wunsch ....
9. Möglichkeiten/Chancen ....
10. Lob ....
11. Trost ....
12. Beifall ....
13. Ersatz ....
14. Rechte/eine Rolle/einen Status ....
15. Anerkennung/Beifall/Bewunderung ....

21 [Schwierigkeitsstufe 4] Anstelle von „sagen"

■ Die folgenden Verben haben in den angegebenen Kontexten in etwa die Grundbedeutung *sagen*. Welche Verben gehören zu welchen Nomen?

◊ abgeben *(2 x)*	◊ aufsagen	◊ ausfechten	◊ erheben *(2 x)*	◊ geben	◊ lüften	◊ verraten
◊ ablegen	◊ aufstellen	◊ äußern *(2 x)*	◊ erstatten	◊ halten	◊ stellen	◊ verwickeln
◊ anmelden	◊ aufwerfen	◊ durchführen	◊ führen *(2 x)*	◊ leisten	◊ überbringen	◊ vorbringen

1. eine Frage
2. eine Rede
3. eine Nachricht
4. Bericht
5. ein Gedicht
6. einen Dialog
7. ein (Telefon)gespräch
8. eine Befragung
9. Bescheid
10. eine Erklärung
11. eine Bewertung
12. eine Vermutung
13. einen Wunsch
14. einen Wortbeitrag
15. eine Behauptung
16. Argumente
17. einen Einwand
18. Protest
19. ein Geheimnis
20. die Beichte
21. einen Streit
22. ein Problem
23. Bedenken
24. jemanden in eine (harmlose) Plauderei
25. *(nicht sagen)* kein Sterbenswörtchen

Was zusammengehört

22 [Schwierigkeitsstufe 4–5] Anstelle diverser Grundverben

Setzen Sie die folgenden Verben ein, sodass sich treffende Kollokationen ergeben!

◊ abbrechen	◊ ausfüllen	◊ beilegen	◊ erheischen	◊ führen *(3 x)*	◊ heraufziehen	◊ schweifen lassen
◊ annehmen	◊ ausstellen	◊ beziehen	◊ erlangen	◊ gelingen	◊ konsultieren *(2 x)*	◊ verwinden
◊ aufbrechen	◊ begeben *(2 x)*	◊ entfalten	◊ ernten	◊ gewinnen	◊ machen	
◊ aufstöbern	◊ beherrschen	◊ erhaschen	◊ finden	◊ heben	◊ scheiden	

1. können   in den Schlaf ....   eine Sprache ....

                     ein Versuch ....   einen Schmerz, Verlust nicht ....

    kurz sehen können   einen Blick ....

2. gehen   sich in Gefahr/auf die Suche ....   zu einer Reise ....

                     sich in Behandlung/in Abhängigkeit ....

                     seine Gedanken in die Ferne ....

3. kommen   ein Gewitter/eine Gefahr ....

4. bekommen   die Erkenntnis ....   Gewinn ....

                     Bedeutung ....   Beifall ....

                     Prügel ....   Mitleid/Aufmerksamkeit ....

5. finden   einen Schatz ....   ein Geheimnis ....

6. fragen   einen Fachmann/Arzt ....   ein Lexikon/Wörterbuch ....

7. schreiben   ein Tagebuch ....   einen Briefwechsel ....

                     Protokoll ....   ein Formular ....

                     einen Scheck ....

8. werden   Gestalt ....   seine Wirkung ....

9. beenden   eine Ehe ....   einen Streit ....

                     einen Kontakt ....

IV. Funktionsverbgefüge

Wenn in einer **Nomen-Verb-Konstruktion** die Bedeutung des Verbs **verblasst** (schwach ist) und der Hauptanteil der Bedeutung der Konstruktion beim Nomen liegt, spricht man von einem Funktionsverbgefüge.

Ein Beispiel: Abschied nehmen: Diese Konstruktion aus Nomen plus Verb bedeutet in etwa das Gleiche wie **sich verabschieden**. Der Hauptanteil der Bedeutung liegt also beim Nomen *(Abschied)*. Das Verb *(nehmen)* trägt kaum etwas zur Bedeutung bei, ist also **verblasst**. Das Verb hat fast nur noch eine **grammatische Funktion**, daher auch der Name **Funktionsverbgefüge**.

Funktionsverbgefüge bestehen aus einem **Verb und einem Nomen als Objekt**. Dieses Objekt kann ein **Akkusativobjekt** (wie bei *Abschied nehmen*) oder ein **Präpositionalobjekt** (Objekt mit Präposition) sein (z. B. *in Empfang nehmen*). Ein Funktionsverbgefüge besteht also aus **(Präposition plus) Nomen plus Verb**.

Da in schriftlicher, formaler und wissenschaftlicher Sprache häufig Funktionsverbgefüge vorkommen, ist es sinnvoll für Sie, mit fortgeschrittenem Sprachgebrauch so viele wie möglich davon passiv und später aktiv zu lernen. Lernen Sie diese Formulierungen am besten als **Kollokationsvokabeln**, als Set von zwei Wörtern (plus Präpositionen), die zusammenstehen.

Sie können Funktionsverbgefüge im Wörterbuch unter dem bedeutungstragenden Nomen nachschlagen, also in unseren Beispielen unter *Abschied* oder *Empfang*.

Kollokationen

Es gibt in Grammatiken und Grammatikübungsbüchern bereits gut zusammengestellte Listen von Funktionsverbgefügen, z. B. die Listen in:
◊ G. Schade: **Einführung in die deutsche Sprache der Wissenschaften** (Erich Schmidt Verlag 2002, S. 68–89)
◊ W. Rug/A. Tomaszweski: **Grammatik mit Sinn und Verstand** (Klett 1993, S. 225–259)
◊ F. Clamer/E. G. Heilmann/H. Röller: **Übungsgrammatik für die Mittelstufe** (Liebaug-Dartmann 2002, S. 135–139)

23 [Schwierigkeitsstufe 4] Leicht verständliche Funktionsverbgefüge

Leicht verständliche Funktionsverbgefüge lassen sich durch ein Verb ersetzen, das in etwa die gleiche Bedeutung wie das Nomen des Funktionsverbgefüges hat: *die Flucht ergreifen* → *flüchten*.

Die Bedeutung von einfachem Verb und Funktionsverbgefüge ist sehr ähnlich. Stilistisch gesehen haben die Funktionsverbgefüge häufig ein höheres, formaleres Stilniveau.

■ Ersetzen Sie die Funktionsverbgefüge durch ein einfaches Verb!

1. einen Plan aufstellen ....
2. einen Besuch abstatten ....
3. ein Leben führen ....
4. einen Beschluss fassen ....
5. einen Vorwurf machen ....
6. eine Wahl treffen ....
7. einen Zusammenbruch erleiden ....
8. einer Gefahr aussetzen ....
9. einen Nutzen erbringen ....

10. eine Korrektur vornehmen ....
11. Bezug nehmen auf ....
12. im Streit liegen ....
13. unter Beobachtung stellen ....
14. unter Beweis stellen ....
15. zur Anzeige bringen ....
16. in Widerspruch stehen zu ....
17. in Zweifel ziehen ....
18. in Aufregung geraten ....

24 [Schwierigkeitsstufe 4] Schwieriger verständliche Funktionsverbgefüge (1)

Schwieriger verständliche Funktionsverbgefüge lassen sich nicht einfach durch ein Verb ersetzen. Sie haben **komplexere Bedeutungen**. Das macht diese für Sie natürlich auch besonders interessant, denn Sie können, wenn Sie diese Funktionsverbgefüge beherrschen, neue komplexe Sachverhalte verstehen und ausdrücken.
Beispiel: Das Funktionsverbgefüge *zu der Ansicht gelangen* bedeutet, dass sich jemand nach längerer Überlegung oder Erfahrung eine Meinung gebildet hat.

■ Ordnen Sie die Funktionsverbgefüge den Bedeutungen zu!

1. die Konsequenzen ziehen
2. Abstand nehmen
3. zur Kenntnis nehmen
4. in Bewegung geraten
5. in Gang kommen
6. in Frage kommen
7. in Schutz nehmen
8. ins Vertrauen ziehen
9. in Angriff nehmen
10. in Anspruch nehmen
11. zum Ausdruck bringen
12. in Abrede stellen
13. in Aussicht stellen
14. auf den Gedanken kommen
15. sich ein Beispiel nehmen an

a) aus Erfahrung sein Handeln ändern
b) nach einiger Zeit eine neue Idee haben
c) eine Situation beginnt sich zu verändern
d) mit einer Arbeit oder einem Vorhaben anfangen
e) jemanden als Vorbild ansehen und nachahmen (sollen)
f) jemandem ein Geheimnis oder einen internen Plan erzählen
g) jemanden durch Worte verteidigen, sich für jemanden einsetzen
h) Leistungen, die einem zustehen oder angeboten worden sind, nutzen
i) eine Lösung für ein Problem oder ein Gegenstand steht zur Auswahl
j) jemandem eine Belohnung oder eine positive Zukunft versprechen
k) Gedanken oder Gefühle in Worte kleiden oder durch eine Kunstform zeigen
l) Distanz zu einem Menschen oder einem Geschehen halten, sich nicht einmischen
m) die Meinung eines anderen nicht beachten oder für falsch oder unwichtig erklären
n) sich etwas anhören oder durchlesen, aber nicht notwendigerweise darauf reagieren
o) eine Arbeit oder ein Vorhaben hat angefangen und geht jetzt leichter und regelmäßiger voran

Was zusammengehört

25 [Schwierigkeitsstufe 4] Schwieriger verständliche Funktionsverbgefüge (2)

■ Setzen Sie die Funktionsverbgefüge aus Übung 24 in die folgenden Beispielsätze ein!

1. Mit der Aufwertung der Wohngegend sind auch die Mietpreise wieder ....
2. Da Jan halbtags arbeiten muss, ... ein Vollzeitstudium für ihn nicht ....
3. Die Partei .... ihren Kanzler .... und verteidigte seine politischen Veränderungen.
4. Dank der Hilfsorganisation können die traumatisierten Unfallopfer qualifizierte psychologische Hilfe ....
5. An ihrem vorbildlichen Verhalten kann man sich ....
6. Die Stadtverwaltung will endlich die längst überfällige Renovierung der Altbauten ....
7. Der Bürgermeister kann nicht ...., dass die Stadt das Verkehrsnetz weiter ausbauen sollte.
8. Als Peter erfuhr, dass er in der Prüfung durchgefallen war, hat er .... und mehr gelernt.
9. Der Professor .... die Anwesenheit der neuen Studenten kurz ...., fragte aber nicht weiter nach ihren Namen.
10. Die Diskussion .... immer mehr .... und nun stellten auch die schüchternen Studenten Fragen und leisteten Beiträge.
11. Die junge Frau konnte nicht mit ihren Eltern über das Problem reden, also .... sie eine gute Freundin ....
12. Er arbeitete im Rahmen eines Zweijahresvertrages, doch nach Ende dieser Probezeit wurde ihm eine unbefristete Stelle ....
13. Sandra gefiel es nach ihrem Umzug nach Bonn dort so gut, dass sie gar nicht ...., von dort wieder wegzuziehen.
14. Leuten, die alles 100 Prozent richtig machen wollen, wird geraten, von ihrem Perfektionsanspruch .... und sich mehr zu entspannen.
15. Die Unterzeichnenden des offenen Briefes an die Universitätsverwaltung wollen damit ihre Unzufriedenheit über die Stellenkürzungen ....

26 [Schwierigkeitsstufe 2–3] Funktionsverbgefügepaare

Manche Funktionsverbgefüge haben eine transitive bzw. intransitive Entsprechung.

■ Ergänzen Sie die Beispielsätze!

◊ **zur Diskussion stehen/zur Diskussion stellen**
   Ein Thema *steht zur Diskussion. (intransitiv)*
   Das Thema wird vom Professor *zur Diskussion gestellt. (transitiv)*

1. **zur Verfügung stehen/zur Verfügung stellen**
   Die Bibliothek .... den Studenten zahlreiche Wörterbücher zur Verfügung.
   In der Bibliothek .... den Studenten zahlreiche Wörterbücher zur Verfügung.

2. **unter Anklage stehen/stellen**
   Der vermeintliche Täter .... unter Anklage.
   Die Staatsanwaltschaft .... den vermeintlichen Täter unter Anklage.

3. **vor einem Rätsel stehen/vor ein Rätsel stellen**
   Die seltsamen Kreisabdrücke im Kornfeld .... die Bauern vor ein Rätsel.
   Die Bauern .... vor einem Rätsel: Stammten die seltsamen Kreisabdrücke tatsächlich von einem UFO?

4. **unter Druck stehen/unter Druck setzen**
   Aufgrund der nahe bevorstehenden Abschlussprüfung .... die Studenten unter Druck.
   Der Dozent .... die Studenten unter Druck, mehr für die Abschlussprüfung zu lernen.

5. **in Beziehung stehen zu/eine Beziehung herstellen**
   Der Forscher konnte zwischen den Ergebnissen der beiden Experimente ....
   Die Ergebnisse der beiden Experimente .... eindeutig in Beziehung zueinander.

Kollokationen

6. **zur Sprache kommen/zur Sprache bringen**
   Niemand wagte es, das brisante Thema bei der Diskussion ....
   Das brisante Thema .... bei der Diskussion nicht ....

7. **zum Abschluss kommen/zum Abschluss bringen**
   Da die finanzielle Förderung ausläuft, muss die Forschungsgruppe die Arbeit schnell ....
   Die Forscher müssen schnell ....

8. **zur Durchführung kommen/zur Durchführung bringen**
   Das von der Stadtverwaltung lange geplante Bauprojekt .... im Frühjahr endlich ....
   Die Stadtverwaltung konnte endlich das lang geplante Bauprojekt ....

9. **zu Ende kommen/zu Ende bringen, führen**
   Nach neun Semestern .... mein Studium ....
   Es ist mir gelungen, mein Studium in der Regelstudienzeit ....

10. **in Betracht kommen/in Betracht ziehen**
    Nach meinem Medizinstudium .... für mich neben dem Arztberuf auch eine Forscherkarriere
    ....
    Neben einer regulären Arztlaufbahn .... ich auch einen Karriere in der Forschung ....

27 [Schwierigkeitsstufe 3–4] „versetzen" und „geraten"

Bei Funktionsverbgefügepaaren mit *versetzen* und *geraten* handelt es sich häufig um (intensive) Gefühle.

■ Formulieren Sie den Beispielsatz um, indem sie anstelle von *versetzen* das Funktionsverbgefüge mit *geraten* verwenden oder umgekehrt.

◇ Die Nachricht versetzte uns in Aufregung.
   Wir gerieten durch die Nachricht in Aufregung.

1. Als die Band noch drei Zugaben spielte, gerieten die Fans in Begeisterung.
   ....

2. Als der Sänger dann schließlich von der Bühne stieg, gerieten sie vollkommen in Ekstase.
   ....

3. Die Nachricht von dem Autounfall versetzte seine Familie in Sorge.
   ....

4. Dass der erwartete Brief immer noch nicht kam, versetzte Frau Brinkmann in Unruhe.
   ....

5. Die ungerechte Behandlung versetzte ihn in Wut.
   ....

6. Als sie von den Kindesmisshandlungen hörte, geriet sie in Zorn.
   ....

7. Das plötzliche Erdbeben versetzte die Einwohner der Stadt in Panik.
   ....

8. Durch den Skandalfilm geriet die ganze Filmindustrie in Aufruhr.
   ....

9. Die ungewöhnlichen Fähigkeiten des Zauberers versetzten das Publikum in Erstaunen.
   ....

10. Dein unerwartetes Geschenk bringt *(versetzt)* mich in Verlegenheit.
    ....

Semantische Gruppen von Funktionsverbgefügen

Es ist sinnvoll, mehrere Funktionsverbgefüge, die zu einer bestimmten Bedeutungsgruppe gehören, im Zusammenhang zu lernen.

28 [Schwierigkeitsstufe 3–4] Zwischenmenschliche Interaktion

Setzen Sie die Funktionsverbgefüge in die Beispielsätze ein!

| ◊ Eindruck machen (auf) | ◊ zu Rate ziehen | ◊ Rücksicht nehmen (auf) | ◊ in Verbindung treten | ◊ ins Vertrauen ziehen |
| ◊ Einfluss ausüben (auf) | ◊ zur Rede stellen | ◊ eine Verabredung treffen | ◊ ein Versprechen geben | ◊ Verzicht leisten |

1. Er .... ihr ...., von nun an jedes Jahr einmal mit ihr nach Westerland zu fahren.
2. Die Firmenvertreter ...., die Vertragsverhandlungen in vier Wochen wieder aufzunehmen.
3. Da nur noch ein Taxi vor dem Theater stand, ... er .... und überließ der älteren Dame den Wagen.
4. Bevor ich einen neuen Kredit aufnehmen kann, muss ich erst meinen Bankvertreter ....
5. Sie .... ihre Freundin .... und fragte sie direkt, warum diese sie angelogen hätte.
6. Am Sonntag und in der Mittagspause sollte man davon absehen, die Wohnung zu renovieren und .... auf die Nachbarn ....
7. Bitte geben Sie auf dem Bewerbungsbogen an, wie man mit Ihnen .... kann!
8. Bei manchen Problemen kann es helfen, einen unbeteiligten Berater ....
9. Seine neue Freundin .... einen positiven .... auf ihn aus. Er ist jetzt viel fröhlicher.
10. Der Vertreter .... einen seriösen ....

29 [Schwierigkeitsstufe 3–4] Diskussion

Setzen Sie die Funktionsverbgefüge in die Beispielsätze ein!

◊ auf Ablehnung stoßen	◊ zur Debatte stehen	◊ an die Reihe kommen	◊ eine Übereinstimmung erzielen
◊ Antwort geben	◊ zur Diskussion stellen	◊ zur Sprache bringen	◊ zu Wort kommen (2 x)
◊ Ausführungen machen	◊ eine Meinung vertreten	◊ zur Sprache kommen	◊ Zustimmung erhalten
◊ eine Aussage treffen	◊ zum Reden bringen		

1. Bei dieser Diskussion .... das Thema Studiengebühren ....
2. Dabei soll auch der Punkt von studentischen finanziellen Notlagen ....
3. Alle an der Diskussion beteiligten Parteien sollen möglichst gleichmäßig ....
4. Dazu wird man wohl die etwas ruhigeren Personen .... müssen.
5. Zuerst .... der Abgeordnete des Allgemeinen Studentenausschusses ....
6. Er ...., dass Studiengebühren für die meisten Studenten eine nicht zumutbare Belastung darstellen.
7. Er stellt viele rhetorische Fragen, auf die man keine .... kann.
8. Er .... lange .... und einige der Zuhörer wirken etwas ermüdet.
9. Seine extremsten Aussagen ....
10. Wird man heute noch .... können?
11. Darüber lässt sich zu diesem Zeitpunkt noch keine ....
12. Die Anliegen der Studierenden mit Kindern sind noch gar nicht ....
13. Viele der Betroffenen können heute auch gar nicht ...., da sie nicht so lange anwesend sein können.
14. Der Diskussionsleiter schlägt vor, das Thema zu vertagen und nächste Woche noch einmal ....
15. Damit .... er von fast allen Anwesenden ....

Kollokationen

30 [Schwierigkeitsstufe 4] Denken

■ Setzen Sie die Funktionsverbgefüge in die Beispielsätze ein!

◊ seine Aufmerksamkeit richten auf	◊ in Erinnerung behalten	◊ zu dem Schluss kommen	◊ keine Vorstellung haben
◊ in Betracht ziehen	◊ in Erwägung ziehen	◊ Überlegungen anstellen	
◊ zur Einsicht gelangen	◊ ins Gedächtnis zurückrufen	◊ einen Vergleich ziehen	

1. Tim ...., ein Auslandssemester in Frankreich zu verbringen.
2. Seine Schwester Jana hat ihr Auslandssemester in Italien .... guter ....
3. Tim .... jedoch noch .... davon, welche Kosten auf ihn zukommen werden.
4. Wenn man sich für ein Auslandssemester entscheidet, muss man mehrere Faktoren ....
5. Der Zeuge sollte sich möglichst detailgenau den gesamten Vorgang ....
6. Nach langer Überlegung .... der Forscher ...., dass seine bisherigen Daten fehlerhaft sein mussten.
7. Möchte man .... zwischen den beiden Universitäten ...., muss man auf jeden Fall die Studentenzahlen berücksichtigen.
8. Es ist sicherlich erforderlich, ..., wie man das Sprachenlernen im Erwachsenenalter effektiver gestalten kann.
9. Früher dachte er, dass es sich nicht lohnen würde, Sport zu treiben, aber mit zunehmendem Alter ist er ...., dass er sich so besser fühlt.
10. Wenn man ein Gedicht interpretiert, muss man .... manchmal .... jedes einzelne Wort ...., um es gut verstehen zu können.

31 [Schwierigkeitsstufe 4–5] Forschung

■ Setzen Sie die Funktionsverbgefüge in die Beispielsätze ein!

◊ Angaben machen	◊ zur Durchführung bringen	◊ im Gegensatz stehen zu	◊ zu der Überzeugung gelangen
◊ zum Ausgangspunkt machen	◊ Einblick haben	◊ sich im Irrtum befinden	
◊ Beobachtungen anstellen	◊ zur Folge haben	◊ Parallelen ziehen	

1. Bei einer wissenschaftlichen Arbeit ist es essenziell, in den Fußnoten vollständige Literatur................ zu ....
2. Der Verhaltensforscher .... jahrelange ...., bevor er endlich seinen Artikel über das Sozialverhalten der Schimpansen veröffentlichte.
3. Da die Forschungsposition des jungen Assistenten völlig .... der allgemein anerkannten Forschungsmeinung ...., wird er von seinen älteren Kollegen oft verlacht.
4. Sie denken, dass seine Theorien falsch sind und er ....
5. Ein Unfall im Chemielabor ...., dass der Doktorand drei Wochen mit seinen Experimenten nicht fortfahren konnte und so mit der Abgabe seiner Arbeit in Verzug geriet.
6. Ein guter Professor sollte zumindestens .... in jeden Unterbereich seines Faches ....
7. Interdisziplinäre Studien ermöglichen es, verschiedene Fächer zu vergleichen und ....
8. Der Linguistikprofessor .... Beobachtungen an seinen eigenen Kindern .... für seine Theorien zum Spracherwerb.
9. Der Forschungsgruppenleiter ist dafür verantwortlich, die Experimente ordnungsgemäß ....
10. Nach zahlreichen Experimenten .... der Astronom ...., dass die Erde keine Scheibe sei.

Was zusammengehört

V. Das ergänzende Wort

Manchmal **zieht** ein Wort ein anderes nach sich. Worte, die oft zusammen gebraucht werden, werden miteinander assoziiert. Eigenen Sie sich einige dieser Assoziationen mithilfe der Übungen in diesem Abschnitt an!

32 [Schwierigkeitsstufe 5] Adjektive, die Nomen „nach sich ziehen"

■ Welche Nomen folgen wahrscheinlich auf die Adjektive?

1. eine unheilbare ....
2. eine abgedroschene ....
3. ein zwielichtiger ....
4. eine folgenschwere ....
5. ein höhnisches ....
6. ein närrisches ....
7. ein vollmundiger ....
8. ein mehliger ....
9. ein mustergültiges ....
10. ein gordischer ....
11. hinter vorgehaltener ....
12. am helllichten ....

Manchmal wird nicht ein einzelnes Wort *nachgezogen*, aber doch ein gewisser **Grundtenor**, ein Wort aus einer Bedeutungsgruppe. Das Adjektiv *welk* zieht meistens die Nomen *Blumen*, *Blätter* oder *Laub* nach sich. Der Grundtenor lautet hier *Blätter einer Pflanze*. Dem Adjektiv *ranzig* folgen sehr häufig die Nomen *Butter* oder *Öl*. Hier könnte man den Grundtenor mit *Fett* zusammenfassen. Das Adjektiv *vakant* fordert ein Nomen mit dem Grundtenor *Position*, z. B. *Stelle*, *Posten* oder *Amt*.

33 [Schwierigkeitsstufe 4–5] Der Grundtenor

■ Versuchen Sie in der folgenden Übung den **Grundtenor** in Worte zu fassen.

1. eine **schicksalhafte** Liebe/Begegnung, ein schicksalhaftes Ereignis
2. eine (äußerst) **heikle** Lage/Sache/Angelegenheit
3. ein **kniffliges** Rätsel, eine knifflige Frage
4. eine **ironische** Bemerkung/Frage
5. eine **düstere** Lage/Aussicht/Zukunft, düstere Perspektiven
6. ein **geschmeidiger** Körper, geschmeidige Haut/Bewegungen, geschmeidiges Leder
7. **zähes** Leder, Fleisch, eine zähe Gewohnheit/Gesundheit, zähe Vorurteile, zäher Fleiß
8. ein **herrliches** Panorama, eine herrliche Aussicht, herrliches Wetter
9. **tristes** Wetter, eine triste Gegend
10. ein **dumpfes** Grollen, ein dumpfer Aufprall/Ton
11. eine **noble** Villa, ein nobles Hotel, eine noble Adresse/Geste
12. eine **kesse** Antwort, ein kesses Mädchen
13. eine **triviale** Idee/Äußerung
14. eine **anzügliche** Bemerkung, ein anzüglicher Witz
15. eine **lapidare** Antwort/Bemerkung/Begründung

34 [Schwierigkeitsstufe 4] Welches Verb folgt?

■ Welches Verb folgt oft?

◇ ahnen	◇ heiraten	◇ verenden/sterben
◇ erschießen/ermorden	◇ (herab)hängen	◇ währen
◇ erzählen	◇ klingen	◇ zitieren
◇ fühlen/erklären	◇ lachen/grinsen	◇ zu Mute sein
◇ handeln	◇ überstehen	◇ einräumen/eingestehen müssen

1. hämisch ....
2. kirchlich ....
3. hohl ....
4. sich solidarisch ....
5. etwas kleinlaut ....
6. grob fahrlässig ....
7. mulmig ....
8. etwas brühwarm ....
9. etwas dumpf ....
10. qualvoll ....
11. schlaff ....
12. lange ....
13. wörtlich ....
14. etwas unbeschadet ....
15. jemanden kaltblütig ....

Wenn es kein Mensch ist …

Die folgenden Adjektive können konkret und abstrakt gebraucht werden:

◇ ein frommer Mensch, **ein frommer** (nicht realisierbarer) **Wunsch**

◇ ein nackter (oder ungeschminkter) Mensch, **die nackten** (oder ungeschminkten) **Tatsachen**, die nackte Wahrheit

◇ ein verschlafener Mensch, **ein verschlafener Ort**

Kollokationen

VI. Kollokationen in Fachsprachen

Verschiedene Fachsprachen haben ihre eigenen Kollokationen.

35 [Schwierigkeitsstufe 3–4] Universität

■ Verbinden Sie die zusammengehörigen Begriffe!

1. sich an der Universität
2. Sprachkenntnisse
3. die Zugangsberechtigung, die Zulassung
4. in ein bestimmtes Fachsemester
5. ein Studium
6. die Universität
7. einen Kurs
8. ein Referat
9. eine Hausarbeit
10. Leistungsnachweise
11. eine Prüfung
12. eine Benotung
13. die Regelstudienzeit
14. *(das Gegenteil)* die Regelstudienzeit
15. sich um ein Stipendium
16. ein Studium
17. eine Qualifikation
18. auf einen Lehrstuhl
19. einen Lehrstuhl
20. in Weiterbildung

a) besuchen
b) einreichen
c) ablegen
d) erbringen
e) erlangen
f) berufen werden
g) nachweisen
h) absolvieren
i) überschreiten
j) immatrikulieren, einschreiben
k) erhalten
l) erhalten
m) einhalten
n) investieren
o) innehaben
p) eingestuft werden
q) bewerben
r) aufnehmen
s) halten
t) belegen

36 [Schwierigkeitsstufe 3] Universitätsvokabular im Kontext

■ Lernen Sie diese Kollokationen nach Möglichkeit zusammen mit dem generellen Wortschatz aus dem Bedeutungsfeld **Universität** (den Sie in Sachgruppenwörterbüchern und Aufbauwortschätzen finden). Lesen Sie **Fachtexte**, in denen Sie dieses Vokabular wiederfinden, z. B. **Studienordnungen** (Sie finden zahlreiche Studienordnungen im Internet). Schreiben Sie dann einen **Bericht** über Ihre Studienzeit, in dem Sie möglichst viele der gelernten Wörter und Kollokationen im Kontext verwenden. Tragen Sie Ihre Berichte gegebenenfalls Ihrem Tandempartner oder im Unterricht vor.

37 [Schwierigkeitsstufe 3] Verwaltung

■ Verbinden Sie die zusammengehörigen Begriffe!

1. Papiere/Dokumente
2. ein Formular
3. einen Eintrag
4. eine Gebühr
5. einen Zeitraum
6. Vorrang/Priorität
7. Genehmigungen
8. einen Antrag/Gelder/Mittel
9. einem Gesuch/einer Klage/einer Beschwerde
10. eine Funktion

a) stattgeben
b) veranschlagen
c) erheben
d) ausüben
e) aushändigen
f) ausfüllen
g) vornehmen
h) einräumen
i) erteilen
j) bewilligen

38 [Schwierigkeitsstufe 3] Verwaltungsvokabular im Kontext

■ Lernen Sie diese Kollokationen nach Möglichkeit zusammen mit dem generellen Wortschatz aus dem Bedeutungsfeld **Verwaltung**. Schreiben Sie einen **Bericht** darüber, wie Sie mit der Stadtverwaltung zu tun hatten (z. B. wie Sie sich beim Einwohnermeldeamt registriert haben), in dem Sie möglichst viele der gelernten Wörter und Kollokationen im Kontext verwenden. Tragen Sie Ihren Bericht gegebenenfalls vor.

Was zusammengehört

39 [Schwierigkeitsstufe 3–4] Wirtschaft

■ Verbinden Sie die zusammengehörigen Begriffe!

1.	eine Firma	a)	finden
2.	eine führende Position	b)	anmelden
3.	eine Marktanalyse	c)	tragen
4.	den Bedarf/die Nachfrage	d)	ausführen
5.	einen guten Absatz	e)	decken
6.	einen Gutachter	f)	gründen
7.	ein Gutachten	g)	veranschlagen
8.	eine Investition	h)	gewähren
9.	Profit	i)	unterbreiten
10.	einen Kunden	j)	hinzuziehen
11.	Vorschläge	k)	innehaben
12.	die voraussichtlichen Kosten	l)	erstellen
13.	Rabatte/einen Preisnachlass	m)	tätigen
14.	einen Kredit	n)	gewähren
15.	einen Auftrag	o)	erteilen
16.	einen Auftrag	p)	erstellen
17.	die Kosten	q)	in Rechnung stellen
18.	die Kosten	r)	abwerfen
19.	eine Zahlung	s)	veranlassen
20.	Konkurs	t)	beliefern

40 [Schwierigkeitsstufe 3] Wirtschaftsvokabular im Kontext

■ Lernen Sie diese Kollokationen nach Möglichkeit zusammen mit dem generellen Wortschatz aus dem Bedeutungsfeld **Wirtschaft**. Lesen Sie dazu auch den Wirtschaftsteil in Tages- und Wochenzeitungen.

41 [Schwierigkeitsstufe 3–4] Politik

■ Ergänzen Sie die zusammengehörigen Begriffe!

◊ abgeben	◊ ausgeliefert sein	◊ betreiben *(2 x)*	◊ einholen	◊ gewähren	◊ schlichten
◊ aufnehmen	◊ ausüben *(2 x)*	◊ bilden	◊ einlegen	◊ leisten	◊ übernehmen
◊ äußern	◊ beiwohnen	◊ einberufen	◊ fungieren	◊ niederlegen	◊ übertragen

1. sein Wahlrecht ....
2. seine Stimme ....
3. *(zu Beginn der Amtszeit)* ein Amt ....
4. *(während der Amtszeit)* ein Amt ....
5. *(am Ende der Amtszeit)* ein Amt ....
6. die Verantwortung ....
7. jemandem die Verantwortung ....
8. eine Sitzung ....
9. einer Sitzung, einem Staatsakt ....
10. einen Ausschuss ....
11. seine Meinung ....
12. eine andere Meinung ....
13. sein Veto ....
14. als Schiedsrichter/Vermittler ....
15. einen Streit ....
16. Asyl/Bleiberecht ....
17. Wahlwerbung ....
18. Propaganda ....
19. einer Willkür ....
20. Widerstand ....

42 [Schwierigkeitsstufe 3–4] Politikvokabular im Kontext

■ Lernen Sie diese Kollokationen nach Möglichkeit zusammen mit dem generellen Wortschatz aus dem Bedeutungsfeld **Politik**. Lesen Sie dazu auch den Politikteil in Tages- und Wochenzeitungen. Schreiben Sie einen Kommentar zum aktuellen politischen Tagesgeschehen.

Kollokationen

43 [Schwierigkeitsstufe 3–4] Rechtswesen

■ Ergänzen Sie die zusammengehörigen Begriffe!

◊ ableisten	◊ begehen	◊ erbringen	◊ eröffnen	◊ leisten (2 x)	◊ sprechen	◊ übertragen	◊ vorladen
◊ abwägen	◊ einlegen	◊ erheben	◊ fällen	◊ liegen	◊ stehen	◊ übertreten	◊ vortragen
◊ anstrengen	◊ einleiten	◊ erlassen	◊ konsultieren	◊ machen	◊ tragen	◊ vertagen	◊ zufügen

der Staatsanwalt

1. rechtliche Schritte ....
2. ein Verfahren/einen Prozess/eine Klage ....
3. ein Plädoyer ....
4. einen Zeugen ....
5. einen Beweis ....
6. Anklage ....

der Richter

7. die Argumente ....
8. den Prozess ....
9. ein Urteil ....
10. Recht ....
11. im Ermessen des Richters ....
12. jemandem das Sorgerecht ....
13. einen Durchsuchungsbefehl ....

der Angeklagte

14. das Gesetz ....
15. ein Verbrechen ....
16. jemandem Unrecht ....
17. unter Anklage ....
18. einen Rechtsanwalt ....
19. Berufung ....
20. die volle Verantwortung ....
21. Ersatz ....
22. eine Strafe ....

der Zeuge

23. einen Eid ....
24. eine Aussage ....

der Notar

25. ein Testament ....

44 [Schwierigkeitsstufe 3–4] Rechtsvokabular im Kontext

■ Beachten Sie auch Adjektiv-Kollokationen wie *üble Nachrede, mildernde Umstände, grob fahrlässig* etc. Lernen Sie diese Kollokationen nach Möglichkeit zusammen mit dem generellen Wortschatz aus dem Bedeutungsfeld **Rechtswesen**. Lesen Sie dazu auch entsprechende Artikel in Tages- und Wochenzeitungen.

VII. Textarbeit mit Kollokationen

Wer viele Kollokationen meistern möchte, der muss **lesen, lesen, lesen. Intensiv und extensiv.** Extensiv lesen bedeutet einfach, möglichst viel zu lesen. Wie Sie intensiv lesen, erfahren Sie in folgender Übung.

45 [Schwierigkeitsstufe 3–4] Textarbeit mit Kollokationen

■ In folgendem Text sind einige Kollokationen markiert. Lesen Sie den Text und betrachten Sie die Kollokationen im Kontext sowie die anschließend folgenden Erklärungen.

Eine Liebende und eine, die Trauer kennt – Astrid Lindgren

Von Susanne Mayer

Wenn eine Frau in der ganzen Welt zum Inbegriff von Kinderzugewandtheit wird, dann tauchen Fragen auf. Wieso eigentlich? Und: Wer ist die Frau? Beginnen wir bei Frage zwei. Die Frau ist natürlich Astrid Lindgren, die wunderbarste Kinderbuchautorin aller Zeiten, was man jedenfalls für die ersten 6 000 Jahre der Schriftkultur behaupten kann. Mehr über Astrid Lindgren erzählt das Buch mit Bildern und Texten zu ihrem Leben, das zur Feier ihres 100. Geburtstages erschienen ist.

Sie war das Kind von Bauern. Und was für Bauern! Von Hanna und Samuel August Eriksson erzählt Astrid hier eine Liebesgeschichte, die sich über 73 Jahre erstreckt und alle beklommen machen kann, denen so Schönes nicht widerfahren ist, was ja einige sein dürften. Solche Eltern also.

Sie war Schwester eines großen Bruders und zwei weiterer Töchter, und diese vier tobten in Bullerbü, was Näs hieß, in solcher Freiheit herum, sprangen zehn Meter tief

Was zusammengehört

ins Heu und mussten auch Roggen stoppeln und Brennnesseln rupfen und andere Schrecklichkeiten überleben, dass die Abenteuer für ein ganzes Erzählerinnenleben reichten. Was einen ganz merkwürdig auf unsere Kinder gucken lässt, die von ihren Mamis im Zweitwagen eilig zum Kinderturnen kutschiert werden. In Näs musste man nicht mal zum Essen pünktlich erscheinen.

Sie war alleinerziehende Mutter eines unehelichen Kindes und schuftete als Sekretärin in Stockholm, um es sich am Wochenende leisten zu können, nach Kopenhagen zu reisen, wo ihr Sohn bei Pflegeeltern lebte, ein Weg 14 Stunden im Zug. Sie war so arm, dass sie Hunger hatte und Furcht vor dem Winter. Die Einsamkeit und die Sehnsucht waren so groß, dass sie noch mit über 80 Jahren und, erlahmend und erblindend, in sich Geschichten dräuend fühlte, wie sie traurigen einsamen Kindern zur Hilfe eilt.

Auch unsere Durchgreifpädagogen würde sie wohl am Schlafittchen packen und ihnen sagen, woran sie zutiefst glaubte, dass man Kinder nur richtig lieben müsse, der Rest ergebe sich. Vorbehaltlich einer Dosis Humor natürlich. Aber das zu sagen, dazu wäre sie wohl zu bescheiden gewesen. Tapfer zog sie noch im hohen Alter ihre Wege durch den Vasa-Park. „Ich hüpf nur nicht mehr ganz so hoch", sagte sie den Besorgten.

Die ZEIT, 13/2007, gekürzt

■ Adjektive plus Nomen

- ◇ **der große Bruder** — Ältere Geschwister werden mit *großer Bruder, große Schwester* bezeichnet, jüngere Geschwister mit *kleiner Bruder, kleine Schwester*.
- ◇ **alleinerziehende Mutter** — eine Mutter, die alleine für ihr Kind sorgt, vgl. *alleinerziehender Vater*
- ◇ **große Einsamkeit** — Zur Intensivierung von *Einsamkeit* wird das Adjektiv *groß* verwendet, das Adjektiv *einsam* hingegen wird mit *sehr* oder *furchtbar* intensiviert *(sehr einsam, furchtbar einsam)*.
- ◇ **große Sehnsucht** — Zur Intensivierung von *Sehnsucht* wird das Adjektiv *groß* verwendet.
- ◇ **die ganze Welt** — Zur Intensivierung von *Welt* wird das Adjektiv *ganz* verwendet.
- ◇ **im hohen Alter** — Zur Intensivierung von *Alter* wird das Adjektiv *hoch* verwendet.

■ Nomen plus Verb

- ◇ **Fragen tauchen auf** — alternativer Ausdruck für: *Es stellen sich Fragen.*
- ◇ **ein Buch erscheint** — Ein Buch *kommt auf den Markt*.
- ◇ **Roggen stoppeln** — ein Arbeitsvorgang: Roggen ernten
- ◇ **Brennnesseln rupfen** — alternativer Ausdruck für *Brennnesseln (ein Unkraut) jäten*

■ Adverb plus Verb

- ◇ **zutiefst (an etwas) glauben** — Zur Intensivierung von *glauben* wird das Adjektiv *zutiefst* verwendet (vgl. den Ausdruck *tiefgläubig*).

■ Formelhafte Wendungen

- ◇ **für ein ganzes Leben reichen** — Zur Intensivierung von *Welt* wird das Adjektiv *ganz* verwendet (vgl. den Ausdruck *die ganze Welt* oben).
- ◇ **eine Geschichte erstreckt sich über (xy) Jahre** — Eine Geschichte dauert *viele* Jahre.
- ◇ **der/die (Adj. im Superlativ) (Nomen) aller Zeiten** — hier: die *wunderbarste* Kinderbuchautorin aller Zeiten, vgl. der *beste* Koch aller Zeiten, der *faulste* Student aller Zeiten usw.

46 [Schwierigkeitsstufe 5] Kollokationen im Text auswendig lernen

■ Bearbeiten Sie einen Text nach Wahl nach dem oben vorgeführten Muster. Unterstreichen Sie Kollokationen und ordnen Sie sie im gleichen Schema wie oben an. Achten Sie auf alternative Ausdrücke und Intensivierungen (zu Intensivierungen vgl. auch die vorangegangenen Übungen 8–15).

■ Um sich die so erarbeiteten Kollokationen einzuprägen, machen Sie sich eine Kopie vom Text und schwärzen Sie auf der Kopie den einen Teil der Kollokation. Für den obigen Text könnte das wie nebenstehend aussehen. Versuchen Sie, den so geschwärzten Text wieder zu lesen und sich dabei an die richtigen Kollokationen zu erinnern.

■ Wählen Sie Texte aus ganz verschiedenen Bereichen, politische, wirtschaftliche, wissenschaftliche, literarische Texte.

> Wenn eine Frau in der ▬▬ Welt zum Inbegriff von Kinderzugewandtheit wird, dann ▬▬ Fragen auf. Wieso eigentlich? Und: Wer ist die Frau? Beginnen wir bei Frage zwei. Die Frau ist natürlich Astrid Lindgren, die ▬▬ Kinderbuchautorin aller Zeiten, was man jedenfalls für die ersten 6 000 Jahre der Schriftkultur behaupten kann. Mehr über Astrid Lindgren erzählt das Buch mit Bildern und Texten zu ihrem Leben, das zur Feier ihres 100. Geburtstages ▬▬ ist.

47 [Schwierigkeitsstufe 4] **Kollokationen mit Übersetzungen**

■ Beschaffen Sie sich literarische Übersetzungen aus Ihrer Muttersprache ins Deutsche oder aus dem Deutschen in Ihre Muttersprache. Hier haben sich professionelle Übersetzer Gedanken über Kollokationen gemacht und Sie können davon profitieren!

Lesen Sie zuerst den Text in Ihrer Muttersprache und markieren Sie Kollokationen. Vergleichen Sie dann die entsprechenden Stellen im deutschen Text. So können Sie auf interessante Art viele Kollokationen kennenlernen!

VIII. *Wörterbucharbeit mit Kollokationen*

Wie Sie sicher bei der Arbeit mit den vorangehenden Übungen bemerkt haben, finden Sie viele Kollokationen in einem deutsch-deutschen Wörterbuch und auch in Ihrem Lernerwörterbuch. Machen Sie es sich daher von jetzt an zur Gewohnheit, ab und zu einmal nachzuschlagen, ob sich zu diesem oder jenem Wort, das Sie schon kennen oder aber gerade gelernt haben, Kollokationen in Ihrem Wörterbuch finden.

Ein Spezialwörterbuch, das viele Kollokationen verzeichnet, ist **Erhard Agricola** u. a. (Hrsg.): **Wörter und Wendungen.** Wörterbuch zum deutschen Sprachgebrauch. Leipzig: Bibliographisches Institut, 1970. Wenn Sie in einer Bibliothek die Gelegenheit dazu haben, blättern Sie auch ab und zu einmal in diesem Wörterbuch und notieren Sie sich interessante und für Sie nützliche Kollokationen.

Auch die **Leipziger Wortschatzdatenbank** eignet sich für das Lernen von Kollokationen. Schlagen Sie unter *http://wortschatz.uni-leipzig.de* ein Wort nach, für das Sie Kollokationen herausfinden wollen. Lassen Sie uns ein Beispiel besprechen: Angenommen, Sie möchten mehr über die Verwendung und die Kontexte des Wortes *innig* wissen und schlagen dies in der Datenbank nach. Zunächst werden Sie sehr enge Kollokationen unter der Rubrik **Teilwort von** finden. In unserem Beispiel wären das: *innig lieben, heiß und innig lieben, innig anschmiegen, innig danken*.

Betrachten Sie dann die sogenannten **Kookkurrenzen**, **signifikante linke Nachbarn** und **signifikante rechte Nachbarn** des Wortes sowie den unten stehenden Graphen.

Notieren Sie sich daraus Kollokationen, die Ihnen bereits aus Ihrem **passiven Wortschatz** bekannt sind. Lernen Sie diese bewusst und übernehmen Sie sie so in Ihren **aktiven Wortschatz**. Zeigen Sie auch Ihrem **Tandempartner** die Liste der Kookkurrenzen und signifikanten Nachbarn und fragen Sie ihn, welche Kombinationen ihm besonders geläufig sind. Übernehmen Sie so den **passiven Wortschatz Ihres Tandempartners** in Ihren Wortschatz.

In unserem Beispielfall von *innig* sind das vielleicht die Wendungen: *innig umarmen, innig küssen, ein inniges Larghetto (Musikstück), innige Musik, ein inniger Kuss, ein inniger Händedruck, innig verbunden sein, ein inniges Verhältnis*.

IX. *Vokabelheftseiten: Kollokationen*

Kollokationen einüben: Neben der weiter oben genannten Methode, bei der Sie Textteile schwärzen, gibt es noch eine andere effektive Methode, Kollokationen einzuüben. Übersetzen Sie die Kollokationen wortwörtlich in Ihre Muttersprache. Dabei werden natürlich Fehler auftreten. Das macht aber nichts, denn Sie werden ja Ihre Muttersprache nicht verlernen. Lernen Sie dann so: Sie legen sich eine Tabelle mit drei Spalten an. In die erste Spalte schreiben Sie die Kollokation in Ihrer Muttersprache. In die zweite Spalte schreiben Sie die wortwörtliche Übersetzung der deutschen Kollokation, d. h. eventuell eine **falsche Muttersprache**. In die dritte Spalte schreiben Sie die deutsche Kollokation. Decken Sie dann Spalte 2 und 3 ab und versuchen Sie sich zuerst an die wortwörtliche Übersetzung in Spalte 2 zu erinnern, bevor Sie die deutsche Kollokation aufdecken. So lernen Sie schwierige Kollokationen über den Hilfsweg einer leichteren Zwischenstufe!

Übersetzung in Ihre Muttersprache	wortwörtliche Übersetzung	deutsche Kollokation
		eine zerfurchte Stirn
		meisterhaft beherrschen

⇨ **Kopiervorlage dazu siehe Anhang, Seite 164**

Mal bildlich gesprochen

9 Idiomatik

I. Einführung: Lauter Beweise
II. Idiomatische Gruppen
III. Idiomatischer Spezialwortschatz
IV. Idiomatikquiz
V. Sprichwörter und Zitate
VI. Vokabelheftseiten: Idiomatik

I. Einführung: Lauter Beweise

Lesen Sie einmal, was der deutsche Komiker **Otto Waalkes**, hier in der Rolle eines Rechtsanwalts, zur Verteidigung seines Mandanten zu sagen hat.*

Otto spielt hier mit den beiden Bedeutungen seiner „Beweisstücke", der tatsächlichen Bedeutung und der idiomatischen Bedeutung. Betrachten Sie einmal die **idiomatischen Ausdrücke,** die er verwendet:

- **Bis in die Puppen schlafen** bedeutet „sehr lange schlafen".
- **Ein Wetter, bei dem man keinen Hund hätte vor die Tür jagen mögen,** ist ein idiomatischer Ausdruck für „sehr schlechtes Wetter".
- **Sich einen/ein Bier hinter die Binde gießen** bedeutet „Alkohol trinken".
- **Jemandem auf den Wecker fallen** ist ein umgangssprachlicher Ausdruck und bedeutet „anstrengend sein, jemanden nerven".
- **Blau wie ein Veilchen sein** ist eine euphemistische Umschreibung für „betrunken sein".
- **Jemand, der nicht einmal einer Fliege etwas zuleide tun kann,** ist ein sehr harmloser, friedlicher Mensch.
- Und schließlich bedeutet **im Eimer sein,** dass etwas nicht mehr zu verwenden ist oder hinfällig geworden ist und man es praktisch in den (Müll)eimer werfen kann.

Hohes Gericht!

Sie werfen meinem Mandanten eine Tat vor, die an Abscheulichkeit ihresgleichen suchen müsste, hätte er sie begangen.
Aber mein Mandant war nicht jener entmenschte Übeltäter, welchen die Wasserschutzpolizei bei dem Versuch gesehen haben will, das Nichtschwimmerbecken des städtischen Freibads anzuzünden.
Er kann es nicht gewesen sein, und ich kann diese Behauptung beweisen. Mein Mandant hat nämlich für den fraglichen Tag ein lückenloses Alibi.

Erstens **schlief er an diesem Tage bis in die Puppen**. Beweisstück Nummer eins: diese Puppen.

Weil zweitens draußen **ein Wetter herrschte, bei dem man keinen Hund hätte vor die Tür jagen mögen**. Beweisstück Nummer zwei: dieser Hund.

Drittens kehrte mein Mandant auf dem Weg in sein Büro für zwei Stunden in seiner Stammkneipe ein, wo er sich **sechs Biere hinter die Binde goss**. Beweisstück Nummer drei: diese Binde.

Viertens verbrachte er danach drei Stunden an seinem Arbeitsplatz, wo er **seinen Kollegen wie üblich auf den Wecker fiel**. Beweisstück Nummer vier: dieser Wecker.

Fünftens begab er sich nach seinem Rausschmiss aus dem Büro unverzüglich wieder in seine Stammkneipe, wo er schon bald **blau wie ein Veilchen** war. Beweisstück Nummer fünf: dieses Veilchen.

Sechstens steht doch wohl fest, dass mein Mandant in diesem Zustand **nicht einmal einer Fliege** etwas zuleide tun konnte. Beweisstück Nummer sechs: diese Fliege.

Siebtens ergibt sich aus all diesen Beweisen, dass die Anklage haltlos, mein Mandant unschuldig ist und der ganze Prozess **im Eimer ist**. Beweisstück Nummer sieben: dieser Eimer.

Obwohl in diesen Ausdrücken natürlich nicht von tatsächlichen *Puppen, Hunden, Binden, Weckern, Veilchen, Fliegen* oder *Eimern* die Rede ist, bringt „Rechtsanwalt" Otto diese Gegenstände mit vor Gericht und führt sie als „Beweise" vor, was die zentrale Komik dieses von ihm geschriebenen und aufgeführten Sketches ausmacht.

Idiomatische Ausdrücke sind in jeder Sprache zahlreich vertreten. Sprachvariation und -kreativität, Differenzierung und Humor kreieren immer neue übertragene und bildliche Ausdrücke, die sich zu formelhaften idiomatischen Ausdrücken festigen.

* Textabdruck mit freundlicher Genehmigung des Rüssl Musikverlag GmbH

Idiomatik

Lexikografisch sind bereits viele dieser Ausdrücke gut erfasst, sodass Ihnen umfangreiche Sammlungen idiomatischer Ausdrücke zur Verfügung stehen, z. B.
- **Duden. Redewendungen.** Wörterbuch der deutschen Idiomatik (Der Duden in 12 Bänden, Band 11, Bibliographisches Institut)
- L. Röhrich: **Das große Lexikon der sprichwörtlichen Redensarten** (Herder-Verlag)
- H. Schemann: **Deutsche Idiomatik.** Die deutschen Redewendungen im Kontext (Klett-Verlag – Bibliothek!)

Ein Problem für Sie wird sicherlich sein, welche der zahlreichen idiomatischen Wendungen Sie lernen sollten, welche davon aktiv und bei welchen es für Sie ausreicht, sie passiv zu verstehen. Welche der Wendungen sind bereits veraltet, welche davon am häufigsten gebräuchlich?

Arbeiten Sie mit Ihrem Tandempartner zusammen und lassen Sie sich von ihm diejenigen Wendungen anstreichen, die er selbst verwenden würde, und dann diejenigen, die er kennt. Diejenigen, die er kennt, aber nicht oder nur selten verwendet, soll er für Sie mit einem „P" (für passiven Wortschatz), diejenigen, die er häufig verwendet, mit einem „A" (für aktiven Wortschatz) kennzeichnen. So haben Sie zwar nur eine subjektive Einschätzung eines einzigen Sprechers, aber doch einen guten Anhaltspunkt, wo Sie zu lernen beginnen können. Lernen Sie zunächst die Wendungen, die Ihr Tandempartner mit „A" gekennzeichnet hat.

Hören Sie sich auch in Ihrem täglichen Sprachgebrauch um, welche Redewendungen Sie hören. Wenn Sie darauf achten, wird Ihnen auffallen, dass auch in der mündlichen, alltäglichen Sprache zahlreiche Wendungen vorkommen. Notieren Sie sich beim Hören und Lesen die Wendungen, die Ihnen begegnen, schlagen Sie sie dann zu Hause nach und fügen Sie sie Ihrer Sammlung zu. So machen Sie sich nach und nach die idiomatische Verwendung des deutschen Wortschatzes zu eigen.

II. Idiomatische Gruppen

■ Einige idiomatische Wendungen mit „Körperteilen"

Hinweise:
- Verschiedene Teile des Auges heißen **das Lid, die Wimpern, die Augenbrauen, der Augapfel, die Pupille**.
- Verschiedene Teile des inneren Mundes heißen **das Zahnfleisch, der Gaumen, der Rachen**.
- **Arme und Beine** zusammen heißen **Gliedmaßen** oder **Glieder**. Der restliche Körper heißt **der Rumpf**.
- Auf der Mitte des Bauches befindet sich **der Bauchnabel**.
- **Bein** ist ein altes Wort für Knochen, vergleiche englisch „bone". Es kommt in verschiedenen Knochennamen vor, z. B. **das Schienbein, das Schlüsselbein.**
- Ein anderes Wort für **die Wirbelsäule** ist **das Rückgrat**.
- Innerhalb der **Knochen** befindet sich **das Mark**.
- **Das Blut** fließt in **den Adern**.
- Eine **Drüse**, die ein Verdauungssekret produziert, heißt **die Galle**.
- Jemand, der seine linke Hand besser benutzen kann als die rechte, heißt **Linkshänder**.

1 [Schwierigkeitsstufe 3–4] **Körperteile (1)**

■ Ergänzen Sie die richtigen Wörter!

◊ die Ader	◊ der Daumen	◊ der Gaumen	◊ der Kopf	◊ das Rückgrat
◊ der Arm *(2 x)*	◊ der Finger	◊ die Glieder *(Pl.)*	◊ Mark und Bein	◊ die Schulter
◊ der Augapfel	◊ der Fingernagel	◊ die Hand *(2 x)*	◊ der Nabel	◊ der Zahn
◊ das Auge *(3 x)*	◊ der Fuß *(2 x)*	◊ das Herz	◊ der Nacken	◊ die Zunge
◊ das Bein	◊ die Galle	◊ der Knochen	◊ das Ohr *(2 x)*	

1. Eine schwierige Aufgabe bereitet .... zerbrechen.
2. Die Angst sitzt im ....
3. etwas Vertrauliches besprechen: etwas unter vier .... besprechen
4. Etwas, das einem sehr wertvoll ist, hütet man wie seinen ....
5. eine kurze Zeit lang: einen .... blick lang
6. sich etwas (im Kopf) vorstellen: etwas erscheint vor dem inneren ....
7. gut zuhören: ganz .... sein
8. Wir werden belauscht: die Wände haben ....

Mal bildlich gesprochen

9. ein schwierig auszusprechender Satz: ein ....brecher
10. ein leckeres Essen: eine ....freude
11. Jemand, der eine schwierige oder anstrengende Situation durchhält, beißt die .... zusammen.
12. Ein Plan, eine Angelegenheit, die gut durchdacht ist, hat .... und ....
13. Der wichtigste Assistent ist jemandes rechte ....
14. Etwas, das ich nicht weiß, kann ich mir auch nicht aus den .... saugen.
15. dafür sorgen, dass Geld nur sinnvoll ausgegeben wird: den .... auf etwas halten
16. jemandem nichts gönnen: jemandem nicht das Schwarze unterm .... gönnen
17. Wenn jemand große Angst hat, sitzt der Schreck in allen ....
18. jemandem helfen: jemandem unter die .... greifen
19. jemanden willkommen heißen: jemanden mit offenen .... aufnehmen
20. Jemand, der auf der (wissenschaftlichen) Arbeit seines Vorgängers aufbaut, steht auf dessen ....
21. Jemand, der sich wenig bemüht, reißt sich kein .... aus.
22. Jemand, der selbstständig ist, steht auf eigenen ....
23. Jemand, der sich selbst sehr wichtig nimmt, hält sich für den .... der Welt.
24. Jemand, der sehr zornig ist, speit Gift und ....
25. Zwei Menschen, die sich gut verstehen, sind ein .... und eine Seele.
26. Harte Arbeit nennt man auch ....arbeit.
27. einen starken Charakter haben: .... haben
28. Der Schrei ging ihm durch und durch: Der Schrei ging ihm durch .... und ....
29. künstlerisch oder musikalisch begabt sein: eine künstlerische, musikalische .... haben

■ Suchen Sie Beispielsätze zu diesen Redewendungen in Ihrem Wörterbuch und bilden Sie dann selber welche!

2 [Schwierigkeitsstufe 2] Körperteile (2)

■ Wählen Sie ein Körperteil aus und suchen Sie in Ihrem Wörterbuch nach idiomatischen Wendungen, in denen dieses Körperteil vorkommt. Erstellen Sie ein übersichtliches Lernblatt und halten Sie ggf. ein Minireferat im Wortschatzunterricht oder in Ihrer Lerngruppe!

■ **Einige idiomatische Wendungen mit „Familie"**

Hinweise:
◊ Eine angeheiratete „neue" Mutter, die neue Frau des Vaters ist **die Stiefmutter**.
◊ Ein unverheirateter Mann ist **ein Junggeselle**.

3 [Schwierigkeitsstufe 3] Alles in der Familie

■ Ergänzen Sie die richtigen Wörter!

◊ der Bruder	◊ die Familie	◊ das Kind	◊ der Onkel	◊ der Vater
◊ brüderlich	◊ der Junggeselle	◊ die Mutter *(2 x)*	◊ stiefmütterlich	

1. die Sprache, die man zuerst lernt: die ....sprache
2. etwas von klein auf lernen: mit der ....milch einsaugen
3. jemanden vernachlässigen: jemanden .... behandeln
4. jemand, der sich etwas ausgedacht hat: der .... eines Gedankens
5. etwas gerecht teilen: etwas .... teilen
6. der tatsächliche Wert einer Sache: unter .... wert sein
7. der große Zeh: der große .... *(ugs.)*
8. jemandes geistiges Produkt: ein geistiges ....
9. ein Mann, der nicht heiraten möchte: ein eingefleischter ....
10. Das wird vertraulich behandelt: Das bleibt in der ....

■ Suchen Sie Beispielsätze zu diesen Redewendungen in Ihrem Wörterbuch und bilden Sie dann selber welche!

Idiomatik

■ Einige idiomatische Wendungen mit „Tieren"

Hinweise:

◇ | **Vatertier** | **Muttertier** | **Junges** |
|---|---|---|
| der Kater | die Katze | das Katzenjunge |
| der Hund | die Hündin | der Welpe |
| der Hengst | die Stute | das Fohlen *(Pferde)* |
| der Hahn | das Huhn | das Kücken/Küken |
| der Ganter | die Gans | das Kücken/Küken |

◇ **das Gehege:** ein Einzäunung für Haustiere
◇ **das Murmeltier:** ein Tier, das einen langen Winterschlaf hält
◇ **Vögel: Der Storch** ist ein langbeiniger schwarz-weißer Vogel mit einem langen Schnabel. anfangen, fliegen zu können: **flügge** werden
◇ Fische: **Der Aal** ist ein langer, dünner Fisch, der Elektrizität erzeugen kann.
◇ Insekten: **die Grille, die Laus, die Made** (eine Insektenlarve)

4 [Schwierigkeitsstufe 3–4] Die armen Tiere!

■ Ergänzen Sie die richtigen Wörter!

◇ aalglatt	◇ das Eselsohr	◇ das Gänseblümchen	◇ das Huhn	◇ der Löwenanteil
◇ der Amtsschimmel	◇ die Feder	◇ Gänsefüßchen *(Pl.)*	◇ der Kater	◇ das Murmeltier
◇ der Angsthase	◇ der Fisch	◇ die Gänsehaut	◇ das Katzenauge	◇ der Muskelkater
◇ das Ei	◇ flügge	◇ der Gänsemarsch	◇ die Katzenmusik	◇ die Nachteule
◇ der Elefant	◇ der Frosch	◇ der Gänsewein	◇ der Katzensprung	◇ der Rabe
◇ die Eselsbrücke	◇ der Fuchs	◇ das Gehege	◇ Krokodilstränen *(Pl.)*	◇ der Storch

1. ein kurzer Weg: ein ....
2. schlechte Musik: ....
3. ein leuchtender gelber Reflektor, z. B. in Fahrradspeichen: ein ....
4. sich am nächsten Morgen nach Alkoholkonsum schlecht fühlen: einen .... haben
5. Am nächsten Tag nach dem Sport schmerzen die Muskeln: ein ....
6. jemanden stören: jemandem ins .... kommen
7. langsam arbeitende Bürokratie: der ....
8. eine Merkhilfe, ein Merkspruch: eine ....
9. eine umgeknickte Ecke in einem Buch: ein ....
10. früh schlafen gehen: mit den .... schlafen gehen
11. in einer Reihe hintereinandergehen: im .... gehen
12. Wasser trinken *(ugs.)*: .... trinken
13. eine kleine weiße Wiesenblume: ein ....
14. Haut, wenn man Angst hat oder friert: ....
15. Zitatzeichen, Anführungszeichen *(ugs.)*: ....
16. jemand bekommt ein Baby: der .... kommt
17. jemand, der abends lange aufbleibt: eine ....
18. fremde Leistungen für die eigenen ausgeben: sich mit fremden .... schmücken
19. sich um Probleme kümmern, die noch gar nicht aktuell sind: sich um ungelegte .... kümmern
20. selbstständig werden *(Jugendliche)*: .... werden
21. ein besonderer, außergewöhnlicher Mensch: ein weißer ....
22. Jemand, der wenig spricht, ist stumm wie ein ....
23. jemand, der schwer festzulegen ist: ein .... Mensch
24. jemand, der sehr ängstlich ist: ein ....
25. ein kluger, gerissener Mensch: ein schlauer ....
26. heiser sein: einen .... im Hals haben
27. gut und lange schlafen: schlafen wie ein ....
28. ungeschickt sein und Dinge kaputt machen: sich benehmen wie ein .... im Porzellanladen
29. unechte, vorgetäuschte Tränen: ....
30. der größte Anteil an einer Sache (z. B. Geld, Aktien): der ....

■ Suchen Sie Beispielsätze zu diesen Redewendungen in Ihrem Wörterbuch und bilden Sie dann selber welche!

Mal bildlich gesprochen

5 [Schwierigkeitsstufe 3–4] Insekten

■ Ergänzen Sie die richtigen Wörter!

| ◊ die Fliege | ◊ der Flohmarkt | ◊ die Hummel | ◊ die Made | ◊ die Spinne |
| ◊ der Floh | ◊ die Grille | ◊ die Laus | ◊ die Mücke | ◊ die Wespe |

1. plötzlich aufspringen: wie von der .... gestochen aufspringen
2. Ein sehr friedlicher Mensch kann keiner .... etwas zuleide tun.
3. ein Markt, auf dem alte und gebrauchte Dinge verkauft werden: ein ....
4. in jemandem einen Wunsch wecken, der nur schwer zu erfüllen ist: einen .... ins Ohr setzen
5. seltsame Ideen haben: .... im Kopf haben
6. Zwei Menschen, die sich überhaupt nicht mögen, sind sich .... feind.
7. eine sehr dünne Taille: eine .... taille
8. Ein kleines Problem schlimmer machen, als es ist: aus einer .... einen Elefanten machen.
9. ein sehr unglückliches Gesicht machen: ein Gesicht machen, als ob einem eine .... über die Leber gelaufen wäre.
10. sehr gut und luxuriös leben: wie die .... im Speck leben

■ Suchen Sie Beispielsätze zu diesen Redewendungen in Ihrem Wörterbuch und bilden Sie dann selber welche!

6 [Schwierigkeitsstufe 2] Noch einmal Tiere

■ Wählen Sie ein Tier aus und suchen Sie in Ihrem Wörterbuch nach idiomatischen Wendungen, in denen dieses Tier vorkommt. Erstellen Sie ein übersichtliches Lernblatt und halten Sie ggf. ein Minireferat im Wortschatzunterricht oder in Ihrer Lerngruppe!

> Ein Taschenbuch über Redensarten mit Tieren ist: **Fuchsteufelswild und lammfromm.** Tierisch gute Redensarten von A bis Z. Von H. Limpach/A. F. Hoffmann (Fischer-Taschenbuch-Verlag 1993 – Bibliothek!).

■ Einige idiomatische Wendungen mit „Natur"

7 [Schwierigkeitsstufe 3–4] Auf in die Natur!

■ Ergänzen Sie die richtigen Wörter!

| ◊ der Ast | ◊ der Berg (2 x) | ◊ die Blüte | ◊ das Gras | ◊ das Kraut | ◊ der Stern | ◊ der Wind | ◊ der Zweig |
| ◊ der Baum (2 x) | ◊ die Blume | ◊ das Feuer (2 x) | ◊ der Klee | ◊ die Luft (2 x) | ◊ das Wasser (3 x) | ◊ die Wurzel | |

1. die einfache Lösung nicht sehen: den Wald vor lauter .... nicht sehen
2. sich sehr gesund, kräftig und tatendurstig fühlen: .... ausreißen können
3. sich selbst schaden: den .... absägen, auf dem man sitzt
4. Erfolg haben: auf einen grünen .... kommen
5. heimisch werden: .... schlagen
6. etwas vorsichtig, verhüllt, freundlich sagen: etwas durch die .... sagen
7. Erfindungen der Fantasie: üppige .... treiben
8. Es gibt kein Gegenmittel, da kann man nichts machen: Dagegen ist kein .... gewachsen.
9. Eine Sache ist vergessen: Darüber ist .... gewachsen.
10. jemanden (zu) sehr loben: jemanden über den grünen .... loben
11. das Schwierigste geschafft haben: über den .... sein
12. schon weit weg gegangen sein: über alle .... sein
13. eine neue, unbekannte Sache wagen: ins kalte .... springen (geworfen werden)
14. ein vergeblicher Versuch: ein Schlag ins ....
15. Zwei Menschen, die völlig unterschiedliche Temperamente haben, sind wie .... und ....
16. Jemand, der schnell zu begeistern ist, fängt leicht ....
17. fast kein Geld haben und trotzdem glücklich sein: von .... und Liebe leben
18. völlig frei erfunden: aus der .... gegriffen
19. ahnen, bei welcher Person eine Angelegenheit ihren Ursprung hat: merken, woher der .... weht
20. Es ist ungewiss: Es steht in den ....

■ Suchen Sie Beispielsätze zu diesen Redewendungen in Ihrem Wörterbuch und bilden Sie dann selber welche!

II. Idiomatische Gruppen

Idiomatik

8 [Schwierigkeitsstufe 2]   Noch einmal Natur

■ Wählen Sie ein Wort aus dem Bereich Natur aus und suchen Sie in Ihrem Wörterbuch nach idiomatischen Wendungen, in denen dieses Wort vorkommt. Erstellen Sie ein übersichtliches Lernblatt und halten Sie ggf. ein Minireferat im Wortschatzunterricht oder in Ihrer Lerngruppe!

■ Einige idiomatische Wendungen mit „Kleidung"

Hinweise:

◊ Kleidungsteile: **der Ärmel**: der Teil des Hemds oder Pullovers, der für die Arme bestimmt ist, **der Kragen**: der den Hals umfassende Teil eines Hemds. Es gibt verschiedene **Hemdgrößen** und verschiedene **Kragenweiten**.

◊ **die Weste**: ein ärmelloser Pullover

◊ **die Haube**: früher eine Kopfbedeckung für verheiratete Frauen

◊ **die Schürze**: ein Kleidungsstück, das umgebunden wird, um die Kleidung vor Schmutz zu schützen

◊ ein **fadenscheiniges** Kleidungsstück: ein Kleidungsstück, das so alt und abgetragen ist, dass man einzelne Webfäden sieht

◊ **der Schuster:** jemand, der Schuhe herstellt

9 [Schwierigkeitsstufe 3–4]   Kleider machen Leute

■ Ergänzen Sie die richtigen Wörter!

◊ der Ärmel *(2 x)*	◊ die Haube	◊ der Hut *(2 x)*	◊ der Kragen	◊ der Samthandschuh	◊ der Schuster
◊ fadenscheinig	◊ das Hemd *(2 x)*	◊ die Jacke	◊ die Kragenweite	◊ der Schlips *(2 x)*	◊ die Schürze
◊ der Gürtel	◊ die Hose	◊ der Knopf	◊ die Mütze	◊ der Schuh	◊ die Weste

1. Es ist egal: Es ist .... wie ....
2. sich anstrengen, anfangen viel zu arbeiten: die .... hochkrempeln
3. etwas leicht hervorbringen können: etwas aus dem .... schütteln
4. vornehm angezogen: in .... und ....
5. Es liegt mir nicht: Es ist nicht meine ....
6. unschuldig sein: eine weiße .... haben
7. jemanden beleidigen: jemandem auf den .... treten
8. etwas vom Zufall bestimmen lassen: etwas an den .... abzählen
9. Das ist nichts Neues: Das ist ein alter .... !
10. Ich habe große Bewunderung für diese Sache: .... ab!
11. eine Person, die viel schläft: eine Schlaf ....
12. häufig seine Freunde (Gesinnung) wechseln: seine Freunde (Gesinnung) wie das .... wechseln
13. (fast) alles verlieren: alles bis aufs .... verlieren
14. gegenüber einer Person sehr vorsichtig sein: jemanden mit .... anfassen
15. sparen: den .... enger schnallen
16. jemandem die Schuld geben: jemandem etwas in die .... schieben
17. von der Mutter abhängig sein: an Mutters .... hängen
18. heiraten: unter die .... kommen
19. eine schlechte, leicht durchschaubare Ausrede: eine .... Ausrede
20. zu Fuß: auf .... Rappen

■ Suchen Sie Beispielsätze zu diesen Redewendungen in Ihrem Wörterbuch und bilden Sie dann selber welche!

10 [Schwierigkeitsstufe 2]   Noch einmal Bekleidung

■ Wählen Sie ein Kleidungsstück aus und suchen Sie in Ihrem Wörterbuch nach idiomatischen Wendungen, in denen dieses Kleidungsstück vorkommt. Erstellen Sie ein übersichtliches Lernblatt und halten Sie ggf. ein Minireferat im Wortschatzunterricht oder in Ihrer Lerngruppe!

II. Idiomatische Gruppen

Mal bildlich gesprochen

■ **Einige idiomatische Wendungen mit „Essen"**

11 [Schwierigkeitsstufe 3–4] Guten Appetit!

■ Ergänzen Sie die richtigen Wörter!

◊ abspeisen	◊ das Ei *(2 x)*	◊ der Honig	◊ die Nuss	◊ übrig
◊ der Apfel *(6 x)*	◊ der Eigenbrötler	◊ die Leberwurst	◊ der Pfannkuchen	◊ verdauen
◊ das Bier	◊ die Erbse	◊ der Magen	◊ die Scheibe	◊ verschlingen
◊ die Butter *(2 x)*	◊ gepfeffert	◊ die Milch *(2 x)*	◊ der Tee	◊ zubuttern

1. Manches, was rund ist, wird ………………… genannt, z. B. der Aug…………………, der Erd………………… (ein anderes Wort für Kartoffel) oder die Ausscheidungen von Pferden: Pferde………………….

2. Das Thema, der zentrale Punkt eines Streits wird mitunter mit Zank………………… bezeichnet.

3. Wer etwas tun muss, das er nicht mag, wird in den sauren ………………… beißen müssen.

4. Etwas, was sehr billig ist, bekommt man für 'nen Appel und 'n ………………….

5. Jemanden, der sehr empfindlich und leicht zu verärgern ist, muss man wie ein rohes ………………… behandeln.

6. Ein Rätsel, das schwer zu lösen ist, ist eine harte ………………….

7. Jemand, der alles sehr genau nimmt, kleinlich und pingelig ist, ist ein …………………zähler.

8. Jemand, der gerne für sich alleine ist, wird manchmal als ………………… bezeichnet.

9. Über jemanden, der etwas sehr gut macht und den man sich zum Vorbild nehmen kann, sagt man oft, man könne sich von ihm eine ………………… abschneiden.

10. Die ersten, noch nicht bleibenden Zähne bei Kindern heißen …………………zähne.

11. Eine Rechnung, die oberflächlich richtig erscheint, aber bei ein wenig Nachdenken logisch falsch ist, heißt …………………mädchenrechnung.

12. Jemand, der sich keine Ungerechtigkeiten oder Hänseleien gefallen lässt, lässt sich nicht die ………………… vom Brot nehmen.

13. Etwas, das in Ordnung ist, ein Problem, das sich gelöst hat, ist in ………………….

14. Etwas finanziell unterstützen, etwas dazubezahlen, nennt man auch ………………….

15. Hans ist verärgert und redet schon seit einer Woche nicht mehr mit uns. Er spielt die beleidigte ………………….

16. Über die Weihnachtstage habe ich viel gegessen. Jetzt will ich ein paar Tage aufpassen, damit ich nicht dick werde und aufgehe wie ein ………………….

17. Eine scharfe, sarkastische Bemerkung nennt man auch eine ………………… Bemerkung.

18. jemandem schmeicheln: jemandem ………………… um den Bart schmieren

19. Ich mag Horst nicht. Ich habe für Horst nichts ………………….

20. jemanden mit einer zu einfachen Lösung oder einem billigen Ausgleich versuchen zufriedenzustellen: jemanden …………………

21. etwas oder jemanden sehr lange und intensiv gierig betrachten: etwas/jemanden mit den Augen …………………

22. nach einem Schock oder einer erschreckenden Nachricht eine Pause benötigen: etwas erst einmal ………………… müssen

23. Jemand hat sich zu viel auf den Teller genommen oder zu viel vorgenommen: Die Augen waren größer als der ………………….

24. eine Angelegenheit gelassen auf sich zukommen lassen: abwarten und ………………… trinken

25. ein runder Männerbauch *(ugs.)*: ein …………………bauch

■ Suchen Sie Beispielsätze zu diesen Redewendungen in Ihrem Wörterbuch und bilden Sie dann selber welche!

12 [Schwierigkeitsstufe 2] Noch einmal Essen

■ Wählen Sie ein Wort aus dem Bereich Essen aus und suchen Sie in Ihrem Wörterbuch nach idiomatischen Wendungen, in denen dieses Wort vorkommt. Erstellen Sie ein übersichtliches Lernblatt und halten Sie ggf. ein Minireferat im Wortschatzunterricht oder in Ihrer Lerngruppe!

II. Idiomatische Gruppen

Idiomatik

Einige idiomatische Wendungen mit „Namen"

13 [Schwierigkeitsstufe 3–4] Vornamen

Ergänzen Sie die richtigen Vornamen!

◊ Benjamin	◊ Hans *(2 x)*	◊ Jan	◊ Minna	◊ Philipp
◊ Emma	◊ Hein	◊ Methusalem	◊ Otto	◊ Suse
◊ Franz	◊ Jakob	◊ Michel	◊ Peter	◊ Wilhelm

1. jeder: jeder .... und ....
2. ein fleißiger deutscher Spießbürger: der deutsche ....
3. ein durchschnittlicher Konsument: ....-Normalverbraucher
4. etwas unterschreiben: seinen Kaiser .... drunterstetzen *(ugs.)*
5. jemandem die Schuld geben: jemandem den schwarzen .... zuschieben
6. ein kleines Geschäft, das alles Mögliche verkauft: ein Tante-...............-Laden
7. ein Mädchen, das ständig weint: eine Heul...............
8. jemanden stark ausschimpfen, klein machen: jemanden zur .... machen *(ugs.)*
9. der personifizierte Tod: Freund ....
10. jemand, der eine Dummheit begangen hat: ein Dummer...............
11. jemand, der nicht still sitzen kann: ein Zappel...............
12. jemand, der großes Glück hat: ein .... im Glück
13. das wirklich Richtige: der wahre ....
14. der jüngste Sohn der Familie: der ....
15. sehr alt: alt wie ....

14 [Schwierigkeitsstufe 3–4] Nachnamen

Ergänzen Sie die richtigen Nachnamen!

◊ Berger *(2 x)*	◊ Dampf	◊ Hempel	◊ Kunz	◊ Meier
◊ Boykott	◊ Hase	◊ Hinz	◊ Litfaß	◊ Pappenheimer

1. jeder: jeder .... und ....
2. Es ist unordentlich: Es sieht aus wie bei ....s unterm Sofa.
3. jemand, der sich für besonders schlau hält: ein Schlau............... oder ein Schlau...............
4. jemand, der vor einer Aufgabe davonläuft: ein Drücke...............
5. jemand, der an allen Dingen beteiligt ist, überall mitmacht: ein Hans............... in allen Gassen
6. die Waren eines bestimmten Konzerns oder Landes nicht kaufen, um Druck auszuüben: etwas ....ieren
7. eine dicke, glatte Säule mit Plakaten: eine ....säule (nach dem Erfinder)
8. Ich weiß von dem, über das gerade geredet wird, nichts: Mein Name ist .... (Ich weiß von nichts.)
9. seine Leute (die Leute, mit denen man zu tun hat) gut kennen und daher wissen, welche Probleme auftreten könnten: seine .... kennen

Suchen Sie Beispielsätze zu diesen Redewendungen in Ihrem Wörterbuch und bilden Sie dann selber welche!

Einige idiomatische Wendungen mit „Farben"

15 [Schwierigkeitsstufe 3–4] Bunt gefächert

Ergänzen Sie die richtigen Farben!

◊ blau *(5 x)*	◊ gelb	◊ grau *(2 x)*	◊ rosarot	◊ schwarz *(4 x)*
◊ die Farbe	◊ golden	◊ grün	◊ rot *(3 x)*	◊ weiß *(2 x)*

Mal bildlich gesprochen

1. sehr wütend sein: .... sehen
2. Schulden haben: in den .... Zahlen sein
3. der logische Zusammenhang: der .... Faden
4. etwas für viel schöner halten, als es ist: etwas durch die .... Brille sehen
5. neidisch sein: .... sein vor Neid
6. der Rasenstreifen in der Mitte einer Straße: der .... streifen
7. sich frei nehmen: .... machen
8. die Alarmsirene auf Polizeiwagen und Krankenwagen: das .... licht
9. mit einem geringen Schaden davonkommen: mit einem .... Auge davonkommen
10. viel lügen: das .... vom Himmel herunterlügen
11. ein Ausflug mit unbekanntem Ziel: eine Fahrt ins ....
12. eine negative Zukunft vermuten: .... sehen
13. etwas exakt Richtiges sagen: ins .... treffen
14. Bus oder Bahn fahren, ohne eine Fahrkarte zu lösen: .... fahren
15. die Zeit, wenn morgens die Sonne aufgeht: das Morgen............... en
16. der eintönige Alltag: der .... Alltag
17. unschuldig sein: eine .... Weste haben
18. etwas schriftlich haben: etwas .... auf .... haben
19. wichtige Worte, die man sich als Zitat merken sollte: .... Worte
20. seine (politische) Gesinnung zu erkennen geben: .... bekennen

- Suchen Sie Beispielsätze zu diesen Redewendungen in Ihrem Wörterbuch und bilden Sie dann selber welche!

16 [Schwierigkeitsstufe 3–4] Noch einmal Farben

- Wählen Sie eine Farbe aus und suchen Sie in Ihrem Wörterbuch nach idiomatischen Wendungen, in denen diese Farbe vorkommt. Erstellen Sie ein übersichtliches Lernblatt und halten Sie ggf. ein Minireferat im Wortschatzunterricht oder in Ihrer Lerngruppe!

Einige idiomatische Wendungen zu den Themen „Musik/Kunst/Sport/Spiele"

Hinweise:
◊ Die Geige, das Cello, die Gitarre etc. gehören zu den **Saiteninstrumenten**, da sie mit Saiten **bespannt** oder **besaitet** sind, andere Instrumente gehören z. B. zu den **Blasinstrumenten** oder zu den **Tasteninstrumenten**.

17 [Schwierigkeitsstufe 3–4] Mit Pauken und Trompeten

- Ergänzen Sie die richtigen Wörter!

| ◊ ausklingen | ◊ besaitet | ◊ der Einklang | ◊ Pauken und Trompeten | ◊ schachmatt |
| ◊ der Ball | ◊ das Bild | ◊ Geigen *(Pl.)* | ◊ sang- und klanglos | ◊ die Zukunftsmusik |

1. Er ist sehr empfindlich, er ist zart ....
2. Das Brautpaar ist sehr glücklich, der Himmel hängt voller ....
3. Ich habe überhaupt nicht gelernt und bin mit .... und .... durch die Prüfung gefallen.
4. Ich weiß nicht, wo er geblieben ist. Er ist .... verschwunden.
5. Abends möchte ich mit einem guten Buch und einer Tasse Tee den Tag langsam .... lassen.
6. Für die Menschen ist es wichtig, in .... (Harmonie) mit der Natur zu leben.
7. Ich weiß noch nicht, wie das neue Elektroauto aussehen wird. Das ist noch ....
8. Er sieht wirklich gut aus. Ein .... von einem Mann.
9. Wenn man im Beruf vorankommen will, muss man immer am .... bleiben.
10. Sie hatte ihn mit klugen Argumenten traktiert, bis er völlig .... war und nichts mehr sagen konnte.

18 [Schwierigkeitsstufe 2] Noch einmal Musik/Kunst/Sport/Spiele

- Wählen Sie je nachdem, was Ihr Hobby ist, ein Thema aus dem Bereich Musik/Kunst/Sport/Spiele aus und suchen Sie in Ihrem Wörterbuch nach idiomatischen Wendungen, in denen dieses Thema vorkommt. Erstellen Sie ein übersichtliches Lernblatt und halten Sie ggf. ein Minireferat im Wortschatzunterricht oder in Ihrer Lerngruppe!

II. Idiomatische Gruppen

Idiomatik

■ Einige idiomatische Wendungen zu den Themen „Bauwerke/Maschinen/Technik"

19 [Schwierigkeitsstufe 3–4] Auf Hochtouren

■ Ergänzen Sie die richtigen Wörter!

| ◊ der Ausschlag | ◊ ausixen | ◊ das Band (2 x) | ◊ Brücke (4 x) | ◊ auf Hochtouren | ◊ Mauer (2 x) |

1. Wenn Menschen sich nicht verstehen, spricht man von .... zwischen Menschen.

2. Nach der deutschen Wiedervereinigung sprach man oft von der .... in den Köpfen, die auch noch fallen müsse.

3. Wenn man Menschen zusammenbringen will, muss man .... zwischen Menschen bauen.

4. Viele Menschen mit interkultureller Erfahrung verstehen sich als .... zwischen den Kulturen.

5. Wenn man jemandem, mit dem man sich gestritten hat, eine gute Möglichkeit bietet, sich wieder zu vertragen, baut man ihm sprichwörtlich eine goldene ....

6. Wie ein schnell laufender Motor können auch intensive Vorbereitungen auf .... laufen.

7. Jemand, der etwas völlig Neues anfängt, sollte trotzdem nicht alle .... hinter sich abbrechen.

8. Etwas, das man geschrieben hat, kann man streichen oder auch, wie früher auf einer Schreibmaschine mit dem kleinen Buchstaben x, sprichwörtlich ....

9. Wie auf einer Waage im Gleichgewicht, kann auch bei einer Diskussion ein kleines Argument letztlich den .... geben.

10. Wer viel produziert, produziert am laufenden ...., wer viel redet, redet am laufenden ....

■ Einige idiomatische Wendungen zum Thema „Geld"

Hinweise:

◊ Vor der Einführung des Euro war die deutsche Währung **die Mark** und **der Pfennig** (100 Pfennige entsprachen einer Mark).

◊ Ein Zehnpfennigstück nannte man auch **der Groschen**.

◊ Ein noch älteres Geldstück ist **der Heller**. Heller waren Kupfermünzen und daher nicht besonders wertvoll.

◊ Die russische Währung ist **der Rubel**.

20 [Schwierigkeitsstufe 3–4] Der Rubel rollt

■ Ergänzen Sie die richtigen Wörter!

| ◊ das Geld | ◊ der Heller (2 x) | ◊ die Mark | ◊ das Portemonnaie |
| ◊ der Groschen (2 x) | ◊ das Heu | ◊ der Pfennig | ◊ der Rubel |

1. Jemand, der viel Geld hat, hat Geld wie ....

2. Jemand, der kein Geld hat, besitzt keinen roten ....

3. Jemand, der wenig Geld hat, muss jede .... umdrehen.

4. Jemand, der geizig ist, ist ein ....fuchser.

5. Wenn man viel Geld bekommt, sagt man umgangssprachlich auch: Der .... rollt.

6. Ein billiges Romanheftchen heißt auch ....roman.

7. Wenn jemand etwas (nach einiger Zeit) verstanden hat, ist, wie bei einem Automaten, in den man Geld einwirft, der .... gefallen.

8. Wer etwas (für andere) bezahlt, zückt sein .... (ugs.).

9. Etwas vollständig bezahlen, heißt bis auf den letzten .... bezahlen.

10. Und es gibt Dinge, die sind so gut, dass sie mit .... nicht zu bezahlen sind.

Mal bildlich gesprochen

■ Einige idiomatische Wendungen zum Thema „Sprache"

21 [Schwierigkeitsstufe 3–4] Wie ein Wasserfall

■ Ergänzen Sie die richtigen Wörter!

◊ der Bahnhof	◊ golden	◊ das Grab	◊ der Mund	◊ die Sprache *(2 x)*	◊ das Wort *(2 x)*
◊ geflügelt	◊ die Goldwaage	◊ kleiden	◊ der Punkt	◊ der Wasserfall	◊ der Wortschwall

1. Jemand, der viel redet, redet ohne .... und Komma, redet wie ein .... oder überschüttet andere mit einem ....
2. Jemand, der ein Geheimnis nicht verrät, ist verschwiegen wie ein ....
3. Jemand, der nichts versteht, versteht immer nur .... *(ugs)*.
4. Jemand, der sehr überrascht ist, dem hat es die .... verschlagen und ihm fehlen die ....
5. Bekannte Zitate nennt man .... Worte, besonders bemerkenswerte Zitate .... Worte.
6. Zwei Menschen, die sich gut verstehen, sprechen die gleiche ....
7. Jemand, der etwas gut ausdrücken kann, kann etwas gut in Worte ....
8. Jemand, der jemanden anderen unterbricht, schneidet ihm das .... ab.
9. Jemand, der absichtlich etwas anders versteht und weitergibt, dreht dem anderen das Wort im .... um.
10. Jemand, der alles, was man sagt, sehr genau nimmt, legt jedes Wort auf die ....

■ Einige idiomatische Wendungen aus der Bibel

22 [Schwierigkeitsstufe 3–4] Ein Buch mit sieben Siegeln

■ Ergänzen Sie die richtigen Wörter!

◊ das A und O	◊ Jubeljahre *(Pl.)*	◊ der Sündenbock
◊ das Adamskostüm oder Evakostüm	◊ das Land, wo Milch und Honig fließen	◊ der Tanz um das goldene Kalb
◊ die babylonische Verwirrung	◊ jemandem die Leviten lesen	◊ das Tohuwabohu
◊ ein Buch mit sieben Siegeln	◊ das Paradies	◊ vorsintflutlich
◊ die Hiobsbotschaft	◊ vom Saulus zum Paulus	◊ nicht das Wasser reichen können

1. Ein großes Durcheinander ist ein ....
2. Etwas, das als sehr schön empfunden wird, ist wie das ....
3. Eine schlechte Nachricht bezeichnet man auch als ....
4. Etwas, das man nur sehr selten macht, geschieht nur alle ....
5. Etwas, das sehr wichtig, essenziell für ein Thema ist, ist .... dieser Sache.
6. Ein Thema, das man überhaupt nicht versteht, ist ein ....
7. Jemand, der seinen Charakter grundlegend wandelt und ein guter Mensch wird, wandelt sich ....
8. Etwas, das sehr alt ist, kann man scherzhaft auch als .... bezeichnen.
9. Nacktheit beschreibt man scherzhaft als ....
10. Jemand, der zu Unrecht beschuldigt wird, dient als ....
11. Den Hang der Menschen zum Geld kann man idiomatisch auch als den .... beschreiben.
12. Jemandem, der in einer bestimmten Sache (z. B. Klavierspielen) viel begabter ist als man selbst, kann man ....
13. Ein paradiesisches Land nennt man idiomatisch auch ....
14. Wenn an einem bestimmten Ort viele Sprachen gleichzeitig gesprochen werden und dies zu Verständigungsschwierigkeiten führt, spricht man von der ....
15. Jemanden streng ermahnen, kann man mit der idiomatischen Wendung .... umschreiben.

II. Idiomatische Gruppen

Idiomatik

■ **Einige idiomatische Wendungen mit „Teufel"**

23 [Schwierigkeitsstufe 3–4] Zum Teufel damit!

■ Schlagen Sie in einem idiomatischen Wörterbuch nach und finden Sie heraus, was die folgenden Redewendungen bedeuten. Bilden Sie dann Beispielsätze.

◊ Das ist die Hölle!
◊ den Teufel an die Wand malen
◊ in Teufels Küche kommen
◊ etwas fürchten wie der Teufel das Weihwasser
◊ den Teufelskreis durchbrechen

> Ein idiomatisches Übungsbuch für Lerner:
>
> **Idiomatische Redewendungen von A–Z.** Ein Übungsbuch für Anfänger und Fortgeschrittene. Von A. Herzog (Langenscheidt).

III. Idiomatischer Spezialwortschatz

Manche Wörter kommen so gut wie nur in idiomatischen Wendungen vor. Beispielsweise ist das Wort **Wasser** zwar ein gängiges Wort aus dem Grundwortschatz, das Wort *Wässerchen* hingegen ist auf idiomatische, Wendungen beschränkt. So heißt etwa *Ihn kann keine Wässerchen trüben*: Er ist immer guter Dinge, immer gut gelaunt. Eine größere Anzahl dieser „Spezialwörter" endet auf **-chen**.

24 [Schwierigkeitsstufe 4] „Spezialwörter" auf „-chen"

■ Setzen Sie die folgenden „Spezialwörter" in die idiomatischen Ausdrücke ein! Unterstreichen Sie dann den gesamten Ausdruck und finden Sie mithilfe eines idiomatischen Wörterbuchs heraus, was er bedeutet.

◊ das Däumchen	◊ das Fettnäpfchen	◊ das Händchen	◊ das Schnürchen	◊ das Örtchen
◊ das Fäustchen	◊ das Früchtchen	◊ das Häufchen	◊ das Nickerchen	◊ das Wörtchen

1. Welche Musik auf dem Fest gespielt wird, ist noch nicht entschieden. Die anderen haben zwar schon Vorschläge gemacht, aber ich werde auch noch ein ……………… mitzureden haben!
2. Die Vorlesung war so langweilig, dass wir nur dasaßen und ……………… gedreht haben.
3. Peter ist wirklich ein geschickter Handwerker! Er hat wirklich ein ……………… für so etwas!
4. Sarah saß ganz traurig in einer Ecke, weinte und war nur noch ein ……………… Elend.
5. Nach der letzten Probe lief alles glatt, alle wussten, was zu tun war. Es klappte wie am ……………… .
6. Ich muss mal eben das stille ……………… aufsuchen.
7. Ich gehe jetzt Mittagsschlaf machen. Ich werde aber nicht lange schlafen, sondern nur ein kurzes ……………… machen.
8. Anton hat die Prüfungsaufgaben für die nächste Klausur auf dem Kopierer gefunden, wo der Dozent seine Vorlage vergessen hat. Jetzt lacht er sich ins ………………, denn er wird ja garantiert eine gute Prüfung schreiben.
9. Sven ist ins ……………… getreten. Er fragte Marie, die immer so jung sein will, ob sie auch schon über 40 wäre.
10. Nadias neue Klasse ist schwer zu unterrichten. Viele der Grundschüler sind wirklich freche ……………… .

25 [Schwierigkeitsstufe 4] Andere „Spezialwörter"

■ Setzen Sie die folgenden „Spezialwörter" in die idiomatischen Ausdrücke ein! Unterstreichen Sie dann den gesamten Ausdruck und finden Sie mithilfe eines idiomatischen Wörterbuches heraus, was er bedeutet!

◊ der Appel	◊ der Deut	◊ die Extrawurst	◊ helllicht	◊ die Neige
◊ brühwarm	◊ das Drum	◊ die Gerüchteküche	◊ der Kegel	◊ das Süßholz

1. Wir organisieren einen richtigen Polterabend für Heike und Peter, mit allem ……………… und Dran!
2. Zu Weihnachten kommen alle meine Tanten zu Besuch, mit Kind und ………………! Hoffentlich reicht das Essen, das ich vorbereitet habe.

Mal bildlich gesprochen

3. Als die Vorräte an Druckerpapier langsam zur .... gingen, verlegten sich die Studenten darauf, auch die Rückseiten zu bedrucken.
4. Sandras neuer Verehrer sagt ständig nette Dinge zu ihr. Aber ist er auch ein zuverlässiger Mensch oder kann er einfach nur gut .... raspeln?
5. Kaum hat Nicole ein Geheimnis von ihrer Freundin gehört, erzählt sie es gleich .... ihrem Freund weiter.
6. Am .... Tag wurde die Kasse aus dem Geschäft gestohlen und trotzdem hat niemand bemerkt, wie das geschehen ist.
7. Alle Studenten dürfen zehn Bücher aus der Institutsbibliothek ausleihen, aber Klaus, der sich immer eine .... braten muss, hat erreicht, dass er fünfzehn ausleihen darf. Liest er wirklich so viele Bücher auf einmal?
8. Man hat den Filmstar zusammen mit einer jungen Frau gesehen und schon brodelt die .... wieder.
9. Diese gebrauchten Taschenbücher sind wirklich sehr billig, man bekommt sie für 'nen .... und 'n Ei.
10. Hans war ziemlich schlecht in Mathe, aber sein Bruder war keinen .... besser.

26 [Schwierigkeitsstufe 4]   Verben mit übertragener Bedeutung

Viele Wörter in idiomatischen Ausdrücken nehmen statt der Grundbedeutung übertragene Bedeutungen an. So hat das Verb **brüten** die Grundbedeutung *ein Vogel sitzt auf seinen Eiern*. In der Idiomatik gibt es aber auch den idiomatischen Ausdruck *über einer Aufgabe brüten*, d. h. *sich lange mit einer Aufgabe beschäftigen*. Die Gemeinsamkeit von Grundbedeutung und idiomatischer Bedeutung ist, dass beides lange andauert.

■ Finden Sie die Gemeinsamkeit zwischen Grundbedeutung und idiomatischer Bedeutung der Verben!

1. ein beißender Hund — beißende Farben (Farben, die nicht zueinander passen)
2. bezahlen müssen — bezahlen müssen (die Konsequenzen tragen müssen)
3. eine Pflanze wächst — Wirtschaftswachstum
4. Getreide säen — Zwietracht säen (Leute dazu bringen, sich zu streiten)
5. einen Gefangenen fesseln — die Aufmerksamkeit der Zuhörer fesseln
6. ein Landstrich wird überflutet — mit Reklame überflutet werden (viel Reklame erhalten)
7. ein Loch graben — nach Unterlagen graben (ugs. Unterlagen suchen)
8. ein Tier opfern — die Karriere opfern
9. einem Tier hinterherjagen — der Karriere hinterherjagen
10. Wasser verrinnt — die Zeit verrinnt
11. schlafen — schlafen (ugs. nicht aufpassen)
12. etwas schmeißen (ugs. werfen) — den Haushalt schmeißen (ugs. die Hausarbeit gut und schnell verrichten)
13. kauen — lange an etwas zu kauen haben (lange über etwas nachdenken müssen)
14. ein Vogel hackt auf einen anderen Vogel ein — auf jemandem herumhacken (jemanden kritisieren)
15. ringen — mit sich ringen (sich schwer entschließen können)

IV. Idiomatikquiz

27 Ein bekanntes Fernsehquiz heißt **Wer wird Millionär?**. Wer fünfzehn Fragen richtig beantwortet, gewinnt eine Million Euro. Unter den ersten fünf Fragen in diesem Quiz finden sich häufig Fragen nach idiomatischen Ausdrücken. Sehen Sie einmal, ob Sie diese dem Fernsehquiz nachempfundenen Fragen richtig beantworten können. Natürlich können Sie Ihr Wörterbuch zu Hilfe nehmen und die entsprechenden idiomatischen Wendungen nachschlagen!

1. Was tragen Sie nach Athen?
   a) ❒ Eulen   b) ❒ Beulen   c) ❒ Keulen   d) ❒ Säulen

2. Welchen Apfel kann man essen?
   a) ❒ den Augapfel   b) ❒ den Zankapfel   c) ❒ den Erdapfel   d) ❒ den Pferdeapfel

3. Welches ist kein Tier?
   a) ❒ der Ohrwurm   b) ❒ der Regenwurm   c) ❒ der Bandwurm   d) ❒ der Mehlwurm

4. Der Schrei ging ihm durch und durch, bedeutet: Der Schrei ging ihm durch
   a) ❒ Mark und Bein.   b) ❒ Mark und Wein.   c) ❒ Mark und Feld.   d) ❒ Mark und Pfennig.

Idiomatik

5. Gänsewein ist
   a) ☐ Branntwein.   b) ☐ Bier.   c) ☐ Apfelsaft.   d) ☐ Wasser.

6. Jemand, der nicht selbstständig wird, hängt an Mutters
   a) ☐ Schürze.   b) ☐ Hals.   c) ☐ Zopf.   d) ☐ Herd.

7. Die ersten Zähne heißen
   a) ☐ Milchzähne.   b) ☐ Sahnezähne.   c) ☐ Joghurtzähne.   d) ☐ Breizähne.

8. Wer jemandem schmeichelt, schmiert ihm
   a) ☐ Honig um den Bart.   b) ☐ Butter um den Bart.   c) ☐ Rasierschaum um den Bart.   d) ☐ Geld um den Bart.

9. Wenn es unordentlich ist, sieht es aus wie bei
   a) ☐ Meiers unterm Sofa.   b) ☐ Müllers unterm Sofa.   c) ☐ Schmidts unterm Sofa.   d) ☐ Hempels unterm Sofa.

10. Wer lange schläft, schläft bis in die
    a) ☐ Teddys.   b) ☐ Puppen.   c) ☐ Bauklötze.   d) ☐ Bälle.

11. Wer sehr glücklich ist, ist im
    a) ☐ sechsten Himmel.   b) ☐ siebenten Himmel.   c) ☐ achten Himmel.   d) ☐ neunten Himmel.

12. Wer sich sehr stark fühlt, könnte
    a) ☐ Gras ausreißen.   b) ☐ Blumen ausreißen.   c) ☐ Bäume ausreißen.   d) ☐ Berge ausreißen.

13. Etwas sehr Billiges bekommt man im Austausch für einen Apfel und
    a) ☐ eine Birne.   b) ☐ eine Pflaume.   c) ☐ ein Ei.   d) ☐ eine Kartoffel.

14. Eine umgeknickte Ecke im einem Buch heißt
    a) ☐ Eselsbrücke.   b) ☐ Eselsohr.   c) ☐ Schweinsohr.   d) ☐ goldene Brücke.

15. Jemand, der etwas verstanden hat, dem ist
    a) ☐ ein Licht aufgegangen.
    b) ☐ ein Stern aufgegangen.
    c) ☐ eine Lampe angegangen.
    d) ☐ eine Kerze angezündet.

> „Es ist schwer, die Leute hinters Licht zu führen, wenn es Ihnen aufgegangen ist", lautete ein kreativer Demonstrationsspruch zur Wendezeit. Welche beiden idiomatischen Wendungen sind hier vereinigt?

V. Sprichwörter und Zitate

In dem bekannten französischen Film **Die wunderbare Welt der Amelie** befragt Amelies Freundin Amelies neuen Freund während eines gemeinsamen Spaziergangs nach Sprichwörtern. Sie beginnt eine Redensart und er muss diese dann beenden. Warum sie dieses tut, wird am Ende der „Prüfung" klar: **Wer viele Sprichwörter kennt, kann kein schlechter Mensch sein,** befindet sie. Und meint so, dass der Freund wohl für Amelie geeignet wäre. Was für eine Motivation, um neue Sprichwörter zu lernen!

28 [Schwierigkeitsstufe 3] Was Hänschen nicht lernt

■ Ergänzen Sie die Sprichwörter!

1. Wer A sagt,
2. Die Axt im Haus
3. Gut Ding
4. Eine Schwalbe
5. Ein Spatz in der Hand
6. Ein gebranntes Kind
7. Was Hänschen nicht lernt,
8. Ist die Katze aus dem Haus,
9. Man soll den Tag
10. Wenn der Berg nicht zum Propheten kommt,

a) will Weile haben.
b) ist besser als die Taube auf dem Dach.
c) muss der Prophet zum Berg kommen.
d) nicht vor dem Abend loben.
e) macht noch keinen Sommer.
f) muss auch B sagen.
g) erspart den Zimmermann.
h) scheut das Feuer.
i) lernt Hans nimmermehr.
j) tanzen die Mäuse auf dem Tisch.

Mal bildlich gesprochen

29 [Schwierigkeitsstufe 4] Moralische Ratschläge
- Was bedeuten diese Sprichwörter? Stimmen Sie der Moral in den Sprichwörtern zu?

| Ehrlich währt am längsten. | Lügen haben kurze Beine. | Eigenlob stinkt. |

| Der Esel nennt sich immer zuerst. | Einmal ist keinmal. |

30 [Schwierigkeitsstufe 4] Sprichwörter über Menschen
- Was bedeuten diese Sprichwörter? Finden Sie diese Aussagen über Menschen richtig?

| Stille Wasser sind tief. | Der Apfel fällt nicht weit vom Stamm. | Alter schützt vor Torheit nicht. |

| Gleich und gleich gesellt sich gern. |

31 [Schwierigkeitsstufe 4] Sprichwörter über Liebe
- Was bedeuten diese Sprichwörter? Finden Sie diese Aussagen über die Liebe richtig?

| Liebe geht durch den Magen. | Alte Liebe rostet nicht. | Liebe macht blind. |

32 [Schwierigkeitsstufe 3] Sprichwörter über das Üben
- Ergänzen Sie die Sprichwörter!

1. Es ist noch kein Meister
2. Gut Ding
3. Ohne Fleiß
4. Probieren geht
5. Durch Schaden wird
6. Steter Tropfen
7. Wo ein Wille ist,
8. Am Abend
9. Anfangen ist leicht,
10. Hinterher

a) beharren eine Kunst
b) über Studieren.
c) man klug.
d) höhlt den Stein.
e) kein Preis.
f) will Weile haben.
g) ist man schlauer.
h) vom Himmel gefallen.
i) ist auch ein Weg.
j) wird der Faule fleißig.

33 [Schwierigkeitsstufe 3] Optimist oder Pessimist?
- Welche dieser Sprichwörter spiegeln eine optimistische Sicht der Dinge, welche eine pessimistische?

| Aller guten Dinge sind drei. | Die Zeit heilt alle Wunden. | Ein Unglück kommt selten allein. |

| Ende gut, alles gut. | Guter Rat ist teuer. | Kommt Zeit, kommt Rat. |

| Man soll den Tag nicht vor dem Abend loben. |

Idiomatik

34 [Schwierigkeitsstufe 3] Zitate

■ Wer hat wohl was gesagt?

1. Die kürzesten Wörter, nämlich ‚ja' und ‚nein', erfordern das meiste Nachdenken.
2. Ein Onkel, der Gutes mitbringt, ist besser als eine Tante, die bloß Klavier spielt.
3. Was nennen die Menschen am liebsten dumm? Das Gescheite, das sie nicht verstehen.
4. Wenn du eine weise Antwort verlangst, musst du vernünftig fragen.
5. Sicher ist, dass nichts sicher ist. Selbst das nicht.

a) Pythagoras griechischer Mathematiker (ca. 570–480 v. Chr.)
b) Johann Wolfgang von Goethe, deutscher Dichter (1749–1832)
c) Wilhelm Busch, deutscher Maler und Dichter (1832–1908)
d) Marie von Ebner-Eschenbach, österreichische Schriftstellerin (1830–1916)
e) Joachim Ringelnatz, deutscher Schriftsteller und Kabarettist (1883–1934)

Weitere Zitate finden Sie z. B. in: **Duden – Das große Buch der Zitate und Redewendungen** (Bibliographisches Institut). Was ist Ihr Lieblingszitat?

VI. Vokabelheftseiten: Idiomatik

Schreiben Sie das Grundwort des idiomatischen Ausdrucks in die linke Spalte. Die idiomatische Wendung kommt in die zweite Spalte, eine Erklärung in die dritte. In die vierte Spalte schreiben Sie einen Beispielsatz. In der fünften Spalte können Sie sich Anmerkungen zum Gebrauch machen. Hier können Sie z. B. ein A für diejenigen Wendungen eintragen, die Sie sich aktiv merken wollen.

Grundwort	idiomatische Wendung	Erklärung	Beispielsatz	Anm.
Auge	ins Auge stechen	auffallen	Die knallige Farbe sticht ins Auge.	A
	Aus den Augen, aus dem Sinn.	Menschen vergessen schnell.	Kaum war Peter abgereist, war er …	Sprichwort
	mit offenen Augen durch die Welt gehen	aufmerksam sein	Besonders während meiner Reisen möchte ich …	A
Wort (zu Sprache)	geflügelte Worte	ein bekanntes Zitat	„Der Worte sind genug gewechselt", ist ein geflügeltes Wort geworden.	
Sprache	die Sprache verschlagen	sehr überrascht sein	Als er plötzlich vor der Tür stand, hat es mir doch glatt die Sprache verschlagen.	
	die gleiche Sprache sprechen	sich gut verstehen	Anna und ich haben sofort die gleiche Sprache gesprochen.	
	Muttersprache			

⇨ **Kopiervorlage dazu siehe Anhang, Seite 165**

Sprache lebt

10 Etymologie

I.	Einführung: Von Ohrwürmern, Albträumen und Hexenschüssen
II.	Lautmalerei und Wortschöpfung
III.	Entlehnung
IV.	Wortgeschichten
V.	Wortteilgeschichten
VI.	Lautgeschichten
VII.	Wortschatzarbeit mit etymologischen Wörterbüchern
VIII.	Vokabelheftseiten: Etymologie

I. Einführung: Von Ohrwürmern, Albträumen und Hexenschüssen

Manchmal laufen einem seltsam klingende Wörter über den Weg. Zu einem Lied, an das man immerzu denken muss, das einem nicht mehr aus dem Kopf geht, zum Beispiel einem eingängigen Schlager oder Werbesong, sagt man **Ohrwurm**. Einen schlechten Traum, durch den man mitten in der Nacht schweißgebadet und mit klopfendem Herzen aufwacht, nennt man **Albtraum**. Stechende Schmerzen im Kreuz bezeichnet man als **Hexenschuss**.

Was steckt dahinter? Was für ein Wurm bohrt sich zusammen mit der Schlagermelodie, die Sie nicht vergessen können, in Ihr Ohr? Wer ist der Alb, der Ihnen diesen bösen Traum beschert? Und welche Hexe hat auf Sie geschossen?

Ein Blick in ein etymologisches Wörterbuch (eine Herkunftswörterbuch) wird Ihnen interessante Geschichten erzählen können. So erklärt zum Beispiel das bekannte Herkunftswörterbuch „Kluge" (F. Kluge: **Etymologisches Wörterbuch der deutschen Sprache** (de Gruyter):

- „In der Spätantike wurden Würmer zerstoßen und als Heilmittel gegen Ohrenkrankheiten verwendet. Die Bezeichnung für diese Würmer wurde später missverstanden und es entstand der Volksglaube, dass ‚Ohrwürmer' über die Ohren ins Gehirn kriechen." Später wurde dann wohl über eingängige Lieder gescherzt, dass sie sich wie **Würmer** ins Gehirn fressen und dort haften bleiben.

- Über **Alben** berichtet das etymologische Wörterbuch: „Es sind mythische Wesen, zwischen Menschen, Göttern und Zwergen." Vielleicht hat man früher geglaubt, dass diese Wesen die schlechten Träume (Albträume) verursachen.

- Der **Hexenschuss** beruht laut „Kluge" offenbar auf einer alten Vorstellung, da vergleichbare Wörter auch im Altenglischen zu finden sind. Hat man früher geglaubt oder vielleicht auch nur gescherzt, dass man von einer Hexe getroffen wurde und jetzt dadurch Schmerzen im Kreuz hat? Womit hat die Hexe wohl geschossen?

Mit dem Aufstöbern interessant klingender Wörter und deren Herkunftsgeschichten können Sie manch interessante Stunde verbringen.

- **Schmetterlinge** heißen Schmetterlinge, weil *Schmettern* ein altes Wort für *Rahm* (Sahne) ist und Schmetterlinge sich anscheinend gern auf Milchgefäße setzen (Kluge, S. 643).

- Mit den Schmetterlingen auf den Frühlingswiesen unterwegs sind auch die Bienen und die **Hummeln**. Letztere sind nach dem Geräusch benannt, das sie beim Fliegen machen. *Hummen* ist laut „Kluge" eine alte Form von *summen*, dem Geräuschwort, das man heute unter anderem auch den Bienen zuschreibt.

- Das Wiesentier **Maulwurf** heißt so, weil es auf der Wiese Erdhaufen aufwirft, denn die lautliche Vorform von *Mau* bedeutet *Hügel, Haufen* (Kluge, S. 468). Später konnten manche Leute dazu verleitet werden anzunehmen, dass das Tier mit dem Maul (die Bezeichnung für einen Tiermund) die Erde kaut und wirft und deswegen so heißt. Das ist aber eine (wenn auch scheinbar naheliegende) falsche Deutung!

- Auch die **Miesmuschel** heißt nicht etwa so, weil sie vielleicht *mies* (schlecht) schmeckt oder *miese Laune* (umgangssprachlich schlechte Laune, üble Laune) hätte oder verbreiten würde. *Mies*, verrät der „Kluge", ist eine regionale Variante von *Moos*. Eine Miesmuschel ist also eine *moosbewachsene Muschel*.

Etymologie

- Eine **Pudelmütze** ist eine gestrickte Wollmütze, jedoch nicht etwa für einen kleinen Pudel(hund), sondern so benannt, weil sie dem Aussehen nach mit dem Fell eines Pudels verglichen wurde. Das Wort **Pudel** selbst ist mit dem *englischen Wort* „puddle" (Pfütze) verwandt, denn das Verb *pudeln* bedeutete ursprünglich *plätschern im Wasser*. Die Pudel(hunde) waren nämlich zur Wasserjagd abgerichtet (Kluge, S. 569).

- Das Wort **Fata Morgana** ist aus dem *Italienischen* ins Deutsche gekommen. Die Fee oder Schicksalsgöttin mit dem Namen *Morgana*, so glaube man, war verantwortlich für die Luftspiegelungen in der Straße von Messina. Später wurde der Begriff auf andere Trugbilder, besonders in der Wüste, ausgeweitet (Kluge, S. 205).

- Nach dem Vorbild des *französischen* Wortes „rendezvous" (Treffen zweier Liebender) wurde im 18. Jahrhundert eine deutsche Variante gebildet, nämlich das *Stelldichein* (Kluge, S. 699). Das Wort ist eine Zusammenziehung aus den drei Wörtern *stelle dich ein*, d. h. stelle dich zum verabredeten Zeitpunkt am verabredeten Ort ein, komme zum verabredeten Zeitpunkt an den verabredeten Ort. Das Wort wird heute nur noch scherzhaft verwendet.

- Und der einfache **Brief**? Das Wort geht auf das *lateinische Wort* „breve" zurück, welches kurzes Schreiben bedeutet und im Mittelalter für Urkunden und kurze schriftliche Festlegungen verwendet wurde. Zum längeren Brief in der Bedeutung, die wir heute kennen, kommt man über das Wort **Sendbrief**, in dem auch das Verb **senden** (einen Brief senden, einen Brief schicken) enthalten ist. Sendbrief wurde dann wieder zu Brief vereinfacht. Es gibt aber auch formale Wörter im Deutschen, in denen die alte Bedeutung von Brief (d. h. Urkunde, kurze schriftliche Festlegung) noch erhalten geblieben ist: **Brief und Siegel, Schuldbrief** und das Verb **etwas verbriefen** (Kluge, S. 105).

Im folgenden Kapitel lernen Sie, wie Sie etymologische Wörterbücher und die Sprachgeschichte generell zur Erweiterung und Vertiefung Ihres Wortschatzes nutzen können. Viel Spaß beim Stöbern und Entdecken!

II. Lautmalerei und Wortschöpfung

Es gibt drei Wege, wie ein neues Wort in die Sprache kommt:
- durch Wortbildung,
- durch Neuschöpfung und
- durch Entlehnung.

Über Wortbildung haben Sie in Kapitel 9 einiges erfahren. Beschäftigen wir uns also hier mit den anderen beiden Mechanismen, der Neuschöpfung und der Entlehnung.

Beginnen wir mit der Neuschöpfung und fahren dann in Abschnitt III mit der Entlehnung fort.

Wortschöpfung: Lautmalerei

Als die allerersten Worte erfunden wurden, was war die Motivation, sie so und nicht anders zu nennen? Warum sagt man gerade *Wasser* und *Baum* oder *Haus* und warum hat man nicht ganz andere Lautfolgen gewählt? Da es schon so lange her ist und man natürlich keine Quellen hat, weiß man sehr wenig über diese Vorgänge.

Eine interessante Theorie ist aber, dass **einige** Wörter durch **Lautmalerei** entstanden sind. Das heißt, dass manche Wörter gewählt worden sind, weil sie ein Geräusch nachahmen, z. B. das **Rascheln** trockener Blätter im Wind, das **Knacken** durchbrechender Zweige oder das **Knistern** des Feuers.

Viele dieser lautmalenden Wörter sind Verben für **Tierlaute**. Katzen **miauen**, Schafe **blöken** und Hühner **gackern**. Wie Sie aber wissen, sind Tierlaute und die entsprechenden Lautverben in allen Sprachen verschieden. Ein deutscher Hund bellt „wau-wau", ein englischer „bow-wow" (to bellow), ein französischer Hund „ouah-ouah" (aboyer), ein türkischer Hund kuçukuçu (havlamak) und ein rumänischer Hund „ham-ham" (lătra). So kann man sehen, dass Lautmalereien zwar Geräusche irgendwie nachahmen, dass sich aber Sprachlaute und Geräusch so wenig entsprechen, dass es immer zahlreiche Möglichkeiten der Nachahmung gibt.

Für Ihr Wortschatzlernen bedeutet das: Sie können die lautmalenden Wörter **nicht erraten**. Sie können nicht Ihren Mitbewohner morgens einen heißen Kaffee **schlürfen** hören und automatisch erraten, dass das Verb, das dieses Geräusch bezeichnet, schlürfen heißen muss. Sie können sich das Wort schlürfen aber vielleicht besser merken, wenn Sie daran denken, dass es aus einer Lautmalerei entstanden ist, und sich die Lautmalerei zusammen mit der Verbbedeutung und dem Geräusch vorstellen: *schschsch–lllllll–üüüürrr–fffff*–en.

Sprache lebt

1 [Schwierigkeitsstufe 3–4] **Tierlaute**

Verbinden Sie!

1. Schafe	a) krächzen
2. Ziegen	b) grunzen
3. Hühner	c) krähen
4. Hähne	d) heulen
5. Enten	e) quaken, schnattern
6. Gänse	f) zwitschern
7. Vögel	g) zischen
8. Kühe	h) quaken
9. Pferde	i) schnattern
10. Bären	j) sirren
11. Bienen	k) brüllen
12. Löwen	l) gackern
13. Mäuse	m) meckern
14. Raben	n) zirpen
15. Frösche	o) blöken
16. Schlangen	p) summen
17. Mücken	q) brummen
18. Grillen	r) piepsen
19. Schweine	s) wiehern
20. Wölfe	t) muhen

2 [Schwierigkeitsstufe 3–4] **Hunde und Katzen**

Hunde bellen, aber nicht nur. Sie jaulen, heulen, winseln, kläffen und knurren auch. Katzen miauen, aber sie maunzen, fauchen und schnurren auch. Was bedeutet was? Und was bellt, jault, heult, knurrt und schnurrt außer Katzen und Hunden?

3 [Schwierigkeitsstufe 4] **Übertragene Tierlaute**

Welche Tierlaute kann man auch übertragen für menschliche Sprache verwenden? Setzen Sie die richtigen Wörter ein!

1. „Und dafür musste ich um fünf Uhr aufstehen!", ... er wütend.
2. Er trat auf einen Nagel und .... vor Schmerz laut auf.
3. Er .... seine Zustimmung.
4. „Ich bin auch noch da!", ... sie leise, aber niemand hörte sie.
5. Sie ist immer unzufrieden. Immer hat sie etwas zu ....
6. Er .... mit heiserer Stimme.
7. Er .... alles nach, was sein Vorgesetzter sagt.
8. Sie hat ein .... Lachen.
9. „Hau ab!", ... sie wütend.
10. Die beiden Freundinnen .... (ugs.) unaufhörlich am Telefon.

II. Lautmalerei und Wortschöpfung

Etymologie

4 [Schwierigkeitsstufe 3] Menschliche Laute

■ Ordnen Sie den Definitionen die passenden lautmalenden Verben zu!

◊ ächzen	◊ klatschen	◊ quäken	◊ schlabbern *(ugs.)*	◊ schnarchen
◊ flüstern	◊ sich kratzen	◊ röcheln	◊ schluchzen	◊ schnorcheln
◊ grummeln *(ugs.)*	◊ lallen	◊ rülpsen *(ugs.)*	◊ schlurfen	◊ trällern
◊ kichern	◊ lispeln	◊ scharren	◊ schmatzen	◊ tratschen *(ugs.)*

menschliche Sprache

1. leise reden
2. Sprachfehler: „s" mit der Zunge zwischen den Zähnen produzieren
3. vor Anstrengung „ach" sagen
4. leise lachen („hihihi")
5. „tralala" singen
6. laut weinen
7. ein Baby spricht noch ohne Bedeutung
8. ein Baby weint laut
9. hinter dem Rücken über andere Leute reden
10. ärgerlich vor sich hin reden

andere menschliche Laute

1. beim Schlafen laute Geräusche machen
2. keine Luft bekommen
3. beide Hände zusammenschlagen
4. juckende Haut mit den Fingernägeln bearbeiten
5. gehen, ohne die Füße vom Boden zu heben
6. mit einem Fuß auf dem Boden hin und her fahren
7. mit den Lippen einen Kusslaut nachahmen
8. (beim Tauchen) durch einen Schnorchel atmen
9. nach dem Trinken Luft aufstoßen
10. geräuschvoll (mit der Zunge) essen

5 [Schwierigkeitsstufe 3–4] Naturlaute und Maschinenlaute

■ Ordnen Sie den Definitionen die passenden lautmalenden Verben zu!

◊ bimmeln	◊ klappern	◊ krachen	◊ quietschen	◊ schnippeln *(ugs.)*
◊ blubbern	◊ klicken	◊ pfeifen	◊ rascheln	◊ ticken
◊ brausen	◊ knacken	◊ plätschern	◊ rattern	◊ tuten
◊ donnern	◊ knistern	◊ platzen	◊ scheppern	◊ zischen

1. der Laut nach dem Blitz bei Gewitter
2. der Laut von einem kleinen Bach
3. der Laut von kochendem Wasser
4. der Laut von einem starken Sturm
5. der Laut von Wind, der durch Ritzen und Öffnungen geht
6. der Laut von trockenen Blättern im Wind
7. der Laut eines Feuers
8. der Laut zerbrechender Äste
9. eine Uhr
10. der Auslöser einer Kamera
11. die Räder einer Dampfeisenbahn
12. ungeölte Bremsen
13. eine kleine Glocke (an der Lok)
14. das Hornsignal
15. entweichender Dampf
16. etwas schlägt auf Metall
17. ein loses Teil schlägt auf etwas
18. mit einem lauten Ton kaputtgehen *(Luftballon)*
19. laute Geräusche verursachen
20. Laut einer Schere beim Schneiden

Sprache lebt

6 [Schwierigkeitsstufe 4] Lautmalereien auf „kn-"

■ Viele lautmalende Wörter beginnen mit **kn-**. Welche Laute bezeichnen folgende Wörter?

1. knabbern ....
2. knacken ....
3. knallen ....
4. knarren ....
5. knattern ....

6. knipsen ....
7. knirschen ....
8. knistern ....
9. knurren ....
10. knuspern ....

7 [Schwierigkeitsstufe 2] Lautmalende Nomen

■ Die meisten Lautmalereien sind logischerweise Verben. Es gibt aber auch einige wenige lautmalende Nomen. Ordnen Sie den Lautmalereien die Bedeutungen zu!

1. das Blabla
2. der Klimbim
3. der Kuckuck
4. der Uhu
5. die Glucke
6. die Hummel
7. die Zitze
8. der Wauwau
9. das Töfftöff
10. die Heia
11. der Triller
12. das Tamtam *(ein großes Tamtam um etwas machen)*

a) ein Vogel mit auffälligem Ruf
b) eine Vogelart, der Eulenfamilie zugehörig
c) sehr schnell wechselnder Ton *(Musik)*
d) Kindersprache für „Hund"
e) Kindersprache für „Bett" *(Klang von Wiegenliedern)*
f) das bei Säugetieren Milch spendende Organ
g) sinnloses Gerede
h) nutzloses Zeug *(urspr. anspruchslose Blechmusik)*
i) ein Huhn, das Eier ausbrütet
j) Kindersprache für „Auto"
k) viel Aufhebens um etwas machen
l) ein rundliches Insekt, gehört zur Gattung der Bienen

Die lautmalerische (umgangssprachliche) Interjektion **papperlapapp** wird verwendet, um Bedenken oder Ängste vom Tisch zu wischen:

„Aber wenn er an seinem Geburtstag gar nicht zu Hause ist, dann organisieren wir die Überraschungsparty völlig umsonst!" – „Ach, papperlapapp, warum sollte er denn nicht zu Hause sein?"

Wie „Blabla" ahmt auch „papperlapapp" sinnleere Sprache nach.

Das Feuer

Hörst du, wie die Flammen flüstern,
Knicken, knacken, krachen, knistern,
Wie das Feuer rauscht und saust,
Brodelt, brutzelt, brennt und braust?

Siehst du, wie die Flammen lecken,
Züngeln und die Zunge blecken,
Wie das Feuer tanzt und zuckt,
Trockne Hölzer schlingt und schluckt?

Riechst du, wie die Flammen rauchen,
Brenzlig, brutzlig, brandig schmauchen,
Wie das Feuer, rot und schwarz,
Duftet, schmeckt nach Pech und Harz?

Fühlst du, wie die Flammen schwärmen,
Glut aushauchen, wohlig wärmen,
Wie das Feuer, flackrig-wild,
Dich in warme Wellen hüllt?

Hörst du, wie es leiser knackt?
Siehst du, wie es matter flackt?
Riechst du, wie der Rauch verzieht?
Fühlst du, wie die Wärme flieht?

Kleiner wird der Feuersbraus:
Ein letztes Knistern,
Ein feines Flüstern,
Ein schwaches Züngeln,
Ein dünnes Ringeln –
Aus.

James Krüss

8 [Schwierigkeitsstufe 3] „Das Feuer" von James Krüss

■ Welche Lautverben und Lautmalereien werden in diesem Gedicht* verwendet? Welchen Effekt haben diese Wörter?

9 [Schwierigkeitsstufe 3] Geräusche beschreiben

■ Nehmen Sie Alltagsgeräusche auf Band (oder digital) auf und lassen Sie Ihre Mitlerner raten, was für ein Geräusch Sie gerade vorspielen. Gibt es für dieses Geräusch ein passendes Lautverb, um es zu beschreiben?

Der pädagogische Verlag „Verlag an der Ruhr" (www.verlagruhr.de) hat verschiedene CDs mit Geräuschen herausgegeben, von denen Sie vielleicht auch die eine oder andere verwenden möchten: Alltagsgeräusche (das Rauschen einer Wasserspülung, das Brummen eines Staubsaugers das Klappern der Müllabfuhr etc.), Geräusche auf dem Bauernhof, im Zoo, Wassergeräusche u. v. a.

* James Krüss, Der wohltemperierte Leierkasten. © cbj Verlag, München in der Verlagsgruppe Random House GmbH

Etymologie

■ Wortschöpfung: Neuschöpfungen

Schriftsteller, Dichter, Übersetzer, Journalisten, Werbetexter, die Jugendsprache usw. haben zahlreiche Neuschöpfungen geprägt, von denen sich einige im allgemeinen Sprachgebrauch durchgesetzt haben. Obwohl sich nur wenige Neuschöpfungen langfristig durchsetzen, ist es sehr interessant, einige davon zu betrachten. Wie Sie bemerken werden, sind die meisten dieser Neuschöpfungen nicht völlig aus der Luft gegriffen, sondern werden aus Elementen der bestehenden Sprache gebildet.

Als frühester bekannter Übersetzer kann Martin Luther angesehen werden, der im 16. Jh. die Bibel ins Deutsche übersetze und dank seiner sprachlichen Kreativität viele Neuschöpfungen gebrauchte, von denen einige noch heute im Deutschen erhalten sind, z. B. **der Feuereifer** (mit Feuereifer ans Werk gehen, besonders eifrig arbeiten, zu arbeiten beginnen) oder **die Wehmut, wehmütig** (wehmütig an etwas denken, traurig darüber, dass es vorbei ist, an etwas Vergangenes zurückdenken).

Goethe, der in seinen Werken einen sehr umfangreichen Wortschatz verwendet hat, hat auch poetisch ausgefallene Neuschöpfungen gebildet, wie z. B. **die Blütenträume** oder **der Wolkendunst**.

Der Wörterbuch-Verlag Pons hat von 2000–2005 den sogenannten **Pons-Preis für kreative Wortschöpfer** vergeben. Prämiert wurden Neuschöpfungen von Journalisten, u. a. das Wort **der Teuro**, gebildet aus „teuer" und „der Euro" oder die Bezeichnung **Ewigmorgiger**, die ein Journalist in Anlehnung an das existierende Wort **Ewiggestriger** (= eine nicht fortschrittliche/nicht fortschrittlich denkende Person) erfunden hatte.

Die Werbung bildet zahlreiche neue Wörter, z. B. den pseudoenglischen Begriff **die Wellness** für „das Wohlbefinden" oder **das Duschvergnügen**. Auch einige Produktnamen haben sich zu allgemeinen Begriffen entwickelt, z. B. **das Tempo** für ein Taschentuch (der Marke Tempo).

Die **Gesellschaft für deutsche Sprache** wählt jedes Jahr die **Wörter des Jahres**, „Wörter und Ausdrücke, die die öffentliche Diskussion des betreffenden Jahres besonders bestimmt haben, die für wichtige Themen stehen oder sonst als charakteristisch erscheinen". Viele dieser Wörter sind Neubildungen, wie z. B. **der Rechtschreibfrieden** (Beendigung des Streits um die Rechtschreibung/die Rechtschreibreform) oder **das Bezahlstudium** (Studium mit Studiengebühren).

Daneben wählt eine Jury der sprachkritischen Aktion **das Unwort des Jahres** aus eingereichten Vorschlägen in jedem Jahr aus Wörtern aus, „die sachlich grob unangemessen sind und möglicherweise sogar die Menschenwürde verletzen". Sie prangert sie als Unworte an, um zu einem besseren und würdevolleren Sprachgebrauch aufzurufen.

Die Wörter des Jahres finden Sie im Internet unter *http://www.gfds.de/aktionen/wort-des-jahres*, die Unwörter unter *www.unwortdesjahres.org*.

10 [Schwierigkeitsstufe 4–5] Wörter des Jahres

■ Was bedeuten diese „neuen Wörter", die unter den „Wörtern des Jahres 1999–2006" vertreten sind? Recherchieren Sie im Internet oder/und fragen Sie Muttersprachler!

1. googeln
2. simsen
3. Generation @
4. die Homo-Ehe
5. die Bundeskanzlerin
6. das Big-Brother-Haus
7. die Telenovela
8. das Gammelfleisch
9. der PISA-Schock
10. die Ich-AG

11 [Schwierigkeitsstufe 5] Unwörter des Jahres

■ Suchen Sie auf der oben genannten Homepage ein „Unwort" heraus und diskutieren Sie im Unterricht. Warum hat die Jury dieses Wort als „Unwort" kenntlich gemacht?

12 [Schwierigkeitsstufe 5] Gruselett

■ Das folgende Gedicht besteht fast nur aus Neubildungen. Welche der Wörter sind keine Neubildungen des Dichters? Kann man das Gedicht überhaupt verstehen? Wenn ja, wodurch?

> **Gruselett**
>
> Der Flügelflagel gausert
> durchs Wiruwaruholz,
> die rote Fingur plaustert,
> und grausig gutzt der Golz.
>
> *Christian Morgenstern (1871–1914)*

III. Entlehnung

■ Herkunftssprache: Englisch/amerikanisches Englisch (Anglizismen)

Viele Anglizismen kommen aus dem Bereich Technologie, in letzter Zeit insbesondere aus dem Bereich Computertechnologie/Internet. Ein anderer großer Bereich ist das Wirtschaftsvokabular.

13 [Schwierigkeitsstufe 2] Internetvokabular

■ Setzen Sie die Wörter in die richtigen Lücken ein.

◊ etwas anklicken	◊ die E-Mail-Adresse	◊ die Homepage	◊ online sein
◊ bloggen	◊ das Emoticon	◊ im Internet surfen	◊ das Passwort
◊ chatten	◊ die Firewall	◊ der Link	◊ der Username
◊ ein- und ausloggen	◊ googeln	◊ die Newsgroup	◊ verlinken

1. In neuester Zeit kann man nicht nur am Strand, sondern auch ....
2. Auf manchen Seiten, z. B. in Diskussionsforen, muss man sich ....
3. Dazu braucht man einen registrierten .... und ein ....
4. Zuerst hatte ich nur eine ...., aber jetzt habe ich auch meine eigene ....
5. Meine Freundin .... jeden Tag, aber das ist mir zu aufwendig. Außerdem gibt sie so ganz schön viel von ihrem Privatleben der ganzen Welt preis.
6. Auf meiner Homepage habe ich viele .... zum Thema Wortschatzerwerb. Auch die Homepages meiner Freunde habe ich .... Dann muss ich die Links nur noch .... und schon komme ich auf die gewünschten Seiten.
7. Wenn wir beide gleichzeitig .... sind, ... ich mit meiner Freundin in Brasilien oder auch mit Mitgliedern aus der ...., um Deutsch zu lernen.
8. In Japan benutzt man beim Chat etwas andere ....
9. Wenn ich etwas im Internet suche, hilft oft ...., aber leider nicht immer.
10. Demnächst muss ich die Sicherheit meines Computers wieder einmal erhöhen, meine .... ist schon alt.

■ Welches andere Internetvokabular ist Ihnen geläufig?

14 [Schwierigkeitsstufe 2] Wirtschaftsvokabular

■ Welches Wort passt in welchen Zusammenhang?

◊ das Brainstorming	◊ das Feedback	◊ das Last-Minute-Angebot	◊ das Meeting	◊ der Service
◊ das Callcenter	◊ jobben	◊ der Manager	◊ das Onlinebanking	◊ das Team

1. nebenher ....
2. zum .... aufsteigen
3. an einem .... teilnehmen
4. gut im .... arbeiten können
5. einen .... anbieten
6. Anfragen von einem .... beantworten lassen
7. .... machen
8. .... bekommen
9. .... in Anspruch nehmen
10. ein .... wahrnehmen

■ Welches weitere Vokabular aus dem Bereich Wirtschaft ist Ihnen geläufig?

Etymologie

15 [Schwierigkeitsstufe 2] Andere Anglizismen

Aus welchen Bereichen stammen folgende Anglizismen?

1. der Ghostwriter ....
2. der Bestseller ....
3. das Hardcover ....
4. der Partner ....
5. die Patchworkfamilie ....
6. flirten ....
7. die Boygroup ....
8. das Training ....
9. Instant- ....
10. und … last but not least ....

Herkunftssprache: Französisch

Besonders im 18. und 19. Jahrhundert kamen viele Lehnwörter aus dem Französischen in die deutsche Sprache.

16 [Schwierigkeitsstufe 3–4] Einige französische Lehnwörter

Welches Wort passt in welchen Zusammenhang?

◊ abonnieren	◊ detailliert	◊ die Diskretion	◊ markant	◊ sentimental
◊ die Affäre	◊ delegieren	◊ der Fauxpas	◊ das Pendant	◊ souverän
◊ die Allee	◊ eskalieren	◊ das Feuilleton	◊ prägnant	◊ das Spektakel
◊ apropos	◊ die Debatte	◊ das Klischee	◊ präzise	◊ die Zivilcourage

1. einen .... begehen
2. eine Spenden......................... *(in der Politik)*
3. .... wahren
4. eine hitzige .... führen
5. die Kastanien.........................
6. der ....teil der Zeitung
7. ein großes .... veranstalten
8. das .... zu etwas sein
9. ein .... darstellen
10. .... beweisen
11. eine Zeitschrift ....
12. eine Aufgabe ....
13. einen Streit .... lassen
14. ein Problem .... lösen
15. einen Vorgang .... beschreiben
16. ein .... Gesicht
17. etwas .... beschreiben
18. ein Thema kurz und .... vorstellen
19. ein .... Film
20. .... Film: Hast du den neuen Spielfilm gesehen?

Wenn Sie Französisch beherrschen, ist es durchaus eine lohnenswerte Übung, ein Etymologiewörterbuch nach Lehnwörtern aus dem Französischen zu durchforsten!

Herkunftssprache: Italienisch

Welches Wort passt in welchen Zusammenhang?

17 [Schwierigkeitsstufe 2–3] Bankwesen

Welches Wort passt in welchen Zusammenhang?

| ◊ bankrott | ◊ brutto | ◊ das Kapital | ◊ das Konto | ◊ Prozent |
| ◊ die Bilanz | ◊ das Girokonto | ◊ die Kasse | ◊ der Kredit | ◊ der Saldo |

1. ein .... eröffnen
2. von einem .... überweisen
3. an der .... bezahlen
4. .... anlegen
5. einen .... aufnehmen
6. 3 000 Euro .... verdienen
7. drei .... Zinsen erhalten
8. .... ziehen
9. per ....
10. .... gehen

134   III. Entlehnung

Sprache lebt

18 [Schwierigkeitsstufe 2–3] Musik

■ Welche Wörter passen zu welchem Oberbegriff?

◇ der Alt	◇ der Dirigent	◇ die Sonate	◇ der Tenor
◇ das Cello	◇ das Konzert	◇ das Tempo	◇ die Violine
◇ das Cembalo	◇ die Oper		

Musikinstrumente: ....

Musikstücke: ....

Aufführungen: ....

Singstimmen: ....

andere: ....

> Ein besonders schönes italienisches Lehnwort ist **Dolce Vita** (wörtlich: das süße Leben), das mit angenehmer (italienischer) Lebensart assoziiert wird: Musik, gutes Essen …
>
> Ein lustiges pseudoitalienisches Lehnwort ist **picobello**. Es klingt (für deutsche Ohren) italienisch, ist es aber nicht. Es ist in Wirklichkeit eine scherzhafte Nachbildung zu **piekfein**. Allerdings sind die Bedeutungen von picobello und piekfein heute etwas verschieden. Schlagen Sie doch einmal im Wörterbuch nach!

■ Antike Sprachen: Latein und (Alt)griechisch

Viele Wörter sind zu verschiedenen Zeiten aus dem Lateinischen und (Alt)griechischen in die deutsche Sprache gekommen. Dabei ist ein Teil direkt aus dem Lateinischen ins Deutsche entlehnt worden, andere sind über das Französische in die Sprache gekommen. Viele (alt)griechische Ausdrücke wiederum sind über das Lateinische entlehnt worden.

Zahlreiche dieser Wörter sind in vielen (vor allem europäischen) Sprachen ähnlich und werden daher auch als **Internationalismen** bezeichnet.

19 [Schwierigkeitsstufe 3–4] Lehnwörter aus dem Lateinischen (1)

■ Setzen Sie die Wörter in die richtigen Lücken ein.

◇ das Album	◇ circa	◇ der Index	◇ probat	◇ das Spektakel
◇ die Ära	◇ die Distanz	◇ das Inventar	◇ der Prozess	◇ das Spektrum
◇ der Aspekt	◇ die Edition	◇ produzieren	◇ redundant	◇ der Zins

1. Ich sammle alle meine Fotos in einem ....
2. Die .... Brandt prägte die 1970er-Jahre der deutschen Politik.
3. Auf welchen Seiten des Buches über Stadtplanung gesprochen wird, kann man im .... nachschlagen.
4. Dieser .... wurde in dem Artikel nicht berücksichtigt.
5. Der Verlag plant eine neue Thomas-Mann-........................ .
6. Aktuell liegt der .... bei sechs Prozent pro Jahr.
7. Das Angebots........................ der Sprachschule reicht von Anfängerkursen bis hin zu Kursen für sehr fortgeschrittene Lerner.
8. Die Waldfläche nimmt .... ein Drittel des Landes ein.
9. Die Lexika gehören zum festen .... der Bibliothek und dürfen nicht ausgeliehen werden.
10. Hunderte von Menschen besuchen das mittelalterliche .... auf der alten Burg.
11. Aus der historischen .... betrachtet, stellt sich die Angelegenheit etwas anders dar.
12. Der Richter eröffnete den ....
13. Wie kann man dieses Produkt ökologischer .... ?
14. Die Talkshows bringen immer das gleiche und werden langsam ....
15. Was ist ein .... Mittel, um diesen Prozess effektiver zu gestalten?

III. Entlehnung

Etymologie

20 [Schwierigkeitsstufe 3] Lehnwörter aus dem Lateinischen (2)

■ Was bedeuten diese Wörter?

1. die Exkursion	a)	die Bürgerabstimmung
2. das Experiment	b)	das Anlegen von Kapital
3. die Inflation	c)	Gruppenausflug zu Bildungszwecken
4. die Investition	d)	die Herstellung
5. die Promotion	e)	der Körper eines Lebewesens
6. die Produktion	f)	der Versuch
7. das Memorandum	g)	das Erlangen des Doktorgrades
8. das Referendum	h)	offizielles Schriftstück über ein aktuelles politisches Problem
9. der Organismus	i)	eine auf praktisches Handeln ausgerichtete Einstellung
10. der Pragmatismus	j)	die Geldentwertung

> ◊ das Exemplar
> ◊ das Exil
> ◊ exorbitant
> ◊ extravagant …
>
> Zahlreiche lateinische Lehnwörter beginnen mit **ex-**. Andere häufige Wortelemente sind u. a. **in-**, **pro-** oder **-um** und **-ismus**.

21 [Schwierigkeitsstufe 3–4] Lehnwörter aus dem (Alt)griechischen

■ Welches Wort passt in welchen Zusammenhang?

◊ akribisch	◊ dynamisch	◊ die Grafik	◊ das Pseudonym	◊ das Symptom
◊ die Analyse	◊ die Euphorie	◊ die Prognose	◊ die Psyche	◊ synchron

1. in .... verfallen
2. eine .... geben
3. eine .... durchführen
4. typische .... aufweisen
5. unter einem .... auftreten
6. die .... beeinflussen
7. eine .... erstellen
8. .... genau
9. ein .... Zustand
10. ein ....schwimmer

22 [Schwierigkeitsstufe 3–4] Lehnwörter aus dem (Alt)griechischen via Latein

Die folgenden Wörter sind aus der griechischen Sprache ins Lateinische übernommen worden und von dort in die deutsche Sprache gekommen.

■ Welches Wort passt in welchen Zusammenhang?

◊ das Dilemma	◊ die Glosse	◊ die Lethargie	◊ die Parodie	◊ symmetrisch
◊ das Dogma	◊ die Hysterie	◊ die Optik	◊ das Symbol	◊ die Sympathie

1. ein .... aufstellen
2. eine .... auslösen
3. .... empfinden
4. sich in einem .... befinden
5. in .... verfallen
6. eine .... auf das Gedicht
7. Die Statue war völlig ....
8. Die gesammelten .... des Journalisten wurden im Herbst in Buchform veröffentlicht.
9. Eine Teildisziplin der Physik, die sich mit dem Sehen beschäftigt, ist die ....
10. Die weiße Taube ist ein .... für den Frieden.

> Falls Sie sich in diesem Bereich noch nicht so gut auskennen, ist es sehr lohnenswert, sich mit lateinischen und griechischen Wörtern im Deutschen zu beschäftigen.
> Wie Sie sicher wissen oder im Verlauf dieser Übungen gemerkt haben, sind sehr viele dieser Wörter für einen gehobenen Bildungswortschatz unabdingbar.
> Ein Buch, das sich mit diesem Thema beschäftigt, ist: J. Kauczor: **Latein und Griechisch im deutschen Wortschatz.** Lehn- und Fremdwörter altsprachlicher Herkunft (Volk und Wissen 1990 – Bibliothek!).

Sprache lebt

■ **Entlehnungen aus anderen Sprachen**

23 [Schwierigkeitsstufe 2–3] Andere Herkunftssprachen

Einige dieser Wörter haben lange Reisen und Entwicklungen hinter sich. So sind sie über eine oder mehrere weitere Sprachen ins Deutsche gekommen oder haben sich lautlich oder inhaltlich verändert.

■ Ordnen Sie die Begriffe ihren Bedeutungen zu und raten Sie dann die Herkunftssprache. Wenn Sie Sprachunterricht in einer Gruppe mit Lernern mit verschiedenen Muttersprachen haben, raten Sie gemeinsam!

1. die Aktie
2. die Klippe
3. die Werft
4. der Almanach
5. die Karaffe
6. die Ziffer
7. das Schach(spiel)
8. die Karawane
9. die Magie
10. der Joghurt
11. der Dolmetscher
12. die Kutsche
13. der Bungalow
14. der Dschungel
15. der Troll
16. der Hummer
17. Amen
18. die Gurke
19. das Tabu
20. das Kompliment
21. der Gong
22. Guten Rutsch!
23. der Roboter
24. die Steppe
25. die Fracht

a) übernatürliche Mittel
b) mündlicher Übersetzer
c) dichter tropischer Wald
d) Zustimmung (der Gemeinde)
e) etwas, das verboten ist
f) rundes Musikinstrument
g) Wertpapier
h) Nachschlagewerk
i) baumlose Graslandschaft
j) Krebsart
k) Pferdewagen
l) freundliche Äußerung
m) Felsen dicht unter der Wasseroberfläche
n) Ort, an dem Schiffe gebaut werden
o) Glaskanne
p) Gemüseart
q) mythologisches Wesen
r) eingeschossiges Haus
s) verdickte Milch
t) Reisegruppe in Mittelasien
u) Frohes Neujahr!
v) autonome Maschine
w) strategisches Brettspiel
x) Lastwagen- oder Schiffsladung
y) Zahlzeichen

■ **Herkunftssprachen**

Arabisch, Friesisch, Hebräisch
Hindi, Jiddisch, Malayisch
Niederländisch, Persisch, Polnisch
polynesische Sprachen, Russisch
skandinavische Sprachen, Spanisch
Tschechisch, Türkisch, Ungarisch

24 [Schwierigkeitsstufe 2–3] Kurzreferat

■ Wenn Sie an einem Sprachunterricht/Wortschatzunterricht teilnehmen oder in einer Lerngruppe arbeiten: Halten Sie für Ihre Mitstudenten ein kurzes Referat, in dem Sie ca. 5–10 Wörter vorstellen, die aus Ihrer Muttersprache (oder aus einer anderen Sprache, die Sie beherrschen) in die deutsche Sprache gekommen sind. Schlagen Sie in einem etymologischen Wörterbuch nach und berichten Sie auch über interessante Zwischenstufen. Visuelle Hilfen (Overheadfolien, Powerpoint-Präsentationen, Handouts oder Tafelbilder) stellen eine große Hilfe für Ihre Zuhörer dar!

Sie können das Thema Ihres Referats auch etwas anders gestalten, indem Sie über Wörter berichten, die aus dem Deutschen in Ihre Muttersprache gekommen sind. In diesem Fall können Sie Ihre Mitstudenten auch raten lassen, was bestimmte Wörter aus Ihrer Muttersprache bedeuten!

III. Entlehnung

Etymologie

25 [Schwierigkeitsstufe 2–3]   Ausgewanderte Wörter

■ Das kürzlich erschienene Buch „**Ausgewanderte Wörter**" (Hueber-Verlag) berichtet über die Ergebnisse eines 2006 vom deutschen Sprachrat ausgeschriebenen Wettbewerbs: Es sollten Wörter deutschen Ursprungs aus aller Welt, aus allen Sprachen eingereicht werden.

Aus den über 6 000 Einsendungen gewann das Wort **kaffepaussi** (zu: **die Kaffeepause**), das auf Finnisch die Bedeutung „Pause, außer Betrieb" hat. Die Gewinnerin des Wettbewerbs hatte das Wort auf der Fahrtzielanzeige eines finnischen Linienbusses entdeckt. Andere eingereichte Wörter waren z. B. **vahtimestari** (zu: **der Wachtmeister**), was auf Finnisch Hausmeister, Türsteher in einem Nachtklub bedeutet, das japanische **märchenland** (zu **das Märchenland**) oder das schwedische Wort **besserwisser** (zu: **der Besserwisser**).

Das Goethe Institut hat auf der Seite *http://www.goethe.de/lhr/prj/woe/deindex.htm* ein Memoryspiel mit 24 der eingesandten Begriffe und der Erklärungen der Einsender erstellt.

26 [Schwierigkeitsstufe 4]   Herkunftsperioden

■ Verschiedene Wörter sind während verschiedener historischer Perioden und unter bestimmten Umständen in die deutsche Sprache gekommen, z. B. das Wort **predigen** mit der Christianisierung im frühen Mittelalter, die Lehnübersetzung **begabt** entstand unter dem Einfluss der Mystiker im Hochmittelalter und **Bauernfänger** stammt aus der Berliner Gaunersprache aus der Mitte des 19. Jahrhunderts.

Wenn Sie sich für Geschichte interessieren, könnte es Ihnen Spaß machen, Wörter, die zu verschiedenen Perioden gemeinsam entlehnt worden sind, in Gruppen zu lernen!

IV. Wortgeschichten

Im Einführungsabschnitt haben Sie einige **Wortgeschichten** gehört: Sie haben erfahren, was *Ohrwürmer*, *Albträume* und *Hexenschüsse* sind und woher diese Wörter ihre Namen haben. Sie wissen jetzt, wie die Bezeichnungen für die Tiere *Maulwurf*, *Schmetterling*, *Hummel* und *Miesmuschel* zustande gekommen sind. Und können Sie sich erinnern, aus welchen Sprachen *Pudel*, *Rendezvous*, *Fata Morgana* und *Brief* entlehnt worden sind? Falls Sie es nicht mehr wissen, lesen Sie doch noch einmal nach!

Bei zahlreichen weiteren Wörtern lohnt es sich, einmal neugierig zu sein und ihre **Wortgeschichten** in einem etymologischen Wörterbuch nachzulesen. In der folgenden Übung sind einige Wörter mit besonders interessanten Entstehungsgeschichten für Sie zusammengestellt. Schlagen Sie sie alleine nach oder teilen Sie die Arbeit im Wortschatzunterricht oder in der Lerngruppe in kleine Mini-Referate auf!

27 [Schwierigkeitsstufe 3–4]   Interessante Wortgeschichten

■ Schlagen Sie vor allem die Wörter nach, die Ihnen noch nicht geläufig sind. So werden Sie sich zusammen mit der interessanten Herkunftsgeschichte gleich neue Wörter aneignen!

1. der Abstecher (im Ausdruck: *einen Abstecher nach … machen*)
2. das Alsterwasser
3. etwas anzetteln
4. die Apfelsine
5. der Armleuchter
6. bändigen
7. der Bärendienst (in der Redewendung: *jemandem einen Bärendienst erweisen*)
8. begabt
9. die Brille
10. das Damoklesschwert
11. das Denkmal
12. fadenscheinig (im Ausdruck: *eine fadenscheinige Ausrede*)
13. Gänsefüßchen *(Pl.)*
14. die Hexe
15. das Martinshorn
16. scheckig
17. der Schlips
18. das Stiefmütterchen
19. der Talisman
20. das Zwerchfell

Sprache lebt

28 [Schwierigkeitsstufe 2] Wortschatzerweiterung mit dem Telefonbuch

Haben Sie sich bei einem interessant klingenden Nachnamen schon einmal gefragt, was er wohl bedeuten mag und wie der Name zustande gekommen ist? Wenn ja, wird Ihnen diese Übung gefallen! Viele Nachnamen tragen (mehr oder weniger) versteckte Wörter in sich. So können Sie auch beim Betrachten von Nachnamen Ihren Wortschatz erweitern! Es soll sogar Leute geben, die gerne Telefonbücher lesen!

■ Welche Wörter sind in den folgenden Nachnamen „versteckt" bzw. mit den folgenden Nachnamen verwandt? Ordnen Sie zu!

1. Schmidt
2. Meyer
3. Kramer
4. Breuer
5. Ziegler
6. Grimm
7. Schenk
8. Böttcher
9. Brunner
10. Ackermann
11. Krause
12. Metz
13. Drescher
14. Ochs
15. Stamm

a) der Ochse
b) kraus
c) der Steinmetz
d) brauen
e) der Baumstamm
f) dreschen
g) der Ziegelstein, der Dachziegel
h) die Meierei
i) der Acker
j) der Schmied
k) der Krämer
l) grimmig
m) einschenken
n) der Bottich
o) der Brunnen

■ Welche Berufe stehen hinter diesen Nachnamen?

1. Müller
2. Glaser
3. Schäfer
4. Gärtner
5. Schuster
6. Fleischer
7. Förster
8. Schlosser
9. Maurer
10. Fuhrmann

> *Specht, Hirsch, Fink, Strauß …*
>
> Kennen Sie weitere Nachnamen, die Tierbezeichnungen sind?

■ Veraltete Wörter in Liedern, Gedichten und Märchen

In Gedichten, Liedern, Märchen, Sprichwörtern, alten Geschichten, älterer Literatur u. ä. ist oft ein **Wortschatz mit veralteten Wörtern** erhalten geblieben. Wenn man als Kind, in der Schule oder später zahlreiche solcher Gedichte gehört oder sogar auswendig gelernt hat, viele Lieder gehört und gesungen hat, Märchen und Geschichten erzählt, vorgelesen bekommen oder gelesen hat, hat man einen passiven Wortschatz mit vielen veralteten Wörter. Diese Wörter würde man zum großen Teil aktiv nicht gebrauchen, kennt sie aber doch passiv. Entscheiden Sie selbst, je nach Ihrer Situation, inwiefern solch ein **passiver Wortschatz veralteter Wörter** für Sie sinnvoll ist und welchen Umfang er haben soll. Die folgenden Übungen sollen Ihnen ein paar Anregungen geben.

29 [Schwierigkeitsstufe 2–3] Veralteter Wortschatz in Volksliedern

■ Was bedeuten die veralteten Wörter in diesen Volksliedausschnitten? Ordnen Sie zu!

1. zur schönen **Maienzeit** *(Der Kuckuck und der Esel)*
2. **Nimm** mit der Maus **vorlieb.** *(Fuchs, du hast die Gans gestohlen)*
3. **über Stock und Stein** *(Hopp, hopp, hopp, Pferdchen lauf Galopp)*
4. hat ein schwarz-weiß **Röcklein** an *(Auf unsrer Wiese gehet was)*
5. Das Heimchen in dem Ährengrund, es **tut** allein **sich kund**. *(Die Blümelein sie schlafen)*
6. **holder** Knabe im lockigen Haar *(Stille Nacht, heilige Nacht)*
7. Wie sie alle lustig sind, flink und froh **sich regen**! *(Alle Vögel sind schon da)*
8. Ach, wenn's doch erst **gelinder** und grüner draußen wär! *(Komm, lieber Mai)*
9. **Scheiden** tut weh. *(Winter ade)*
10. Hab ich dich nicht recht treu geliebt und dir dein Herz niemals **betrübt**? *(Jetzt fängt das schöne Frühjahr an)*

a) Abschied nehmen
b) sich bewegen
c) durch den Wald und über das Feld
d) etwas sagen oder mitteilen
e) geliebt
f) im Monat Mai
g) Kleidung
h) mild *(in Bezug auf das Wetter)*
i) sei damit zufrieden
j) jemanden traurig machen

IV. Wortgeschichten

Etymologie

30 [Schwierigkeitsstufe 3] Veralteter Wortschatz in Sprichwörtern

■ Unterstreichen Sie die veralteten Wörter. Was bedeuten sie?

> Alter schützt vor Torheit nicht.
>
> Ehrlich währt am längsten.
>
> Wer den Pfennig nicht ehrt, ist des Talers nicht wert.
>
> Aus den Augen, aus dem Sinn.
>
> Früh gefreit, nie (oder schnell) gereut.
>
> Trautes Heim, Glück allein.
>
> Ein Löffel voll Tat ist besser als ein Scheffel voll Rat.

31 [Schwierigkeitsstufe 3–4] Veralteter Wortschatz in Gedichten

■ Was bedeuten die veralteten Worte in diesen Gedichtausschnitten?

> Die Nächte sind nicht für die Menge gemacht.
> Von deinem Nachbar trennt dich die Nacht,
> und du sollst ihn nicht suchen trotzdem.
> Und machst du nachts deine Stube **licht**,
> um Menschen zu schauen ins **Angesicht**,
> so musst du bedenken: wem.
>
> (Rilke: Menschen bei Nacht)

> Und ich wandre aus den Mauern
> bis hinaus ins freie Feld.
> **Hehres** Glänzen, heil'ges Schauern,
> wie so weit und still die Welt!
>
> (Joseph von Eichendorf: Weihnachten)

> Sprich aus der Ferne
> Heimliche Welt,
> Die sich so gerne
> Zu mir **gesellt**!
>
> (Clemens Brentano)

> Hier, spricht man, warten Schrecken auf den Bösen
> Und Freuden auf den **Redlichen**.
>
> (Friedrich Schiller: Resignation)

32 [Schwierigkeitsstufe 3–4] Rumpelstilzchen (Gebrüder Grimm)

■ Was bedeuten die veralteten Wörter in diesem Märchenanfang?

> Es war einmal ein Müller, der war arm, aber er hatte eine schöne Tochter. Nun **traf es sich**, dass er mit dem König **zu sprechen kam**, und um **sich ein Ansehen zu geben**, sagte er zu ihm: „Ich habe eine Tochter, die kann Stroh zu Gold spinnen." Der König sprach zum Müller: „Das ist eine Kunst, die mir **wohlgefällt**; wenn deine Tochter so geschickt ist, wie du sagst, so bring' sie morgen in mein Schloss, da will ich sie auf die Probe stellen."

> Komm, reiche mir die brüderliche Hand!
> Zu Brüdern hat uns die Natur **erkoren**,
> und uns gebar ein mütterliches Land.
>
> (Novalis: Arkadien)

V. Wortteilgeschichten

■ Versteckte Bedeutungen

Manche Wörter tragen „versteckte" Bedeutungen in sich.

Beispiel: Der Bernstein (ein Schmuckstein, der aus Baumharz entstanden ist) heißt Bernstein, weil er **brennbar** ist. Das Wort *brennen* ist hier nicht offen sichtbar, weil in dem Wort die alte Lautform *bernen* (mit Wechsel der r-Position) erhalten ist. Verwandt mit **brennen** und dem dazugehörigen ablautenden Nomen **der Brand** ist **die Brandung** (Ort, an dem sich die Meereswellen brechen), die so genannt wurde, weil „die Wellen wie ein Brand andringen" (Kluge).

Ein weiteres verwandtes Nomen ist das veraltete Wort **die Brunst**, das in der Wortbildung **Feuersbrunst** (ein großer Brand) erhalten geblieben ist. Ein neueres Mitglied dieser „versteckten" Wortfamilie ist **der Dauerbrenner**, eine Bezeichnung für Dinge, die fortwährend aktuell sind: Themen, Bücher, Waren, die sich gut verkaufen.

Sprache lebt

33 [Schwierigkeitsstufe 5] Versteckte Bedeutungen

■ Nehmen Sie ein Etymologiewörterbuch zu Hilfe!

1. **Zwie** ist eine alte Form von *zwei*. Was bedeutet *zwi(e)* in den folgenden Wörtern?
   - der Zwilling
   - das Zwielicht
   - der Zwiespalt *(sich in einem Zwiespalt befinden)*
   - die Zwietracht *(Zwietracht säen)*

2. **Kund** ist ein altes Wort für *wissend*. Inwiefern steckt die Bedeutung von *wissen, kennen* in folgenden Wörtern und Ausdrücken?
   - der Kunde *(im Geschäft)*
   - kündigen
   - eine frohe Kunde *(veraltet)*
   - offenkundlich
   - kund werden *(veraltet)*
   - ortskundig

3. **Hag** ist ein altes Wort für *Umzäunung, umzäuntes Grundstück*. Inwiefern steckt die Bedeutung von *Hag* in folgenden Wörtern?
   - die Hecke
   - das Gehege
   - die Hagebutte
   - die Hexe

4. **Quick** ist ein altes Wort für *lebendig*. Inwiefern steckt die Bedeutung von *lebendig* in folgenden Wörtern und Ausdrücken?
   - sich erquicken
   - quicklebendig
   - Quecksilber

5. **Rain** ist ein altes Wort für *Grenze*. Was bedeutet *rain* in folgendem Ausdruck?
   - die Anrainerstaaten der EU

■ Manchmal sind die alten Bedeutungen in verwandten Sprachen, z. B. im Englischen, noch erhalten:

6. **Bein** ist ein altes Wort für *Knochen* (vergleiche englisch *bone*). Inwiefern steckt die Bedeutung von *Knochen* in folgenden Wörtern und Ausdrücken?
   - das Schlüsselbein
   - das Schienbein
   - das Brustbein
   - durch Mark und Bein dringen

7. **Heim** ist ein altes Wort für *Wohnung* (vergleiche englisch *home*). Inwiefern steckt die Bedeutung von *Wohnung* in folgenden Wörtern?
   - daheim *(zu Hause)*
   - die Heimat
   - das Heimweh
   - die Heimsuchung
   - heimlich

8. Das lateinische Wort **circus** bedeutet *Kreis*. Inwiefern steckt die Bedeutung von *Kreis* in folgenden Wörtern?
   - der Zirkus
   - der Zirkel
   - zirkulieren
   - der Bezirk

9. **Mut** ist ein altes Wort für *Stimmung* (vergleiche englisch *mood*). Inwiefern steckt die Bedeutung von *Stimmung* in folgenden Wörtern?
   - der Edelmut
   - der Hochmut
   - mutig
   - demütig
   - kleinmütig

10. **Beran** ist ein altes Wort für *tragen* (vergleiche englisch *to bear*). Inwiefern steckt auch die Bedeutung von *tragen* noch in folgenden Wörtern?
    - die Bahre
    - die Bürde
    - die Gebärde
    - etwas entbehren
    - gebären *(ein Kind gebären)*

■ Manchmal sind die „versteckten" Wörter gar nicht veraltet:

11. Inwiefern steckt das Wort **(be)decken** in folgenden Wörtern und Ausdrücken?
    - die Decke
    - der Deckel
    - das Dach
    - unter dem Deckmantel der Nächstenliebe
    - das Deck *(auf einem Schiff)*

12. Inwiefern steckt die Bedeutung von **graben** in folgenden Wörtern?
    - die Gruft
    - die Grube
    - grübeln
    - gravieren

13. Inwiefern steckt das Wort **geben** in folgenden Wörtern?
    - die Gabe
    - das Gift

14. Inwiefern steckt das Wort **dürr** in folgenden Wörtern?
    - die Dürre
    - verdorren
    - das Dörrobst
    - dörren
    - der Durst

15. Inwiefern steckt das Wort **Flamme** in folgenden Wörtern?
    - flambieren
    - flimmern

16. Inwiefern steckt das Wort **flattern** in folgendem Wort?
    - die Fledermaus

17. Inwiefern steckt die Bedeutung von **Geld** in folgenden Wörtern?
    - gelten
    - gültig

18. Inwiefern steckt das Verb **quellen** in folgenden Nomen?
    - der Qualm
    - die Qualle

19. Inwiefern steckt das Wort **Burg** in folgenden Wörtern?
    - der Bürger
    - der Bürgersteig

20. Die Wörter **Öhr** (Nadelöhr) und **Öse** stammen vom Wort *Ohr* ab. Was haben alle drei gemeinsam?

V. Wortteilgeschichten

Etymologie

34 [Schwierigkeitsstufe 4]   Kausative Verben

■ Das Verb **versenken** stammt von einem anderen Verb ab, nämlich von **sinken**. Versenken bedeutet nämlich *sinken machen*, verursachen, dass etwas sinkt. Was bedeutet also:

◊ **„liegen machen"**, verursachen, dass etwas liegt?
⇨ ein Kind ins Bett
einen Schraubenzieher in den Werkzeugkasten   *legen*

◊ **„sitzen machen"**, verursachen, dass etwas sitzt?
⇨ eine Puppe auf den Stuhl
einen Gast aufs Sofa   ....

◊ **„fallen machen"**, verursachen, dass etwas fällt?
⇨ einen Baum   ....

◊ **„biegen machen"**, verursachen, dass sich etwas biegt?
⇨ den Arm
sich jemandes Willen   ....

◊ **„trinken machen"**, verursachen, dass ein Tier trinkt?
⇨ die Pferde am Rastplatz
ein Stofftuch mit Farbe   ....

◊ **„schwimmen machen"**, verursachen, dass etwas schwimmt (d. h. sich im Wasser befindet)?
⇨ Der starke Sturm hat Strandgut an die Küste   ....

VI. Lautgeschichten

Da viele von Ihnen Englisch gelernt haben, bevor Sie angefangen haben, Deutsch zu lernen, kann es manchmal interessant sein, die beiden Sprachen miteinander zu vergleichen. Englisch und Deutsch sind miteinander verwandte Sprachen und haben daher einige verwandte Wörter in ihren Wortschätzen. Beide Sprachen haben jedoch eine Reihe von Lautwandeln durchlaufen, sodass man manchmal verwandte Wörter nicht auf den ersten Blick erkennt. Kennt man jedoch die Regeln dieser Lautwandel, findet man Zusammenhänge.

Zwei einfache Regeln lauten: 1. Ein deutsches „**z**" entspricht oft einem englischen „**t**".
2. Ein deutsche „**pf**" entspricht oft einem englischen „**p**".

Machen Sie sich diese beiden Regeln zunutze, um ein paar neue deutsche Wörter zu lernen, die Sie vielleicht auf Englisch schon kennen!

35 [Schwierigkeitsstufe 3]   Wörter mit „z"

■ Die verwandten Wörter **ten – zehn, toe – der Zeh, tongue – die Zunge, heart – das Herz, salt – das Salz, to sit – dasitzen, cat – die Katze** kennen Sie sicher schon. Aber was heißen folgende Wörter auf Deutsch?

1. tame   ....
2. tent   ....
3. tile   ....
4. twig   ....
5. twin   ....
6. tick   ....
7. to tap   ....
8. wart   ....

9. felt   ....
10. net   ....
11. to melt   ....
12. (to) heat   ....
13. malt   ....
14. wheat   ....
15. mint   ....

Sprache lebt

36 [Schwierigkeitsstufe 3] Wörter mit „pf"

■ Die verwandten Wörter **pepper – der Pfeffer, to plant – pflanzen, pan – die Pfanne, pound – das Pfund** und **apple – der Apfel** kennen Sie sicher schon. Aber was heißen folgende Wörter auf Deutsch?

1. path ....
2. pawn ....
3. plaster ....
4. plough ....
5. paw ....
6. puddle ....
7. pole ....
8. pipe ....
9. pillar ....
10. penny ....
11. plum ....
12. porter ....
13. to pluck ....
14. to hop ....
15. carp ....

37 [Schwierigkeitsstufe 2] Tier- und Pflanzennamen

■ Zahlreiche englische und deutsche Tier- und Pflanzennamen haben den gleichen Wortursprung und sind durch Lautwandel leicht unterschiedlich geworden. Verbinden Sie (und schlagen Sie gegebenenfalls die Wörter in Ihrer Muttersprache nach)!

1. birch
2. elm
3. eel
4. beaver
5. ferret
6. owl
7. flounder
8. herring
9. mackerel
10. leek

a) die Makrele
b) das Frettchen
c) die Birke
d) die Ulme
e) der Lauch
f) der Aal
g) der Biber
h) die Eule
i) die Flunder
j) der Hering

VII. Wortschatzarbeit mit etymologischen Wörterbüchern

Hier einige Tipps zur selbstständigen diachronen Wortschatzarbeit:

1. Schlagen Sie interessant klingende Wörter, wie z. B. *der Hexenschuss,* im etymologischen Wörterbuch nach und nutzen Sie die Erklärung, um sich die Wörter zu merken.

2. Stöbern Sie in etymologischen Wörterbüchern, lesen Sie sich interessant klingende Beiträge durch und lernen Sie so neue Wörter.

3. Wenn Sie Gedichte oder Literatur lesen: Unterstreichen Sie die veralteten Wörter in den Gedichten oder Romanen. Bitten Sie gegebenenfalls einen Muttersprachler, die veralteten Wörter für Sie zu unterstreichen. Schreiben Sie dann eine Tabelle, in der Sie die veralteten Wörter den Standardwörtern gegenüberstellen.

4. Verfolgen Sie die Diskussion um die aktuellen **Wörter und Unwörter des Jahres**.

5. Abonnieren Sie per E-Mail den kostenlosen Duden-Newsletter unter *www.duden.de*, um über aktuelle Grammatik- und Wortschatzfragen informiert zu werden.

VIII. Vokabelheftseiten: Etymologie

Benutzen Sie die zweispaltige Kopiervorlage im Anhang. Schreiben Sie in die schmalere linke Spalte die Vokabel, die breitere rechte Spalte bietet Platz für Ihre etymologischen Anmerkungen. Schreiben Sie nicht das Etymologielexikon ab, sondern beschränken Sie sich nur auf die Anmerkungen, die Ihnen helfen, sich das Wort besser zu merken!

Vokabel	etymologische Anmerkungen
der Albtraum	Ein schlechter Traum. Alben sind mythologische Wesen. Haben diese solche Träume verursacht?
die Miesmuschel	moosbewachsen
kichern	leise lachen (lautmalerisch: kikiki)
schlürfen	geräuschvoll trinken (lautmalerisch: schl–schl–schlür–ffffen)
die Diskretion	Herkunftssprache Französisch = discret
abonnieren	Herkunftssprache Französisch = abonner
das Schlüsselbein	Bein ist ein altes Wort für Knochen. Das Schlüsselbein ist ein Knochen im oberen Brustbereich.
der Zwilling	englisch twin (Lautwandel t → z, vgl. ten → zehn)

⇨ **Kopiervorlage dazu siehe Anhang, Seite 166**

Und wie kriege ich das alles in den Kopf?

11 Vokabelheft und Tandemarbeit

- I. Das Vokabelheft
- II. Abdecken und andere Lernmethoden
- III. Tandemarbeit

I. Das Vokabelheft

Am Ende dieses Buches finden Sie:

- Kopiervorlage zu **Kapitel 1** (Erklärung Seite 16): **Bedeutungen** Seite 157
- Kopiervorlage zu **Kapitel 2** (Erklärung Seite 24): **Sachgruppen** Seite 158
- Kopiervorlage zu **Kapitel 3** (Erklärung Seite 44): **Synonyme** Seite 159
- Kopiervorlage zu **Kapitel 4** (Erklärung Seite 60): **Antonyme** Seite 160
- Kopiervorlage zu **Kapitel 5** (Erklärung Seite 66): **Homonyme** Seite 162
- Kopiervorlage zu **Kapitel 7** (Erklärung Seite 88): **Komposita** Seite 163
- Kopiervorlage zu **Kapitel 8** (Erklärung Seite 110): **Kollokationen** Seite 164
- Kopiervorlage zu **Kapitel 9** (Erklärung Seite 126): **Idiomatik** Seite 165
- Kopiervorlage zu **Kapitel 10** (Erklärung Seite 144): **Etymologie** Seite 166

Vervielfältigen Sie diejenigen Kopiervorlagen, die Sie benötigen, in ausreichender Menge und heften Sie sie in einen Ringordner. Ihr **Vokabelheft** ist also genau genommen ein flexibler **Vokabelordner**, in dem nach und nach Seiten hinzugefügt und ausgetauscht werden können. Zusätzlich benötigen Sie leere Seiten für die Vokabelheftseiten **Wortfamilien** (Kapitel 6).

Teilen Sie Ihre Vokabelseiten in **Hauptseiten und Nebenseiten** ein. Die Vokabeln der Hauptseiten erarbeiten und lernen Sie täglich und immer wieder, die Vokabeln der Nebenseiten nur gelegentlich. Meine Empfehlungen für eine sinnvolle Einteilung in **Haupt-** und **Nebenseiten** lautet wie folgt:

■ Sprachniveau B1/B2

Hauptseiten: Wahrscheinlich müssen Sie auch noch Ihren **Grund-** und **Aufbauwortschatz** ausbauen, bevor Sie mit dem Ausbauwortschatz in diesem Buch fortfahren. Ihre Hauptseiten sollten daher aus gewöhnlichen Vokabeln des Grund- und Aufbauwortschatzes bestehen. Sie finden diesen in Grundwortschatzsammlungen (z. B. Langenscheidt MEMO) und in den Vokabelangaben von Lehrbüchern. Zusätzlich sollten Sie damit beginnen, sich die **Sachgruppenseiten** (Kapitel 2) zu Ihren Hauptseiten zu machen.

Nebenseiten: Vokabelheftseiten **Bedeutung** (Kapitel 1)

■ Sprachniveau B2/C1

Hauptseiten: Machen Sie weiterhin die **Sachgruppenseiten** (Kapitel 2) zu Ihren Hauptseiten und zusätzlich dazu die **Synonymseiten** (Kapitel 3). Wenn Sie eine dritte Hauptseite haben möchten, empfehle ich die **Wortfamilien** (Kapitel 6).

Nebenseiten: Lernen Sie hin und wieder **Komposita** (Kapitel 7) und **Antonyme** (Kapitel 4).
Tragen Sie Homonyme auf Ihre Homonymseite (Kopiervorlage Kapitel 5) ein, wenn Ihnen gelegentlich eines begegnet. Lernen Sie diese aber nicht systematisch.

■ Sprachniveau C1/C2

Hauptseiten: Die **Synonymseiten** (Kapitel 3) bleiben aufgrund der vertiefenden Stilfragen weiterhin ein Teil Ihrer Hauptseiten. Hinzu kommen **Kollokationen** (Kapitel 8) und **Idiomatik** (Kapitel 9).

Nebenseiten: Ganz gelegentlich **Etymologie** (Kapitel 10). Außerdem können Sie als Lerner auf Oberstufenniveau **alle Vokabelheftseiten** Ihrem Niveau anpassen, z. B. weitere Wortbildungen lernen.

II. Abdecken und andere Lernmethoden

Sie können sich die Vokabeln durch simples Abdecken und Wiederholen im Vokabelordner einprägen. Je nach Lernertyp sind auch andere Einprägemethoden erfolgreich:

- Eine **Vokabelkartei** mit Karteikarten und 5 Fächern: Im Internet finden Sie dafür elektronische Versionen, z. B. www.phase-6.de
- Ein **Vokabelring**: Dazu lochen Sie Ihre Vokabelkarten und ziehen sie auf einen Ring oder ein Band. Diesen Ring können Sie in der Tasche haben und herausziehen, falls Sie irgendwo warten müssen.
- Auch **Post-it-Notizen** mit Vokabeln, die Sie überall in Ihrer Wohnung verteilen, sorgen für eine häufige und ständige Begegnung mit Ihren Vokabeln.
- Auditive Lerner lernen gut, wenn sie sich die Vokabeln auf einen **Tonträger** (Kassette, MP3) sprechen oder von ihrem Tandempartner aufsprechen lassen und diese Vokabeln immer wieder hören. Sie können sich dazwischen natürlich Ihre Lieblingsmusik spielen. Variieren Sie die Art der Aufnahme. Lassen Sie Ihren Tandempartner ruhig eine Vokabel dreimal hintereinander sprechen oder auch einmal flüstern, damit die Artikulation besonders deutlich zu hören ist. Lassen Sie sich einzelne Vokabeln, aber auch Vokabeln im Kontext aufsprechen. Bereiten Sie Ihrem Tandempartner ein Skript vor, das er bei der Aufnahme nur noch ablesen muss.
- Manche Lerner prägen sich Vokabeln besonders gut in einer Atmosphäre **mit ruhiger klassischer Musik** als Hintergrund ein.
- Manchen hilft es, die Vokabeln **mehrfach zu schreiben**, farbig zu schreiben oder zu malen, laut zu sprechen oder sogar rhythmisch zu singen. Ein Student hat sich sogar ein Computerprogramm programmiert, bei dem die Vokabeln sich drehen, ihre Farbe verändern und über den Bildschirm laufen.
- Einige lernen gerne mit anderen Lernen zusammen, indem Sie sich **gegenseitig abfragen** oder **Lernspiele** (z. B. ein Vokabelmemory) spielen.

III. Tandemarbeit

Tandemarbeit bedeutet, dass Sie sich regelmäßig mit einem deutschen Muttersprachler treffen, der Ihre Muttersprache lernt. Sie helfen sich dann gegenseitig beim Sprachenlernen. Dies geschieht allerdings nicht anstelle von Sprachunterricht und eigenständigem Lernen, sondern ergänzend dazu.

- Ein sinnvoller **Tandemrhythmus** wäre zweimal 45 Minuten pro Woche pro Sprache, d. h., Sie treffen sich zweimal wöchentlich für anderthalb Stunden und lernen dabei 45 Minuten Deutsch und 45 Minuten unterrichten Sie Ihre Muttersprache. Eine derart genaue Absprache ist sehr sinnvoll, um Kontinuität zu wahren und Enttäuschungen zu vermeiden.
- **Bereiten** Sie Ihre Tandemarbeit auf jeden Fall **vor**! Notieren Sie sich die Fragen, die Sie stellen wollen. **Bereiten** Sie die Tandemarbeit auch nach, indem Sie Ihre dabei entstandenen Notizen ins Reine schreiben.
- In diesem Buch ist angegeben, wenn sich eine Übung besonders gut für die Tandemarbeit eignet. Generell können aber alle Übungen für die Tandemarbeit verwendet werden. Sie können Ihre Wortschatzarbeit mit diesem Buch z. B. so planen, dass Sie die Übungen der Schwierigkeitsstufen 1 bis 3 alleine erledigen und die **Übungen der Schwierigkeitsstufen 4 bis 5** alleine versuchen, sich aber Fragen notieren und die Übungen dann mit Ihrem Tandempartner besprechen.
- Stellen Sie für Ihren Tandempartner **Übungen**, wie Sie sie in diesem Buch finden, **in Ihrer Muttersprache** her! Das hat mehrere Vorteile. Ihr Tandempartner wird sich über die Übungen freuen und noch lieber mit Ihnen zusammen lernen. Außerdem lernen Sie dabei die Übungen noch besser zu verstehen und werden Ihre Muttersprache mit dem Deutschen vergleichen.
- Falls Sie keinen Tandempartner in Ihrer Umgebung finden, können Sie natürlich auch ein **E-Mail-Tandem** aufbauen. Dann stellen Sie Ihre ausformulierten(!) Wortschatzfragen und Fragen zu den Übungen per E-Mail. Wenn Sie über die entsprechende Ausrüstung verfügen, ist natürlich auch Tandemarbeit über Skype oder Ähnliches denkbar.

L Lösungen

1. Kapitel: Die Wolke ist ein Kind des Himmels: Bedeutungen

1 **Besteck:** Buttermesser, Fischmesser, Gabel, Kuchengabel, Löffel, Messer, Obstmesser, Soßenlöffel, Teelöffel; **Fahrzeuge:** Dampfer, Gabelstapler, Frachter, Hubschrauber, Hundeschlitten, Krankenwagen, Kutsche, Ochsenkarren, Omnibus, Personenkraftwagen, Segelflugzeug, Straßenbahn, Zeppelin; **Hunde:** Bernhardiner, Boxer, Chihuahua, Dackel, Dogge, Pinscher, Pudel, Schäferhund, Schnauzer; **Kleidung:** Bluse, Cordhose, Dirndl, Fäustling, Gürtel, Hemd, Hosenträger, Kniestrumpf, Minirock, Polohemd, Pudelmütze, Pyjama, Rollkragenpullover, Sakko, Schal, Schlaghose, Socke, Strickjacke, Tracht, Unterhose; **Obst:** Aprikose, Brombeere, Granatapfel, Honigmelone, Johannisbeere, Limone, Nektarine, Pampelmuse, Quitte, Sanddorn, Schattenmorelle, Stachelbeere, Weintraube, Zitrone, Zwetschge; **Sportarten:** Biathlon, Dreisprung, Gymnastik, Hochsprung, Klettern, Kugelstoßen, Rodeln, Rudern, Turnen, Wasserball; **Musikinstrumente:** Akkordeon, Becken, Cello, Dudelsack, Flügel, Harfe, Horn, Orgel, Panflöte, Querflöte, Rassel, Ziehharmonika

2 1. Berufe 2. Bauwerke 3. Gewässer 4. Süßigkeiten 5. Spielzeug 6. Metalle 7. Insekten 8. Musikinstrumente 9. Gewürze 10. Kräuter 11. Medikamente 12. akademische Grade 13. Naturwissenschaften 14. Textilien 15. Getreide 16. Feiertage 17. Titel 18. Himmelskörper 19. Sternzeichen

5 **Geschäft:** Autogeschäft, Blumengeschäft, Familiengeschäft, Lebensmittelgeschäft, Musikgeschäft, Spielzeuggeschäft; **Museum:** Kunstmuseum, Naturkundemuseum, Spielzeugmuseum, Stadtmuseum, Technikmuseum; **Ball:** Basketball, Fußball, Handball, Tennisball, Tischtennisball, Volleyball; **Schuhe:** Damenschuhe, Gesundheitsschuhe, Handschuhe, Hausschuhe, Herrenschuhe, Lederschuhe, Skischuhe, Straßenschuhe, Turnschuhe; **Uhr:** Armbanduhr, Atomuhr, Sanduhr, Sonnenuhr, Standuhr, Stoppuhr, Taschenuhr, Turmuhr; **Rad:** Autorad, Damenrad, Fahrrad, Herrenrad, Motorrad, Mühlrad, Steuerrad, Wagenrad, Wasserrad, Zahnrad; **Name:** Benutzername, Deckname, Doppelname, Familienname, Geburtsname, Kosename, Künstlername, Mädchenname, Nachname, Ortsname, Spitzname, Straßenname, Vorname; **Geld:** Bargeld, Fahrgeld, Falschgeld, Kleingeld, Taschengeld, Wechselgeld; **Gefahr:** Ansteckungsgefahr, Brandgefahr, Einsturzgefahr, Gesundheitsgefahr, Lawinengefahr, Lebensgefahr, Verletzungsgefahr; **Idee:** Geschäftsidee, Geschenkidee, Marketingidee, Schnapsidee

6 **-waren:** Backwaren, Haushaltswaren, Elektrowaren, Kurzwaren, Esswaren; **-zeug:** Bettzeug, Werkzeug, Zaumzeug, Nähzeug, Turnzeug, Schwimmzeug; **-stoffe:** Rohstoffe, Werkstoffe, Kunststoffe, Treibstoffe, Schadstoffe, Brennstoffe; **-mittel:** Arzneimittel, Schmerzmittel, Lebensmittel, Grundnahrungsmittel, Druckmittel, Transportmittel, Verhütungsmittel, Zahlungsmittel, Stilmittel, Kommunikationsmittel, Verkehrsmittel

8 1. Tier, Vogel, Raubvogel, Adler 2. Tier, Säugetier, Hund, Bernhardiner 3. Früchte, Obst, Kernobst, Birne 4. Früchte, Obst, Steinobst, Kirsche 5. Früchte, Obst, Südfrüchte, Banane 6. Fahrzeuge, Wasserfahrzeuge, Schiffe 7. Fahrzeuge, Landfahrzeuge, Transportfahrzeuge, Personenfahrzeuge, Bus 8. Fahrzeuge, Landfahrzeuge, Transportfahrzeuge, Güterfahrzeuge, Güterzug 9. Sportarten, Mannschaftssportarten, Basketball 10. Textilien, Naturfasern, Leinen

9 1. Land 2. Gefühl 3. Gerät 4. Betrieb 5. Spiel 6. Person 7. Himmelskörper 8. Bauteil 9. Werkstoff 10. Niederschlag

2. Kapitel: Jedes Ding an seinem Platz: Sachgruppen

1 **Wetter:** aufklaren, bedeckt, bewölken, Brise, donnern, gießen, Graupelschauer, Hagel, nieseln, Schneegestöber, wehen, Wetterleuchten, Windstille, Wolkenbruch; **Krankheit:** angegriffen, ansteckend, bettlägerig sein, blauer Fleck, Blinddarmentzündung, Depression, Eiter, Erkältung, husten, Knochenbruch, Mandelentzündung, Masern, matt, Mittelohrentzündung, Schorf, Sonnenbrand, Übelkeit, Windpocken, Zipperlein; **Buch:** Antiquariat, Band, Bücherei, Buchhandlung, Erstausgabe, Gästebuch, gebunden, Schmöker, Schriftsteller, Werk; **Geld:** Banknote, bar, Devisen, entwerten, finanziell, Groschen, Inflation, Pfennig, prägen, Sparschwein, Taschengeld, Tresor, im Umlauf sein, Währung; **Gericht:** anfechten, Berufung, Bewährung, Bußgeld, Eid, Einspruch, freisprechen, klagen, Urteil, Zeuge, Zeugenstand; **Essen:** Aufstrich, herzhaft, den Hunger stillen, Kantine, knabbern, Leckermaul, Mensa, nahrhaft, Quark, Rosenkohl, Speisewagen, den Tisch decken, versalzen, Zwiebelkuchen; **Höflichkeit:** artig, Benehmen, diplomatisch, galant, Gruß, Händedruck, Handkuss, hochachtungsvoll, den Hut lüften, Knicks, Kompliment, Umgangston, sich verneigen, weltmännisch

2 **Formen von Schnee:** Neuschnee, Eis, Eiskristalle, Lawine, Schneemassen, Eisteilchen, neu gefallener Schnee, Pulverschnee, Eisklumpen; **Was man aus Schnee machen kann:** Schneemann, Kugel, Schneeskulptur, Schneeblock, Schneeball; **Eigenschaften von Schnee:** klebt, kalt, poröse Struktur, feucht, fest; **Das Gegenteil von „es schneit":** der Schnee schmilzt

3 1. sorgenfrei, ausgesorgt haben 2. Wohlergehen 3. Glückspilz, vom Glück verwöhnt. Ihm blüht das Glück. 4. wie Gott in Frankreich leben 5. begnadet 6. Glücksstern, Glückswendung 7. himmelhoch jauchzend

4 1. einprägen 2. behalten 3. Zahlengedächtnis 4. Orientierungssinn 5. sich besinnen 6. unvergesslich 7. Notizbuch, Knoten im Taschentuch, Lesezeichen

5 1. den Kopf schütteln 2. die Achseln zucken 3. weicht ab 4. gehen auseinander 5. einwenden 6. bekritteln 7. protestieren 8. Umständen, weigern 9. zwiespältig

6 a) 1. unverhofft zu Geld kommen 2. verblüfft sein 3. Julklapp
b) 1. aufschrecken 2. hineinplatzen 3. urplötzlich 4. wie ein Blitz aus heiterem Himmel 5. aus allen Wolken fallen 6. auf frischer Tat ertappen

8 **Kategorie 1:** 10 Geige, Gitarre, Klavier etc. 20 musikalisch 30 Klarinette, Trompete, Oboe etc. 40 die Anordnung der Töne in einer (aufsteigenden) Reihe: C, D, E, F, G, A, H, C (do re mi fa so la si do) 50 der Klang 60 lalala oder tralala 70 Dirigierstab 80 Eine Stimmgabel ist ein Gerät, das einer (zweiforkigen) Gabel ähnlich sieht und, wenn sie angeschlagen wird, den Kammerton A erklingen lässt, nach dem man Musikinstrumente stimmen kann. 90 der Triller 100 Katzenmusik
Kategorie 2: 10 Urgroßmutter 20 Urenkel 30 Schwägerin 40 Geschwister ist die Gesamtheit der Brüder und Schwestern, Gebrüder sind nur Brüder. 50 ledig, verheiratet, geschieden, verwitwet 60 heiraten 70 ein Kind ohne Eltern 80 Stammhalter ist ein altertümliches Wort für Sohn. Man erwartete von ihm, dass er den Familiennamen und die Familientraditionen weiterführt. 90 Mädchenname 100 ein veraltetes Wort für Tante, das man nur noch in Märchen, alten Gedichten etc. liest

1. Kapitel: Bedeutung 147

Kategorie 3: 10 Eine Nummer ist eine Zahl, die etwas anordnet (z. B. Haus Nr. 15, Zimmer Nr. 11). Zahl ist ein genereller, weiter gefasster Begriff. **20** verdoppeln **30** Nein, vier ist eine gerade Zahl. Gerade Zahlen sind 2, 4, 6, 8, 10 … Ungerade Zahlen sind 3, 5, 7, 9 … **40** Eine Bruchzahl ist eine Zahl mit einem Zähler und einem Nenner, z. B. ⅓, ⅔ etc. **50** Das Einmaleins ist eine Zusammenstellung der Produkte der natürlichen Zahlen von 1–10 (auch kleines Einmaleins genannt). Ein mal eins ist eins, zwei mal zwei ist vier, drei mal drei ist neun etc. **60** zwölf **70** achtzehn **80** Ziffern **90** Eine Chiffre ist eine Kennziffer, die z. B. einer Zeitungsanzeige folgt und die man angeben muss, wenn man schriftlich auf diese Anzeige antworten möchte. **100** Die Zusatzzahl wird beim Lotto nach den sechs Gewinnzahlen gezogen. Ein Fünfer mit Zusatzzahl (fünf richtige Zahlen plus die Zusatzzahl) erzielt einen höheren Gewinn als ein einfacher Fünfer.

Kategorie 4: 10 0 Uhr oder 24 Uhr **20** Sanduhr, Armbanduhr, Sonnenuhr, Standuhr etc. **30** in zeitlicher Reihenfolge **40** Eine Frist ist eine Zeitspanne, in der eine bestimmte Angelegenheit erledigt werden muss, z. B.: Die Abgabefrist für Büchereibücher beträgt drei Wochen. **50** etwas herausschieben, nicht jetzt tun, sondern (vielleicht) in Zukunft tun wollen **60** „In der Zwischenzeit" bedeutet, dass jemand etwas tut, während gerade etwas anderes passiert: Max telefonierte. In der Zwischenzeit (also während Max telefonierte) räumte Rita den Geschirrspüler aus. **70** Eine Ära ist ein (längerer) historischer Zeitraum, der unter einem bestimmten Leitgedanken steht, z. B. die „Ära Adenauer" oder die „Ära Brandt" (die Regierungszeiten dieser Bundeskanzler). **80** Annalen sind historische Aufzeichnungen, die nach Jahreszahlen geordnet sind. **90** Ein Anachronismus ist etwas, das nicht in eine bestimmte Zeit passt. **100** Das machen wir nie. Denn einen Sankt-Nimmerleins-Tag gibt es nicht.

Kategorie 5: 10 der Geruch **20** süß, salzig, sauer, scharf, bitter **30** Starren bedeutet etwas oder jemanden zu fixieren und lange zu betrachten. Jemanden anzustarren gilt als unhöflich. Wenn man den Fernseher anstarrt (oder auf den Fernseher starrt), sieht man nur gedankenlos auf das Gerät, ohne eigentlich mitzubekommen, was dort läuft. **40** Horchen bedeutet, sich willentlich anzustrengen, um etwas zu hören: horchen, ob man in der Ferne ein Auto hören kann, an der Tür horchen, ob jemand im Zimmer ist **50** sehr gute, scharfe Augen **60** Insekten **70** kurzsichtig bzw. weitsichtig **80** ein plötzlicher, vorübergehender Verlust des Bewusstseins **90** Füße, die sich zu lange in einer unnatürlichen Position befunden haben (z. B. man hat darauf gesessen). Sie hatten so eine Zeit lang eine unzureichende Blutzufuhr. Umgangssprachlich nennt man das: Sie sind eingeschlafen. Man bemerkt dies meist, wenn man die Füße aus dieser Position befreit und es unangenehm kribbelt. **100** Ein Hund wittert mit seiner feinen Nase Gerüche von anderen Tieren und von Menschen.

3. Kapitel: So oder so ähnlich: Synonyme

1 1. futsch 2. eingemummelt 3. motzen 4. geknickt 5. baff 6. flott 7. tipptopp 8. anknipsen 9. der Job 10. hinfliegen 11. bummeln 12. gammelig 13. hippelig 14. sich verdrücken 15. der Grips

2 1. die Geisterstunde 2. die Frühe 3. anheimgestellt werden 4. das Nachtgewand 5. sich abzeichnen 6. der Schall 7. sich vermählen 8. preisgeben 9. verunreinigen 10. übereinkommen 11. der Gefährte 12. erzürnt 13. die Torheit 14. sich wandeln 15. währen

3 1. die Randgruppe 2. sanieren 3. zu Dumpingpreisen 4. frustriert 5. die Infektion 6. das Axiom 7. arid 8. die Bakterie 9. die Verschleppung 10. prozessieren 11. der Vergleich 12. der Organismus 13. der Niederschlag 14. die Halbzeit 15. die Prognose

4 1. gesegneten/schweren Leibes 2. die Klosterfrau 3. firm 4. das Charité 5. der Putz 6. vollleibig 7. das Unterkommen 8. das Zuckerwerk 9. überhändigen 10. der Brausekopf 11. fürwahr 12. die Missetat 13. jmdm. untertan sein 14. sich verehelichen 15. kund werden

5 1. der Rahm 2. das Blaukraut 3. sich verschauen 4. freilich 5. das Daheim 6. der Plausch 7. der Klönschnack 8. lütt 9. der Hausgang 10. neuerdings 11. der Krams 12. das Gspusi 13. die Puschen 14. der Spökenkieker 15. der Fußgeher

6 **A glühen: betont die Farbe:** (rot) leuchten; **nur leicht glühen:** glimmen; **betont das Feuer:** brennen; **ein leichtes Feuer/ein leichter Brandvorgang:** schwelen

B dunkel: noch nicht ganz dunkel: dämmrig; **sehr dunkel:** stockdunkel; **dunkel und gefährlich:** düster; **sehr dunkel und gefährlich:** finster; **dunkel und traurig:** trostlos; **wenig Sonne:** schattig; **(zu) wenig Licht schwach beleuchtet; betont die Farbe:** rabenschwarz

C atmen: einatmen: durch die Nase: einatmen; **durch den Mund:** Luft einsaugen; **nach kurzer Pause:** Atem holen; **tief (ein und aus):** durchatmen; **ausatmen: durch die Nase:** schnauben; **durch runde Lippen:** pusten; **erschöpft:** ächzen; **müde:** gähnen; **Atemstörungen: vor Erschöpfung:** keuchen; **zu wenig/keine Luft bekommen:** röcheln; **nachts, geräuschvoll:** schnarchen

D süß: ein bisschen süß: süßlich; **zu süß:** überzuckert; **schmeckt nach Zucker:** zuckerig; **schmeckt nach Honig:** honigsüß; **Zucker hinzugefügt:** gezuckert; **Honig/Zucker/Süßstoff hinzugefügt:** gesüßt; **mit Zucker überzogen:** kandiert

E stehlen: Fokus auf dem Bestohlenen: generelles Wort: bestehlen; **von jemandem zu viel Geld als Bezahlung verlangen:** ausnehmen; **Fokus auf der Beute: Die Beute ist weiter weg: mit Gewalt:** rauben; **fast alles:** plündern; **Fokus auf der Beute: Die Beute ist in der persönlichen Umgebung:** etwas, das man nur zur Aufbewahrung hatte, selbst verwenden: veruntreuen; (zunächst) unbemerkt stehlen: beiseite schaffen; einen Text, ein Musikstück unerlaubt nachmachen: plagiieren

F das Loch: Form eher rund: ein Eingang zu etwas: Öffnung; **zwischen zwei Dingen:** Lücke; **im Schiff:** Leck; **unten geschlossen:** Mulde; **Form eher länglich: ein Eingang zu etwas:** Schlitz; **kaputt:** Riss; **in der Natur:** Spalte

G schwimmen: über Wasser (ohne Schwimmbewegungen): über Wasser sein: treiben; **über Wasser (mit Schwimmbewegungen):** Schwimmstil mit bogenförmigen Armbewegungen: Brust schwimmen; schneller Schwimmstil mit kreisförmigen Armbewegungen: kraulen; Schwimmstil mit wellenförmiger Körperbewegung: Delfin schwimmen; **im Wasser sein:** baden; spielen und spritzen: planschen; **unter Wasser sein:** tauchen

H Gespräch: einer: einer allein: Selbstgespräch; **unverständlich (Kind):** Geplapper; **unverständlich (Betrunkener):** Lallen; **zwei: einer fragt, einer antwortet:** Interview; **am Telefon:** Telefonat; **vertraut:** Zwiegespräch; **streitend/kämpfend:** Wortgefecht; **schnell:** Wortwechsel; **lange reden, z. B. nach einem Streit:** Aussprache; **mit einem Vorgesetzten oder Kollegen, um Erlaubnis zu bekommen:** Rücksprache; **zwei oder eine kleine Gruppe: formal:** Beratung, Besprechung; **halbformal:** Unterhaltung, Gedanken-, Informationsaustausch, **nicht formal:** Geplauder/Plauderei; **einer vor einer großen Gruppe:** ein Politiker: Rede; ein Student: Referat; ein Manager: Präsentation; ein Professor: Vorlesung; ein Pastor: Predigt; ein König: Ansprache; **einer mit mehreren nacheinander:** Befragung

I rot: Rottöne: ein helles Rot: hellrot; **ein intensives, helles (unangenehmes) Rot:** grellrot; **ein intensives Rot:** knallrot; **ein dunkles Rot:** dunkelrot; **ein intensives, dunkles Rot:** sattrot; **Körperteile:** Haare: rotblond, rotbraun; Haut: gerötet; Mund: kirschrot; **Vergleiche:** wie Blut: blutrot; wie Feuer: flammend; ein gelbliches Rot: orangerot; ein bläuliches Rot: purpurfarben; eine Naturfarbe aus Ton: ziegelrot

J schmutzig: betont, was es nicht ist: nicht sauber: unsauber; nicht gewaschen: ungewaschen; nicht gepflegt: ungepflegt; nicht hygienisch: unhygienisch; **betont, dass es schmutzig gemacht wurde:** normal negativ: beschmutzt; besonders negativ: besudelt; **visuell schmutzig:** schmutzige Stellen: fleckig; schmutzige Flüssigkeiten: trübe; **olfaktorisch schmutzig:** normal negativ: übel riechend; besonders negativ: stinkend; **taktil schmutzig:** durch Staub: eingestaubt; durch Fett: schmierig; durch Öl: ölig; durch Zucker: klebrig

7 1. das Gedudel 2. das Gör 3. die Plackerei 4. das Gesöff 5. das Unwetter 6. die Machenschaften 7. grell 8. grob 9. unreif 10. übereilt 11. sensationshungrig 12. pedantisch 13. unerhört 14. saufen 15. schuften 16. petzen 17. nachjammern 18. verhätscheln 19. besudeln 20. jmdn. nachäffen

8 1. jwd 2. der Göttergatte 3. der Urlaub auf Balkonien 4. der Halbgott in Weiß 5. der Drahtesel 6. der Dreikäsehoch 7. der ABC-Schütze 8. die Schneckenpost 9. der Hackenporsche 10. jmdn. beäugen 11. auf den Topf gehen 12. die Lebensabschnittspartnerin 13. der Langfinger 14. der Hosenstall 15. an der Nasenspitze ansehen 16. das Nordlicht 17. am Sankt-Nimmerleins-Tag 18. das Pantoffelkino 19. pro Nase 20. fix und foxi 21. wie geleckt 22. anno dazumal 23. der Wink mit dem Zaunpfahl 24. das Grünzeug 25. sägen 26. die Leseratte 27. der Wetterfrosch 28. die Quadratlatschen 29. das Tanzbein schwingen 30. die Muckibude

9 1. stellensuchend 2. wohlgeformt 3. das freudige Ereignis 4. entsorgen 5. Preise anpassen 6. das Wasser 7. freisetzen 8. zur letzten Ruhe geleiten 9. einschlafen 10. in anderen Umständen 11. mit jemandem ins Bett gehen 12. preisgünstig 13. der ständige Begleiter 14. die dritten Zähne 15. das stille Örtchen 16. das Minuswachstum 17. mitnehmen 18. die Beitragsanpassung 19. kostenintensiv 20. die Mundpflege

15 1. a) Rasierwasser b) Aftershave 2. a) Babysitten b) betreuen 3. a) Badminton b) Federball 4. a) Musikgruppe b) Band 5. a) Camping b) Zelten 6. a) kontrolliert b) checken 7. a) Lieblingsdrink b) Lieblingsgetränk 8. a) Grapefruit b) Pampelmuse 9. a) Mittagessen b) Lunch 10. a) Make-up b) Schminke 11. a) in Ordnung b) ok 12. a) Freund, Lebensgefährten b) Partner 13. a) Weihnachtsfest, Weihnachtsfeier b) Party 14. a) Wiederverwendung, Wiederverwertung b) Recyclingpapier 15. a) shoppen b) einkaufen 16. a) Servicewüste b) Bedienung 17. a) Sound b) Klang 18. a) Belastung, Überlastung b) Stress 19. a) testen b) ausprobieren 20. a) toasten b) rösten

17 1. angestrichen (Wände streichen) 2. aufziehen (Uhren aufziehen) 3. fror (Menschen frieren, Gewässer gefrieren.) 4. roch (stinken bedeutet „schlecht riechen") 5. zieht Eisen an (Menschen attrahieren Menschen.) 6. abdrehen (Licht ausmachen) 7. quoll heraus (langsam) 8. briet (in der Pfanne) 9. horchten (bewusst hinhören) 10. schüttelte (eine Tischdecke ausschütteln) 11. nisten (Vögel in einem Nest) 12. den Zwirn durch das Nadelöhr fädeln (einen Faden fädeln) 13. Pfote (Tiere: Hunde, Katzen etc.) 14. blinkte (ein internationales Signal, Kerzenlicht flackert unregelmäßig.) 15. Schachtel (eine Kiste Bier) 16. quitt (Redewendung) 17. glitzerte (Lampen leuchten, Diamanten, die das Licht widerspiegeln, glitzern.) 18. Vermieter (in Beziehung zu mir) 19. kaute herum (Beißen ist kurz, kauen dauert länger.) 20. in der Kniekehle (hinterer Teil des Knies) 21. Mauer (Wände sind drinnen, Mauern draußen.) 22. ein großer Deich (gegen Meeresfluten) 23. drängelte sich nach vorn (in einer Schlange) 24. Gräten (Fischknochen) 25. Leck, sank (Ein Loch im Schiff ist ein Leck, Untertauchen ist ein willentlicher Prozess, Sinken ein ungewollter.) 26. übel, frei machen, heilen (Mulmig bedeutet: „Ich habe ein schlechtes Gefühl, weil ich glaube, dass etwas nicht stimmt." Es ist kein körperliches Leiden.; Sich „frei" machen ist „Arztsprache".; Menschen werden geheilt, Dinge repariert.) 27. herausreißen (Herausfetzen ist rücksichtsloser und richtet eventuell Schaden an.) 28. verschlafen (Verpennt ist umgangssprachlich.) 29. gekauft (Erworben ist gehobene Sprache.) 30. Darf ich deine Vorlesungsaufzeichnungen abschreiben/kopieren? (Eine Kopie anfertigen ist gehobene Sprache.)

19 1. gesund und munter 2. immer und ewig 3. ohne Wenn und Aber 4. alt und grau 5. hier und jetzt 6. voll und ganz 7. Art und Weise 8. angst und bange 9. Lug und Trug 10. Gift und Galle spucken

4. Kapitel: Ich bin dagegen: Antonyme

1 1. senkrecht 2. verschieden 3. stationär 4. anomal 5. namentlich 6. abgelesen 7. rosig 8. beweglich 9. geplant 10. nüchtern 11. seelisch 12. mager 13. angenehm 14. stabil 15. abstrakt 16. irdisch 17. gar 18. fade 19. fruchtbar 20. ortskundig

2 1. brandneu, nagelneu 2. blutjung 3. bettelarm 4. taghell 5. stinkend faul 6. winzig klein, winzig 7. klitschnass 8. fest geschlossen 9. überflüssig 10. seelenruhig

3 1. dämmrig 2. feucht 3. breiig 4. halb wach (schlaftrunken) 5. leicht bewölkt 6. diagonal 7. angemessenen 8. eine durchschnittlich große Frau 9. ein Mann mittleren Alters 10. Musik in Zimmerlautstärke 11. ein gemäßigtes Tempo 12. ein gemäßigtes Klima 13. halb bewusst 14. ein halb volles Glas

4 *Diese folgenden Lösungsvorschläge für Anordnungen sind selbstverständlich individuell an einigen Stellen variierbar.*
1. neugeboren → kindlich → jugendlich → jung → erwachsen → alt → gealtert → bejahrt → greis → uralt
2. bitterkalt → eisig → eiskalt → kalt → winterlich → kühl → lau → behaglich → warm → sommerlich → heiß → bullig (heiß) → tropisch heiß → kochend heiß → glühend heiß → brennend heiß
3. verregnet → regnerisch → zugezogen → bedeckt → bewölkt → aufgeklart → klar → heiter → sonnig → prächtig
4. todlangweilig → langweilig → uninteressant → üblich → kurzweilig → unterhaltsam → interessant → spannend → aufregend → beflügelnd → atemberaubend
5. untröstlich → todunglücklich → schwermütig → unglücklich → niedergeschlagen → traurig → trübsinnig → betrübt → bedrückt → schlecht gelaunt → verstimmt → ernst → unbekümmert → heiter → froh → vergnügt → beschwingt → glücklich → freudestrahlend → euphorisch → glückselig → himmelhoch jauchzend
6. epochemachend → sensationell → einzigartig → unnachahmlich → außergewöhnlich → nennenswert → ungewöhnlich → auffallend → normal → alltäglich
7. eingekeilt → eng → beengt → eingeengt → weit → geräumig → weitläufig → unbegrenzt → grenzenlos
8. zweifelhaft → dahingestellt → ungewiss → ungeklärt → geklärt → selbstverständlich → unangefochten → zweifellos
9. nie und nimmer → nie → kaum → selten → sporadisch → gelegentlich → mitunter → manchmal → regelmäßig → häufig → oft → meistens → dauernd → tagtäglich → immer → zeitlebens → endlos → ewig

5 1. fallen/sinken, steigen/erhöhen 2. schrumpfen, wachsen 3. aufwärmen, abkühlen 4. kürzen, verlängern 5. erleichtern, erschweren 6. durchnässen, trocknen 7. abdunkeln, erhellen 8. sich betrinken, ausnüchtern 9. auswildern, zähmen 10. verwunden, heilen 11. krümmen, begradigen 12. aufheitern, bewölken 13. konkretisieren, abstrahieren 14. tauen, gefrieren 15. urbar machen, veröden 16. abschwellen, anschwellen 17. garen 18. würzen

6 1. zurücklaufen 2. hinausgehen 3. ausschalten 4. auspacken 5. ausreisen 6. ausparken 7. ausgießen 8. austrinken 9. (wieder) aufbauen 10. wiederfinden 11. einsammeln 12. abdecken 13. auflegen 14. abbestellen 15. stornieren 16. aus einer Organisation austreten 17. ausbeulen 18. verdünnen 19. von einem Amt zurücktreten 20. aufforsten 21. aufribbeln *(ugs.)*

Lösungen

7 1. entladen 2. entkorken 3. entschlüsseln 4. entrollen 5. entspannen 6. entflechten 7. entlasten 8. entweihen 9. sich von etwas entwöhnen 10. enthüllen 11. entfernen 12. entlassen 13. entrümpeln 14. entwerten 15. jemandem den Führerschein entziehen 16. jemanden enterben 17. enteisen 28. entkalken

8 1. sich etwas (aus)leihen 2. gehören 3. folgen 4. verlieren 5. erhalten 6. entgegennehmen 7. beliefern 8. beerben 9. eine Spende empfangen 10. ein Geschenk entgegennehmen 11. jemandem Glauben schenken 12. annehmen 13. eine Niederlage erleiden 14. Steuern abführen 15. einen Eid annehmen 16. Rechte übernehmen 17. Widerstand leisten

9 1. die Wärme 2. die Langsamkeit 3. die Kürze 4. die Tiefe 5. die Schwäche 6. die Verkürzung 7. die Feigheit 8. das Alter 9. die Dunkelheit 10. die Traurigkeit 11. die Gier 12. die Zurückhaltung 13. der Altbau 14. das Tiefdruckgebiet 15. die Vollmilch

10 1. das Weinen 2. das Nehmen 3. das Finden 4. das Fasten 5. das Schweigen 6. die Wahrheit 7. die Freude 8. der Verlust 9. die Trauer 10. das Verbot

11 1. der Kunde 2. der Schüler 3. der Patient 4. der Enkel 5. der Arbeitnehmer 6. der Zuhörer, das Publikum 7. der Lehrling 8. der Gläubiger 9. der Nachfolger 10. der Nachfahre

12 1. die Scheidung 2. das Löschen 3. die Sühne 4. das Wiedersehen 5. der Wiederaufbau 6. die Wiedergeburt 7. die Rückzahlung 8. die Rückgabe 9. der Rücktritt 10. der Rückgang

13 1. der Mann 2. die Stiefmutter 3. die Nichte 4. der Kater 5. die Hündin 6. der Hahn 7. der Bock 8. der Bock 9. der Hengst 10. der Eber 11. der Erpel 12. der Ganter 13. der Elefantenbulle 14. der Mond 15. die Nacht 16. die Friseurin 17. die Polizistin 18. der Pfleger 19. die Nonne 20. die Magd

14 1. Moll 2. der Schein 3. der Konsonant 4. der Fixstern 5. der Breitengrad 6. der Nadelbaum 7. die Ausnahme 8. die Rückseite 9. der Buchrücken 10. die Zahl 11. der Alt 12. der Ausgang 13. die gebundene Ausgabe 14. die Nachsilbe 15. der Südpol

15 1. der Westen 2. die Südhalbkugel 3. die Mündung 4. die Erde 5. der Dachboden 6. der Hinterausgang 7. der Fuß 8. der Fuß 9. das Heck 10. das Lee

17 1. die Oberseite 2. der Oberarm 3. der Oberschenkel 4. der Oberkiefer 5. der Oberbegriff 6. die Oberschicht 7. die Obergrenze 8. der Oberlauf 9. die Oberhitze 10. der Oberkörper 11. die Oberbekleidung 12. der Aufgang 13. das Übergewicht 14. der Überdruck 15. die Überbeschäftigung 16. die Überführung 17. der Hauptmieter 18. das Bewusstsein 19. (ohne Gegenteil) 20. (ohne Gegenteil)

18 1. artig 2. auffällig 3. höflich, indirekt 4. freundlich 5. höflich, bescheiden 6. sehr freundlich, sehr angenehm 7. hin und wieder (mit Pausen) 8. (völlig) überflüssig 9. ein ausgereifter Plan 10. (gut) begehbares Gelände

19 1. der Nichtraucher 2. der Nichtschwimmer 3. der Nichtleiter 4. Nichtzutreffendes 5. die Nichtbeachtung 6. die Gegenrede 7. der Gegenbesuch 8. widerrechtlich (oder unrechtens) 9. unnatürlich (oder widernatürlich) 10. unwillig (oder widerwillig) 11. der Misserfolg 12. das Misstrauen 13. außerplanmäßig 14. außerehelich 15. außerirdisch 16. das Desinteresse 17. die Desorganisation 18. die Disharmonie 19. die Antipathie 20. die Antithese

20 1. ein scharfes Messer/Schwert, ein spitzer Bleistift 2. ein behaarter Kopf, ein belaubter Baum, ein bewachsener Felsen 3. ein tiefes Gewässer, hohe Wellen, eine steile Steigung, ein gewölbter Bauch, eine hohle Hand, ein üppiger Busen 4. ein besetzter Platz, ein gefangener Mensch, ein vermietetes Zimmer, ein fest angestellter Mitarbeiter, zensierte Gedanken, ein abgelesener Vortrag, eine wortwörtliche Übersetzung 5. ein undichter Wassertank, poröses Material, schütteres Haar, ein gelichteter Wald, aufgelockerte Wolken 6. verdorbenes Essen, ein faules Ei, faules Obst, saure Milch, ranzige Butter, altbackenes Brot, abgestandenes Wasser, verwelkte Blumen, muffige Luft, getragene (schmutzige) Wäsche, eine alte Wunde, eingetrocknete Farbe, schwacher Wind, eine verwischte Spur, ein verblasster Eindruck

21 1. ein junger Mann, junger Wein, eine neue Waschmaschine, neuer Schnee, frisches Brot, eine frische Wunde, ein neues Buch 2. eine gebrauchte Hose, ein antiquarisches Buch, eine abgegriffene Münze, ein erfahrener Mitarbeiter, eine gängige Methode

22 1. ein niedriger Berg, ein niedriges Haus, ein niedriger Preis, ein niedriges Niveau, ein kleiner Baum, niedrige (oder flache) Wellen, eine tiefe Stimme, niedriges oder gemähtes Gras 2. eine hohe Stimme, ein flacher Teller, ein heller Farbton, leichter Schlaf, ein seichtes Gewässer, ein banaler Gedanke, ein oberflächliches Gefühl

23 1. ein schwerer Koffer, eine schwere Arbeit, eine dicke Jacke, tiefer Schlaf, schwer verdauliches Essen, eine steife Brise, eine herbe Enttäuschung 2. ein luftiger Stoff, ein zierlicher Körperbau, ein leichtfüßiger Gang, eine harmlose Krankheit, ein sanfter Tod, ein unbeschwertes Herz

24 1. eine dünne Wand, ein dünnes Buch, sachter Regen, alkoholfreies Bier, eine labile Persönlichkeit, erträgliche Schmerzen, eine entfernte Ähnlichkeit, ein schwaches Verb 2. ein starkes Verb, eine starke Brille, scharfe Augen, eine laute Stimme, ein kräftiger Baumstamm, starker/frischer Wind, eine helle Beleuchtung, eine gute Leistung, eine deutliche Erinnerung, eine durchsetzungsfähige Regierung, einen intensiven Eindruck hinterlassen

25 1. ein salziges Gericht, ein saurer Apfel, bittere Schokolade, trockener Wein 2. ein süßer Apfel, eine basische Chemikalie, ein freundlicher Gesichtsausdruck

26 1. ein stumpfes Messer, schwache Augen, eine schwache Brille, mildes (schwach gewürztes) Essen, ein schwacher Wind, eine weite Kurve, ein verschwommenes Bild, ein zutraulicher Hund, ein stumpfer Verstand, milde Kritik 2. ein scharfes Messer, ein spitzer (angespitzter) Bleistift, ein geschliffener Edelstein, ein glänzendes Metall, empfindsame Sinne, ein spitzer Winkel

27 1. eine glatte Oberfläche, eine glatte Schale, eine glatte Wand, glattes Holz, glatte/sanfte/weiche Haut oder Hände, eine sanfte Stimme, eine ruhige See, ein mildes Klima 2. eine faltige Haut oder eine runz(e)lige Haut oder eine pick(e)lige Haut oder eine raue Haut oder eine spröde Haut – lockige Haare oder wellige Haare oder krause Haare oder zerzauste Haare – ein stach(e)liges/stopp(e)liges Kinn, ein behaartes Bein

5. Kapitel: Das scheint nur gleich: Homonyme

1 1. eine Reihe von wartenden Menschen 2. ein Wasserhahn 3. eine Computermaus 4. ein Boxkämpfer 5. ein Teil des Autos, mit dem man bremst 6. das Sternzeichen Fische 7. das Sternzeichen Löwe 8. das Sternzeichen Stier 9. das Sternzeichen Skorpion 10. mit Pilzsporen befallene Stelle 11. der Pony ist ein Haarschnitt der vorderen Haare, die kurz über den Augenbrauen enden 12. eine berühmte Person 13. ein Blumenstrauß 14. eine Krankheit 15. ein Autotyp von VW 16. das Sternzeichen Widder 17. das Sternzeichen Steinbock 18. Unwohlsein nach Alkoholkonsum 19. ein Accessoire der formalen Herrenkleidung 20. eine Falschmeldung in der Zeitung, Zeitungsente 21. ein Frosch im Hals: ein geschwollenes Gefühl im Hals, Heiserkeit 22. ein Metallgegenstand zur Befestigung eines Zeltes in der Erde 23. eine Eisscholle 24. Ein Reißwolf ist eine Maschine, die Papier zerkleinert, ein Fleischwolf zerkleinert Fleisch. 25. ein Baufahrzeug zum Planieren 26. ein kleines Abhörgerät 27. Teil am Halsende einer Geige 28. Eine Wäschespinne ist eine Vorrichtung zum Aufhängen von nasser Wäsche in Form eines Spinnennetzes. **29.** ein Gerät beim Kunstturnen **30.** ein Gerät beim Kunstturnen, kürzer als ein Pferd **31.** ein Wurf beim Kegeln, der, anstatt auf der Kegelbahn zu rollen, in der Rücklaufrinne rollt **32.** Uhu: Markenname für Kleber

1. eine angehimmelte Person, eine Person für die man schwärmt **2.** ein männliches Kind **3.** ein großes Klavier **4.** ein Musikinstrument **5.** eine Frisur **6.** ein Backwerk **7.** eine Blume **8.** ein Kuchen **9.** Ecke in einem Buch (als Lesezeichen) **10.** Reflektor, z. B. in Fahrradspeichen **11.** eine Säge **12.** die Ohren eines Hasen **13.** der Schwanz eines Hasen **14.** ein Vogelkäfig **15.** das wärmende Innere eines Kleidungsstücks **16.** eine Süßigkeit

2 **1.** Die Wurzel ist der Teil einer Pflanze, der sich unter der Erde befindet. **2.** eine Obstsorte **3.** eine Blume **4.** kleine, flache Hülsenfrucht **5.** Ein Loch ist eine Öffnung. **6.** Eine Höhle ist ein Raum in einem Berg. **7.** kleines Meerestier **8.** eine Frucht **9.** Hammer und Nagel **10.** die Speiche in einem Fahrrad **11.** Symbol z. B. des Christentums **12.** Musikinstrument **13.** die Scheibe in einem Fenster **14.** (Teil des Fußes um das Fußgelenk herum) Hand-/Fußfessel bei Gefangenen **15.** (hinterer Teil des Fußes) Gartengerät

3 **die Blüte:** bunter Teil der Blume und Falschgeld; **der Stock:** Hilfsmittel zum Gehen oder Etage; **die Erde:** Nährboden und der Planet

der Auflauf: überbackenes Gericht und Menschenansammlung; **das Gericht:** Speise und Ort, an dem Recht gesprochen wird; **das Glas:** Trinkgefäß und durchsichtiges Material; **die Fahne:** Mundgeruch nach Alkoholkonsum und Stoffstück mit symbolischer Bedeutung

der Knopf: Schließvorrichtung am Hemd und Schalter; **das Muster:** Stoffdekoration und Probeware

der Ton: Klang und Erdart, die zum Töpfern verwendet wird; **der Bogen:** Teil der Geige, der zum Streichen verwendet wird, und Teil eines Gebäudes

der Reif: Schmuckstück und Frost; **die Niete:** Verliererlos und eine Art von Nagel; **der Artikel:** etwas, das man in einem Geschäft kaufen kann, und Wort aus der deutschen Grammatik; **die Legende:** Erzählung und Erklärung der Symbole auf einem Stadtplan

5 **1.** das Schloss (Gebäude) und das Türschloss **2.** die Landkarte und die Postkarte **3.** der Hörer (jemand, der etwas hört) und der Telefonhörer **4.** der Schreibblock und der Wohnblock **5.** das Brett (langes Stück Holz) und das Spielbrett **6.** das Bett (Möbelstück) und das Flussbett **7.** der Vater und der Doktorvater **8.** die Mutter und die Schraubenmutter **9.** der Bruder und der Klosterbruder **10.** die Schwester und die Krankenschwester **11.** die Nadel (zum Nähen) und die Tannennadel **12.** die Linie (gerader Strich) und die Buslinie **13.** das Pflaster (Wundverband) und das Straßenpflaster **14.** der Bart (im Gesicht) und der Schlüsselbart **15.** die Schuheinlage und die Suppeneinlage **16.** das Grauen und das Morgengrauen **17.** die Angel (zum Fischen) und die Türangel (Einhängevorrichtung) **18.** die Haube (altertümliche Kopfbedeckung) und die Motorhaube (am Auto) **19.** die Lehre (Ausbildung) und die Schublehre (Messgerät) **20.** die Krippe (Futtertrog für Tiere) und die Kinderkrippe

6 **1.** Tanzveranstaltung **2.** der Schluss einer Veranstaltung **3.** die Klärung eines Problems **4.** ein anderes Wort für Sprung **5.** ein anderes Wort für Intellekt **6.** ein wirtschaftlicher Ausdruck für Verkauf **7.** eine schauspielerische Interpretation **8.** ein anderes Wort für Vereinigung **9.** ein anderes Wort für Schicksal **10.** ein anderes Wort für aufpassen (sich in Acht nehmen)

7 **1.** das Band, der Band **2.** der Leiter, die Leiter **3.** die Steuer, das Steuer **4.** das Tau, der Tau **5.** der Hut, die Hut **6.** die Kiefer, der Kiefer **7.** der Messer (z. B. der Geschwindigkeitsmesser), das Messer **8.** der Mangel, die Mangel **9.** das Gehalt, der Gehalt **10.** der Tor, das Tor **11.** der Flur, die Flur **12.** der Kunde, die Kunde **13.** der Golf, Golf **14.** das Watt, Watt **15.** die Mühle, Mühle

6. Kapitel: Aus eins mach viele: Wortfamilien

1 **1.** politisch **2.** demokratisch **3.** diplomatisch **4.** studentisch **5.** irdisch **6.** städtisch **7.** staatlich **8.** behördlich **9.** staubig **10.** dreckig **11.** würdig **12.** prächtig **13.** schwammig **14.** skandalös **15.** medikamentös **16.** religiös **17.** industriell **18.** maschinell **19.** traditionell **20.** emotional

2 **1.** problemlos – ohne Probleme, problematisch – problembehaftet **2.** kindlich – niedlich, (positiv) kindisch – unreif (negativ) **3.** geistig – Gegenteil zu körperlich, geistlich – auf den christlichen Glauben bezogen **4.** künstlich – nicht natürlich, künstlerisch – auf die Kunst bezogen **5.** farblich – auf die Farbe bezogen, farbig – hat Farbe **6.** strapazierbar – kann strapaziert werden, viel aushalten (z. B. ein Material), strapaziös – anstrengend, z. B. eine strapaziöse Reise **7.** strafbar – illegal, sträflich – moralisch verwerflich (z. B. sträflich vernachlässigen) **8.** verständig – ein verständiger Mensch (kann sich in andere hineinversetzen), verständlich – gut zu verstehen **9.** wunderbar – sehr schön, wunderlich – etwas seltsam **10.** holzig – wie Holz (z. B. ein holziger Rettich), hölzern – aus Holz **11.** seidig – wie Seide (z. B. seidiges Haar), seiden – aus Seide

3 **1.** kreisen **2.** lärmen **3.** tapezieren **4.** platzieren **5.** kontaktieren **6.** pulverisieren **7.** pulsieren **8.** tyrannisieren **9.** traumatisieren **10.** sanktionieren **11.** illusionieren **12.** sündigen **13.** hungern **14.** dürsten **15.** witzeln **16.** fädeln **17.** töpfern **18.** rudern **19.** filtern **20.** tricksen

4 **1.** die Freiheit **2.** die Bequemlichkeit **3.** die Dreistigkeit **4.** die Fälschung **5.** die Einigung **6.** das Ärgernis **7.** das Ereignis **8.** die Erbschaft **9.** die Ernte **10.** der Schein **11.** der Empfang **12.** das Gebot **13.** der Kniff **14.** das Konstrukt/die Konstruktion **15.** die Integration

5 **1.** der Arm **2.** das Licht **3.** der Affe **4.** denken **5.** der Herr **6.** das Holz **7.** der Kopf **8.** grün **9.** malen **10.** kurz **11.** der Gast **12.** die Nacht **13.** das Auge **14.** der Haufen **15.** der Mund

6 **1.** das Buch **2.** flechten **3.** glauben **4.** in **5.** die Beute **6.** blau **7.** kauen **8.** das Knie **9.** die Kraft **10.** die Mauer **11.** der Punkt **12.** die Blume **13.** das Brot (ursprünglich jemand, der sein eigenes Brot bäckt) **14.** riechen **15.** der Sohn

7 **1 a)** ein bissiger Hund **b)** eine bissige Bemerkung **2 a)** das Gemüse hat Biss **b)** keinen Bissen hinunterbekommen **3 a)** Gebiss **b)** Imbiss **4)** Verbissenheit

8 **1 a)** Graben **b)** Grube **c)** Grab **d)** Gruft **2 a)** Grübchen **b)** Begräbnis **c)** Ausgrabung

9 **1.** Decke **2.** Decke **3.** Deckchen **4.** Deck **5.** Deckel **6.** Gedeck **7.** Verdeck **8.** Entdecker

10 **1.** gleichen **2.** begleichen **3.** Vergleich **4.** Ausgleich **5.** Ungleichheit **6.** Angleichung **7.** Gleichung **8.** Ausgeglichenheit **9.** Vergleich

11 **1.** Bänden **2.** Bindung **3.** Bund **4.** Bündel **5.** Bündnis **6.** Bündchen **7.** Einband **8.** Entbindung **9.** Verband **10.** Verbindung **11.** bandagieren **12.** unbändig **13.** anbandeln **14.** verbindliche **15.** unverbindlich

12 **1.** Einheit **2.** einerlei **3.** Eintracht **4.** Beeinträchtigungen **5.** Zweier, Dreier **6.** entzwei **7.** zweierlei **8.** Dritte **9.** Viertelliter **10.** vierteljährlich **11.** Viertelstunde **12.** Fünfer **13.** Sechser **14.** Siebzigern **15.** Achter

13 **1.** röteten **2.** errötete **3.** Röteln **4.** Gelbe **5.** vergilbt **6.** im Grünen **7.** begrünen **8.** bläulich **9.** das Blaue **10.** geweißt

15 **1.** j **2.** c **3.** m **4.** k **5.** n **6.** q **7.** o **8.** p **9.** t **10.** s **11.** a **12.** h **13.** d **14.** b **15.** r **16.** i **17.** l **18.** f **19.** g **20.** e **21.** u

1. a **2.** f **3.** e **4.** g **5.** d **6.** j **7.** i **8.** h **9.** c **10.** b

Lösungen

16 1. Wölkchen 2. Glöckchen 3. Papierfähnchen 4. Päckchen 5. Häppchen 6. Essstäbchen 7. Fischstäbchen 8. Mittagsschläfchen 9. Stimmchen 10. Zäpfchen 11. Plätzchen 12. Geburtstagsständchen 13. Kaffeekränzchen 14. Maskottchen 15. Bündchen 16. Eiermützchen 17. Elementarteilchen 18. Blutkörperchen 19. Lungenbläschen 20. Wehwehchen 21. Knöllchen 22. Mauerblümchen 23. Strichmännchen 24. Sandmännchen 25. ins Fettnäpfchen treten

17 1. Schuhmacherei 2. Glaserei 3. Glockengießerei 4. Färberei 5. Ziegelbrennerei 6. Glasschleiferei 7. Töpferei 8. Schneiderei 9. Gärtnerei 10. Weberei 11. Spinnerei 12. Sattlerei

1. Telefoniererei 2. Angeberei 3. Besserwisserei 4. Nörgelei 5. Grübelei 6. Schwarzseherei 7. Klatscherei 8. Schönrednerei 9. Pfennigfuchserei 10. Eifersüchtelei 11. Kinderei 12. Pfuscherei 13. Wortklauberei 14. Phrasendrescherei 15. Katzbuckelei 16. Hochstapelei 17. Heuchelei 18. Augenwischerei 19. Rechthaberei

19 1. Gebirge 2. Gefieder 3. Gestirn 4. Gestrüpp 5. Gebrüder 6. Geschwister 7. Gebüsch 8. Gehölz 9. Geäst 10. Gebälk 11. Gestüt 12. Gefilde 13. Gelände 14. Gepäck 15. Gehäuse 16. Gewitter

1. Gebäude 2. Gemälde 3. Gebet 4. Gespräch 5. Gepäck 6. Geduld 7. Geröll 8. Gesäß 9. Gebiet 10. Geschäft 11. Geschichte 12. Getreide

20 1. wiederfinden 2. herauszufinden 3. zurechtgefunden 4. hinfinden, zurückfinden 5. erfunden 6. zusammenfinden 7. vorfinden 8. aufzufinden 9. abfinden 10. eingefunden

21 1. auf, unter 2. vorüber 3. entgegengehen 4. kaputtgeht 5. sichergehen 6. aus 7. zergeht 8. ergangen 9. dazwischen 10. hervor 11. ein 12. über 13. hintergangen 14. umgehen

22 1. durch 2. nachlesen 3. vor 4. abzulesen 5. verlesen 6. zerlesen 7. hinweg 8. überlesen 9. herauslesen 10. belesen

7. Kapitel: Aus zwei wird eins: Komposition

1 1. Bilderbuch 2. Taschenbuch 3. Sachbuch 4. Lehrbuch 5. Geschichtsbuch 6. Hörbuch 7. Tagebuch 8. Telefonbuch 9. Kochbuch 10. Drehbuch 11. Strafgesetzbuch 12. Sparbuch 13. Parteibuch 14. Grundbuch 15. Kondolenzbuch

1. Buchseite 2. Buchdeckel 3. Buchrücken 4. Bücherstapel 5. Bücherregal 6. Buchbinder 7. Buchhändler 8. Buchhalter 9. Büchersendung 10. Buchmesse

2 1. Sprachkurs 2. Sprachenzentrum 3. Sprachreise 4. Sprachkenntnisse 5. Spracherwerb 6. Sprachentwicklung 7. Spracherkennung 8. Sprachausgabe 9. Sprachzentrum 10. Sprachgefühl 11. Sprachstörung 12. Sprachbarriere 13. Sprachwitz 14. Sprachrohr 15. die babylonische Sprachverwirrung

1. Muttersprache 2. Unterrichtssprache 3. Körpersprache 4. Gebärdensprache 5. Umgangssprache 6. Schriftsprache 7. Fachsprache 8. Amtssprache 9. Geheimsprache 10. Programmiersprache 11. Ausgangssprache 12. Zielsprache 13. Weltsprache 14. Verkehrssprache 15. Metasprache

3 1. Erdloch 2. Nasenloch 3. Mauseloch 4. Bohrloch 5. Knopfloch 6. Ärmelloch 7. Schlüsselloch 8. Guckloch 9. Startloch 10. Schlagloch 11. Ozonloch 12. Sommerloch

1. Einwohnerzahl 2. Arbeitslosenzahl 3. Geburtenzahl 4. Zuschauerzahl 5. Jahreszahl 6. Prozentzahl 7. Quadratzahl 8. Kubikzahl 9. Bruchzahl 10. Primzahl 11. Gewinnzahlen 12. Postleitzahl 13. Bankleitzahl 14. Ortsnetzkennzahl 15. Schnapszahl

4 1. Geldschein 2. Führerschein 3. Pilotenschein 4. Kraftfahrzeugschein 5. Parkschein 6. Fahrschein 7. Trauschein 8. Angelschein 9. Gewerbeschein 10. Seminarschein 11. Gepäckaufbewahrungsschein 12. Wahlschein 13. Abmeldeschein 14. Krankenschein 15. Überweisungsschein 16. Impfschein 17. Lieferschein 18. Gutschein 19. Schuldschein 20. Totenschein

5 1. Ehekrise 2. Identitätskrise 3. Nervenkrise 4. Währungskrise 5. Wirtschaftskrise 6. Agrarkrise 7. Versorgungskrise 8. Energiekrise 9. Regierungskrise 10. Dauerkrise

6 1. d 2. f 3. e 4. j 5. c 6. b 7. a 8. h 9. g 10. k 11. i

7 1. c 2. h 3. b 4. k 5. e 6. f 7. d 8. g 9. j 10. i 11. a

8 1. d 2. e 3. i 4. f 5. g 6. c 7. a 8. h 9. b 10. k 11. j

9 1. bleifrei 2. beschwerdefrei 3. störungsfrei 4. kniefrei 5. schulterfrei 6. schuldenfrei 7. sorgenfrei 8. fehlerfrei 9. vorurteilsfrei 10. steuerfrei

10 Satz A: Er blickte sie gedankenvoll, hoffnungsvoll, liebevoll, neidvoll, verheißungsvoll, verständnisvoll, vorwurfsvoll an.

Satz B: Er ist ein anspruchsvoller, fantasievoller, friedvoller, gefühlvoller, humorvoller, liebevoller, rücksichtsvoller, temperamentvoller, verständnisvoller, würdevoller Mensch.

11 1. erntereif 2. schulreif 3. druckreif 4. bühnenreif 5. olympiareif 6. geschlechtsreif 7. schrottreif 8. urlaubsreif 9. bettreif 10. spruchreif

12 1. Kind 2. Student 3. junger Mann 4. Schiff 5. Tuch 6. Gerät 7. Material 8. neues Produkt 9. bankrotte Firma 10. Spende 11. Kranker 12. Unfallopfer 13. Regierung 14. junger Straftäter 15. Wähler 16. Komitee

13 1. körbeweise 2. dutzendweise 3. löffelweise 4. tropfenweise 5. zeilenweise 6. wochenweise 7. wahlweise 8. teilweise 9. scheibchenweise 10. stufenweise

14 1. zweckwidrige 2. stilwidriges 3. verkehrswidriges 4. sittenwidrige 5. verfassungswidriges 6. gesetzeswidriges 7. vertragswidrige 8. regelwidrige

16 1. gebührenpflichtiges 2. anmeldepflichtiger 3. schulpflichtige 4. rezeptpflichtiges 5. meldepflichtige 6. zollpflichtige 7. steuerpflichtige 8. genehmigungspflichtige 9. unterhaltspflichtiger 10. haftpflichtiger

17 1. zeitgemäße 2. wunschgemäße 3. plangemäße (planmäßige) 4. vertragsgemäße 5. unsachgemäße

1. kindgerechtes 2. mundgerechte 3. normgerechte 4. termingerechte 5. fachgerechte

18 1. c 2. d 3. e 4. i 5. g 6. b 7. h 8. a 9. j 10. f

8. Kapitel: Was zusammengehört: Kollokationen

1 die Stirn runzeln, die Nase rümpfen, mit den Schultern zucken, mit den Augenbrauen zucken, mit den Augen zwinkern, mit den Augen rollen, die Lippen schürzen, die Zähne fletschen, eine Grimasse schneiden, den Kopf schütteln, die Hände falten, die Finger spreizen, die Hand zur Faust ballen, die Beine grätschen, die Beine übereinanderschlagen

2 die Wäsche waschen, das Geschirr abwaschen, die Regale abstauben, die Teppiche saugen, die Böden wischen, die Badewanne scheuern, die Fenster putzen, das Silberbesteck polieren, das Unkraut jäten

3 den Sicherheitsgurt anlegen, die Rückspiegel einstellen, die Kupplung treten, den Gang einlegen, den Blinker setzen, den Zündschlüssel drehen und den Motor anlassen, Gas geben, vom Gas gehen, die Handbremse lösen, die Handbremse ziehen, die Windschutzscheibe enteisen, nicht den Motor abwürgen

4 den Telefonhörer abnehmen, das Freizeichen abwarten, die Nummer wählen, von der Zentrale verbunden werden, die Durchwahl erhalten, den Gesprächspartner erreichen, ein Telefongespräch führen, eine Nachricht hinterlassen, den Hörer auflegen, einen Rückruf erwarten, den Anrufbeantworter abhören, ein Telefongespräch mitschneiden, eine angenehme Telefonstimme

5 **Wenn Sie krank sind, werden Sie** einen Arzt aufsuchen, einen Arzt konsultieren. **Der Arzt wird dann** eine Untersuchung durchführen, den Patienten befragen. **Wie kann man Schmerzen beschreiben?** starke Schmerzen, ein stechender Schmerz, ein brennender Schmerz, ein pochender Schmerz, ein ziehender Schmerz, ein schneidender Schmerz. **Gegen Ende wird der Arzt** eine Diagnose stellen, Empfehlungen aussprechen, ein Medikament verschreiben, über Nebenwirkungen aufklären, ein Rezept ausstellen **und dann entweder mit Ihnen** einen neuen Termin vereinbaren **oder Sie müssen** zu einem Facharzt überwiesen werden. **Bei Bedarf wird er Sie für einige Zeit** krankschreiben.

6 eine Bankfiliale besuchen und Bankgeschäfte tätigen; ein Konto eröffnen oder einrichten; ein Konto führen; ein Konto überziehen, ein Konto ausgleichen; das Konto sperren lassen; das Konto auflösen; eine Zahlung vornehmen, Geld abheben, Geld in eine andere Währung umtauschen oder wechseln; Ihren Ausweis vorzeigen, eine Gebühr entrichten; Geld überweisen; ein Formular ausfüllen; einen Dauerauftrag einzurichten; einen Kreditantrag stellen; Schulden begleichen; einen Geldautomaten bedienen, die Karte einführen, die Geheimnummer eingeben, das Geld entnehmen; den aktuellen Kontostand abfragen, einen Kontoauszug ausdrucken, Ihre Ausgaben überprüfen; Online-Banking in Anspruch nehmen

7 einen Versicherungsanbieter auswählen, die Filiale aufsuchen; über die Konditionen aufklären; nach reiflicher Überlegung, die Versicherung abschließen; die Laufzeit festlegen; Sie verursachen einen Schaden, Ihre gesetzliche Pflicht erfüllen, Ihre Versicherung in Anspruch nehmen; wenn die Versicherung ausläuft, den Versicherungsvertrag verlängern

8 1. schwer arbeiten 2. tief und fest schlafen 3. lichterloh brennen 4. etwas strikt ablehnen 5. etwas deutlich ahnen 6. etwas deutlich artikulieren 7. sträflich vernachlässigen 8. glühend verehren 9. heiß begehren 10. innig lieben 11. steif und fest behaupten 12. etwas voll und ganz akzeptieren 13. gründlich überlegen 14. meisterhaft beherrschen 15. pausenlos reden 16. unaufhörlich regnen 17. sich redlich Mühe geben 18. ununterbrochen essen 19. schleunigst erledigen 20. abrupt aufhören

9 1. unerreichbar fern 2. greifbar nah 3. wunschlos glücklich 4. grässlich langweilig 5. akribisch/peinlich genau 6. außerordentlich wichtig 7. astronomisch hoch 8. hochbegabt 9. hochschwanger 10. voll automatisch 11. reichlich albern 12. grob fahrlässig 13. äußerst bedenklich 14. äußerst heikel 15. durchaus menschlich 16. allzu verständlich 17. in und auswendig 18. hoffnungslos verliebt 19. hell beleuchtet 20. prall gefüllt 21. hellauf begeistert 22. redlich verdient 23. unmittelbar betroffen 24. fein gesponnen 25. felsenfest überzeugt

10 1. riesengroß 2. haarklein 3. meterdick 4. zentimeterdick 5. hauchdünn 6. kugelrund 7. ellenlang 8. stockdunkel 9. taghell 10. eiskalt 11. blitzschnell 12. steinhart 13. butterweich 14. samtweich 15. bettelarm 16. klitschnass

11 1. steinreich 2. knochentrocken 3. zentnerschwer 4. bleischwer 5. federleicht 6. kinderleicht 7. bildschön 8. spiegelglatt 9. blitzblank 10. glasklar 11. todmüde 12. hellwach 13. kreidebleich, stockstreif 14. bienenfleißig 15. brandaktuell 16. schnurstracks

12 1. todkrank, kerngesund 2. glockenhell 3. knallrot 4. pechschwarz 5. schneeweiß 6. lammfromm 7. heilfroh 8. splitternackt 9. quicklebendig 10. niet- und nagelfest 11. mutterseelenallein 12. mucksmäuschenstill 13. haarscharf 14. messerscharf 15. abgrundtief 16. hundemüde, putzmunter, quietschfidel 17. ratzekahl 18. pudelwohl

14 1. ein scharfer Wind 2. ein durchdringender Blick 3. ein markerschütternder Schrei 4. ohrenbetäubender Lärm 5. eine lebensgefährliche Verletzung 6. stürmischer Beifall 7. eine heftige Auseinandersetzung 8. enormer Aufwand 9. eine maßlose Übertreibung 10. tief greifende Veränderungen 11. durchschlagender Erfolg 12. ein krasser Gegensatz 13. nach reiflicher Überlegung 14. ein reines Vergnügen 15. eine drakonische Strafe 16. eine schwere Bürde 17. grober Unfug 18. ein unverzeihlicher Irrtum, ein unverzeihlicher Fehler 19. tiefer Schmerz, eine tiefe Verletzung 20. ein jähes Ende, ein jäher Tod 21. exorbitante Kosten, exorbitante Preise, exorbitante Gehälter 22. harsche Kritik, eine harsche Reaktion 23. eine beachtliche Summe, eine beachtliche Leistung 24. eine akute Gefahr, eine akute Erkrankung 25. erhebliche Bedenken, erhebliche Konsequenzen

15 1. sich kümmerlich ernähren 2. sachte wecken 3. sachte hin und her wiegen 4. nicht ganz geheuer 5. ziemlich albern 6. indirekt betroffen 7. weitgehend autark 8. weitgehend authentisch 9. spärlich bekleidet 10. spärlich beleuchtet 11. spärlich möbliert 12. spärlicher Beifall 13. ein spärliches Einkommen 14. eine vage Erinnerung 15. eine vage Andeutung 16. eine zarte Nuance 17. geringe Wahrscheinlichkeit 18. ein geringes Risiko 19. eine geringe Entfernung 20. ein geringfügiger Unterschied

16 1. die Kosten, die Preise, die Steuern, die Zinsen senken 2. die Kosten (drastisch) reduzieren 3. die (Neu-)verschuldung begrenzen, 4. die Aufgaben beschränken 5. den Abstand, die Abhängigkeit verringern 6. das Parlament, die Armee verkleinern, 7. den Ausstoß, die Emission vermindern 8. die Geschwindigkeit, das Tempo, den (Energie-)verbrauch, die Produktion drosseln 9. den Durst, den Hunger stillen 10. die Not, die Schmerzen, die Leiden lindern 11. die Chancen (erheblich) schmälern 12. das Fieber, die Symptome, die Schwellung, die Beschwerden klingen ab 13. die Temperaturen sinken (ab) 14. die Kräfte, die Schmerzen, die Konzentration lassen nach 15. die Macht, der Einfluss, die Bedeutung schwindet

17 1. die Preise erhöhen 2. den Druck auf eine Institution erhöhen 3. den Umsatz, den Gewinn, den Marktanteil steigern 4. Strafen, Kontrollen verschärfen 5. einen Eindruck verstärken 6. Zellen, Viren, Erreger vermehren sich 7. Spekulationen, Vermutungen, Gerüchte verdichten sich 8. Probleme, Konflikte, Spannungen verschärfen sich

18 1. ein Fest veranstalten 2. einen Besuch abstatten 3. Freundschaft schließen 4. einen Beruf ausüben 5. eine Prüfung absolvieren 6. einen Purzelbaum schlagen 7. ein Projekt durchführen 8. einen Vertrag abschließen 9. Handel treiben 10. eine Entscheidung treffen 11. Überlegungen anstellen 12. eine Analyse erstellen 13. Ordnung schaffen 14. Frieden schaffen 15. Interesse wecken 16. eine Krankheit hervorrufen 17. Angst einjagen 18. Prioritäten setzen 19. eine Verpflichtung eingehen 20. seine Pflicht erfüllen 21. Widerstand leisten 22. Kopfzerbrechen bereiten 23. Schwierigkeiten bereiten 24. Vergnügen bereiten 25. Eindruck schinden

19 1. Aufmerksamkeit erregen 2. Mängel aufweisen 3. ein Schicksal erleiden 4. einen Kollaps/einen Herzinfarkt erleiden 5. einer Verpflichtung unterliegen 6. eine Einheit bilden 7. Zweifel/Bedenken/Unterschiede bestehen 8. sich als verhängnisvoll erweisen 9. ein Problem darstellen 10. Es herrscht Ruhe.

20 1. Geld auszahlen 2. ein Paket zustellen 3. einen Schlüssel aushändigen 4. ein Visum erteilen 5. Beweise liefern 6. Unterkunft gewähren 7. eine Überraschung bereiten 8. einen Wunsch erfüllen 9. Möglichkeiten/Chancen einräumen 10. Lob spenden 11. Trost spenden 12. Beifall spenden 13. Ersatz leisten 14. Rechte/eine Rolle/einen Status zubilligen 15. Anerkennung/Beifall/Bewunderung zollen

Lösungen

21 1. eine Frage stellen 2. eine Rede halten 3. eine Nachricht überbringen 4. Bericht erstatten 5. ein Gedicht aufsagen 6. einen Dialog führen 7. ein (Telefon)gespräch führen 8. eine Befragung durchführen 9. Bescheid geben 10. eine Erklärung abgeben 11. einen Bewertung abgeben 12. eine Vermutung äußern 13. einen Wunsch äußern 14. einen Wortbeitrag leisten 15. eine Behauptung aufstellen 16. Argumente vorbringen 17. einen Einwand erheben 18. Protest erheben 19. ein Geheimnis lüften 20. die Beichte ablegen 21. einen Streit ausfechten 22. ein Problem aufwerfen 23. Bedenken anmelden 24. jemanden in eine (harmlose) Plauderei verwickeln 25. kein Sterbenswörtchen verraten

22 1. in den Schlaf finden, eine Sprache beherrschen, ein Versuch gelingt, einen Schmerz, Verlust nicht verwinden, einen Blick erhaschen 2. sich in Gefahr/auf die Suche begeben, zu einer Reise aufbrechen, sich in Behandlung/in Abhängigkeit begeben, seine Gedanken in die Ferne schweifen lassen 3. ein Gewitter/eine Gefahr zieht herauf 4. die Erkenntnis gewinnen, Gewinn machen, Bedeutung erlangen, Beifall ernten, Prügel beziehen, Mitleid/Aufmerksamkeit erheischen 5. einen Schatz heben, ein Geheimnis aufstöbern 6. einen Fachmann/Arzt konsultieren, ein Lexikon/Wörterbuch konsultieren 7. ein Tagebuch führen, einen Briefwechsel führen, Protokoll führen, ein Formular ausfüllen, einen Scheck ausstellen 8. Gestalt annehmen, seine Wirkung entfalten 9. eine Ehe scheiden, einen Streit beilegen, einen Kontakt abbrechen

23 1. planen 2. besuchen 3. leben 4. beschließen 5. vorwerfen 6. wählen 7. zusammenbrechen 8. gefährden 9. nützen 10. korrigieren 11. sich beziehen auf 12. streiten 13. beobachten 14. beweisen 15. anzeigen 16. widersprechen 17. bezweifeln 18. sich aufregen

24 1. a 2. l 3. n 4. c 5. o 6. i 7. g 8. f 9. d 10. h 11. k 12. m 13. j 14. b 15. e

25 1. in Bewegung geraten 2. kommt in Frage 3. nahm in Schutz 4. in Anspruch nehmen 5. ein Beispiel nehmen 6. in Angriff nehmen 7. in Abrede stellen 8. die Konsequenzen gezogen 9. nahm zur Kenntnis 10. kam in Gang 11. zog ins Vertrauen 12. in Aussicht gestellt 13. auf den Gedanken kam 14. Abstand zu nehmen 15. zum Ausdruck bringen

26 1. stellt, stehen 2. steht, stellt 3. stellten, standen 4. stehen, setzt 5. eine Beziehung herstellen, stehen 6. zur Sprache zu bringen, kam zur Sprache 7. zum Abschluss bringen, zum Abschluss kommen 8. kam zur Durchführung, zur Durchführung bringen 9. kommt zu Ende, zu Ende zu bringen/führen 10. kommt in Betracht, ziehe in Betracht

27 1. Die Band versetzte mit ihren drei Zugaben die Fans in Begeisterung. 2. Als der Sänger dann schließlich von der Bühne stieg, versetzte er sie vollkommen in Ekstase. 3. Durch die Nachricht von dem Autounfall geriet seine Familie in Sorge. 4. Frau Brinkmann geriet in Unruhe, da der erwartete Brief immer noch nicht kam. 5. Durch die ungerechte Behandlung geriet er in Wut. 6. Die Nachricht von den Kindesmisshandlungen versetzte sie in Zorn. 7. Durch das plötzliche Erdbeben gerieten die Einwohner der Stadt in Panik. 8. Der Skandalfilm versetzte die ganze Filmindustrie in Aufruhr. 9. Durch die ungewöhnlichen Fähigkeiten des Zauberers geriet das Publikum in Erstaunen. 10. Durch dein unerwartetes Geschenk geriet ich in Verlegenheit.

28 1. gab das Versprechen 2. trafen die Verabredung 3. leistete Verzicht 4. zu Rate ziehen 5. stellte zur Rede 6. Rücksicht nehmen 7. in Verbindung treten 8. ins Vertrauen zu ziehen 9. übt Einfluss 10. machte Eindruck

29 1. steht zur Debatte 2. zur Sprache gebracht werden 3. zu Wort kommen 4. zum Reden bringen 5. kommt an die Reihe 6. vertritt die Meinung 7. Antwort geben 8. macht Ausführungen 9. stoßen auf Ablehnung 10. eine Übereinstimmung erzielen 11. Aussage treffen 12. zur Sprache gekommen 13. zu Wort kommen 14. zur Diskussion zu stellen 15. erhält Zustimmung

30 1. zieht in Erwägung 2. in Erinnerung behalten 3. hat keine Vorstellung 4. in Betracht ziehen 5. ins Gedächtnis zurückrufen 6. kam zu dem Schluss 7. einen Vergleich ziehen 8. Überlegungen anzustellen 9. zur Einsicht gelangt 10. seine Aufmerksamkeit auf jedes einzelne Wort richten

31 1. Literaturangaben machen 2. stellte Beobachtungen an 3. im Gegensatz zu … steht 4. sich im Irrtum befindet 5. hatte zur Folge 6. einen Einblick 7. Parallelen zu ziehen 8. machte zum Ausgangspunkt 9. zur Durchführung zu bringen 10. gelangte zu der Überzeugung

32 1. eine unheilbare Krankheit 2. eine abgedroschene Phrase 3. ein zwielichtiger Geselle 4. eine folgenschwere Entscheidung 5. ein höhnisches Lachen 6. ein närrisches Treiben 7. ein vollmundiger Wein 8. ein mehliger Apfel 9. ein mustergültiges Beispiel 10. ein gordischer Knoten 11. hinter vorgehaltener Hand 12. am helllichten Tag

34 1. hämisch lachen/grinsen 2. kirchlich heiraten 3. hohl klingen 4. sich solidarisch fühlen/erklären 5. etwas kleinlaut einräumen/eingestehen müssen 6. grob fahrlässig handeln 7. mulmig zu Mute sein 8. etwas brühwarm erzählen 9. etwas dumpf ahnen 10. qualvoll verenden/sterben 11. schlaff (herab)hängen 12. lange währen 13. wörtlich zitieren 14. etwas unbeschadet überstehen 15. jemanden kaltblütig erschießen/ermorden

35 1. j 2. g 3. k/l 4. p 5. r 6. a 7. t 8. s 9. b 10. d 11. c 12. l/k 13. m 14. i 15. q 16. h 17. e 18. f 19. o 20. n

37 1. e 2. f 3. g 4. c 5. b 6. h 7. i 8. j 9. a 10. d

39 1. f 2. k 3. l 4. e 5. a 6. j 7. p 8. m 9. r 10. t 11. i 12. g 13. h 14. n 15. o/d 16. d/o 17. q/c 18. c/q 19. s 20. b

41 1. sein Wahlrecht ausüben 2. seine Stimme abgeben 3. ein Amt aufnehmen 4. ein Amt ausüben 5. ein Amt niederlegen 6. die Verantwortung übernehmen 7. jemandem die Verantwortung übertragen 8. eine Sitzung einberufen 9. einer Sitzung, einem Staatsakt beiwohnen 10. einen Ausschuss bilden 11. seine Meinung äußern 12. eine andere Meinung einholen 13. sein Veto einlegen 14. als Schiedsrichter/Vermittler fungieren 15. einen Streit schlichten 16. Asyl/Bleiberecht gewähren 17. Wahlwerbung betreiben 18. Propaganda betreiben 19. einer Willkür ausgeliefert sein 20. Widerstand leisten

43 1. rechtliche Schritte einleiten 2. ein Verfahren/einen Prozess/eine Klage anstrengen 3. ein Plädoyer vortragen 4. einen Zeugen vorladen 5. einen Beweis erbringen 6. Anklage erheben 7. die Argumente abwägen 8. den Prozess vertagen 9. ein Urteil fällen 10. Recht sprechen 11. im Ermessen des Richters liegen 12. jemandem das Sorgerecht übertragen 13. einen Durchsuchungsbefehl erlassen 14. das Gesetz übertreten 15. ein Verbrechen begehen 16. jemandem Unrecht zufügen 17. unter Anklage stehen 18. einen Rechtsanwalt konsultieren 19. Berufung einlegen 20. die volle Verantwortung tragen 21. Ersatz leisten 22. eine Strafe ableisten 23. einen Eid leisten 24. eine Aussage machen 25. ein Testament eröffnen

9. Kapitel: Mal bildlich gesprochen: Idiomatik

1 1. Kopfzerbrechen 2. Nacken 3. Augen 4. Augapfel 5. Augenblick 6. Auge 7. Ohr 8. Ohren 9. Zungenbrecher 10. Gaumenfreude 11. Zähne 12. Hand, Fuß 13. Hand 14. Fingern 15. Daumen 16. Fingernagel 17. Gliedern 18. Arme 19. Armen 20. Schultern 21. Bein 22. Füßen 23. Nabel 24. Galle 25. Herz 26. Knochenarbeit 27. Rückgrat 28. Mark, Bein 29. Ader

3 1. Muttersprache 2. Muttermilch 3. stiefmütterlich 4. Vater 5. brüderlich 6. Brüdern 7. Onkel 8. Kind 9. Junggeselle 10. Familie

4 1. Katzensprung 2. Katzenmusik 3. Katzenauge 4. Kater 5. Muskelkater 6. Gehege 7. Amtsschimmel 8. Eselsbrücke 9. Eselsohr 10. Hühnern 11. Gänsemarsch 12. Gänsewein 13. Gänseblümchen 14. Gänsehaut 15. Gänsefüßchen 16. Storch 17. Nachteule 18. Federn 19. Eier 20. flügge 21. Rabe 22. Fisch 23. aalglatter 24. Angsthase 25. Fuchs 26. Frosch 27. Murmeltier 28. Elefant 29. Krokodilstränen 30. Löwenanteil

5 1. Hummel 2. Fliege 3. Flohmarkt 4. Floh 5. Grillen 6. spinnefeind 7. Wespentaille 8. Mücke 9. Laus 10. Made

7 1. Bäumen 2. Bäume 3. Ast 4. Zweig 5. Wurzeln 6. Blume 7. Blüten 8. Kraut 9. Gras 10. Klee 11. Berg 12. Berge 13. Wasser 14. Wasser 15. Feuer, Wasser 16. Feuer 17. Luft 18. Luft 19. Wind 20. Sternen

9 1. Jacke, Hose 2. Ärmel 3. Ärmel 4. Schlips, Kragen 5. Kragenweite 6. Weste 7. Schlips 8. Knöpfen 9. Hut 10. Hut 11. Schlafmütze 12. Hemd 13. Hemd 14. Samthandschuhen 15. Gürtel 16. Schuhe 17. Schürze 18. Haube 19. fadenscheinige 20. Schusters

11 1. Apfel, Augapfel, Erdapfel, Pferdeäpfel 2. Zankapfel 3. Apfel 4. Ei 5. Ei 6. Nuss 7. Erbsenzähler 8. Eigenbrötler 9. Scheibe 10. Milchzähne 11. Milchmädchenrechnung 12. Butter 13. Butter 14. zubuttern 15. Leberwurst 16. Pfannkuchen 17. gepfefferte 18. Honig 19. übrig 20. abspeisen 21. verschlingen 22. verdauen 23. Magen 24. Tee 25. Bierbauch

13 1. Hans, Franz 2. Michel 3. Otto 4. Wilhelm 5. Peter 6. Emma 7. Heulsuse 8. Minna 9. Hein 10. Dummerjan 11. Zappelphilipp 12. Hans 13. Jakob 14. Benjamin 15. Methusalem

14 1. Hinz, Kunz 2. Hempels 3. Schlauberger, Schlaumeier 4. Drückeberger 5. Hansdampf 6. boykottieren 7. Litfaßsäule 8. Hase 9. Pappenheimer

15 1. rot 2. roten 3. rote 4. rosarote 5. gelb 6. Grünstreifen 7. blaumachen 8. Blaulicht 9. blauen 10. Blaue 11. Blaue 12. schwarzsehen 13. Schwarze 14. schwarzfahren 15. Morgengrauen 16. graue 17. weiße 18. schwarz, weiß 19. goldene 20. Farbe

17 1. besaitet 2. Geigen 3. Pauken und Trompeten 4. sang- und klanglos 5. ausklingen 6. Einklang 7. Zukunftsmusik 8. Bild 9. Ball 10. schachmatt

19 1. Mauern 2. Mauer 3. Brücken 4. Brücke 5. Brücke 6. Hochtouren 7. Brücken 8. ausixen 9. Ausschlag 10. Band, Band

20 1. Heu 2. Heller 3. Mark 4. Pfennigfuchser 5. Rubel 6. Groschenroman 7. Groschen 8. Portemonnaie 9. Heller 10. Geld

21 1. Punkt, Wasserfall, Wortschwall 2. Grab 3. Bahnhof 4. Sprache, Worte 5. geflügelte, goldene 6. Sprache 7. kleiden 8. Wort 9. Mund(e) 10. Goldwaage

22 1. Tohuwabohu 2. Paradies 3. Hiobsbotschaft 4. Jubeljahre 5. das A und O 6. Buch mit sieben Siegeln 7. vom Saulus zum Paulus 8. vorsintflutlich 9. Adamskostüm oder Evakostüm 10. Sündenbock 11. Tanz um das goldene Kalb 12. nicht das Wasser reichen 13. das Land, wo Milch und Honig fließen 14. babylonischen Verwirrung 15. jemandem die Leviten lesen

24 1. Wörtchen 2. Däumchen 3. Händchen 4. Häufchen 5. Schnürchen 6. Örtchen 7. Nickerchen 8. Fäustchen 9. Fettnäpfchen 10. Früchtchen

25 1. Drum 2. Kegel 3. Neige 4. Süßholz 5. brühwarm 6. helllichten 7. Extrawurst 8. Gerüchteküche 9. Appel 10. Deut

27 1. Was tragen Sie nach Athen? a) **Eulen**: Das Sprichwort „Eulen nach Athen tragen" bedeutet etwas Unnötiges tun, etwas dorthin bringen, wo es schon genug gibt. Eulen, das Symbol der Weisheit, sind das Wappentier von Athen. Säulen (d) gibt es natürlich in athenischen Tempeln, ist aber eine falsche Fährte. 2. Welchen Apfel kann man essen? c) **den Erdapfel** (ein anderes Wort für Kartoffel). Der Augapfel (a) ist Teil des Auges, der Zankapfel (b) sprichwörtlich der Gegenstand eines Streites, der Pferdeapfel (d) ist Exkrement von Pferden. 3. Welches ist kein Tier? a) **der Ohrwurm**: eine Melodie, die man nicht vergessen kann und die man unangenehmerweise immer im Kopf „hört". Der Regenwurm (b) kommt bei Regen an die Erdoberfläche, der Bandwurm (c) ist ein Wurm, der aus vielen kleinen Gliedern besteht und im Darm von Tieren lebt, des Mehlwurms (d) Larven ernähren sich von und leben oft in den Mehlvorräten. 4. Der Schrei ging ihm durch und durch bedeutet: Der Schrei ging ihm durch a) **Mark und Bein**: Bein ist ein altes Wort für Knochen. Mark und Pfennig (d): deutsche Währung vor der Einführung des Euro. 5. Gänsewein ist d) **Wasser** (ein scherzhafter Ausdruck, da Gänse Wasser trinken). 6. Jemand, der nicht selbstständig wird, hängt an Mutters a) **Schürze**. 7. Die ersten Zähne heißen a) **Milchzähne**. 8. Wer jemandem schmeichelt, schmiert ihm a) **Honig um den Bart**. 9. Wenn es unordentlich ist, sieht es aus wie bei d) **Hempels unterm Sofa**. 10. Wer lange schläft, schläft bis in die b) **Puppen**. 11. Wer sehr glücklich ist, ist im b) **siebenten Himmel**. 12. Wer sich sehr stark fühlt, könnte c) **Bäume ausreißen**. 13. Etwas sehr Billiges bekommt man im Austausch für einen Apfel und c) **ein Ei** (Die Redewendung wird meist dialektal gefärbt gebraucht: „für 'n Appel und 'n Ei."). 14. Eine umgeknickte Ecke in einem Buch heißt b) **Eselsohr**. Eine Eselsbrücke (a) ist ein Merkvers, eine Merkhilfe. Ein Schweinsohr (c) ist ein Gebäck. Wenn man jemandem eine gute Möglichkeit gibt, sich nach einem Streit wieder zu versöhnen, baut man ihm sprichwörtlich „eine goldene Brücke" (d). 15. Jemand, der etwas verstanden hat, dem ist a) **ein Licht aufgegangen**.

28 1. f 2. g 3. a 4. e 5. b 6. h 7. i 8. j 9. d 10. c

32 1. h 2. f 3. e 4. b 5. c 6. d 7. i 8. j 9. a 10. g

34 1. a 2. c 3. d 4. b 5. e

10. Kapitel: Sprache lebt: Etymologie

1 1. o 2. m 3. l 4. c 5. e 6. i 7. f 8. t 9. s 10. q 11. p 12. k 13. r 14. a 15. h 16. g 17. j 18. n 19. b 20. d

2 Hunde jaulen (laut) und winseln (leise) z. B. bei Schmerzen, sie kläffen (ein lautes Bellen) oder knurren (ein leiserer rollender Ton) andere Hunde an. Katzen maunzen (kläglich), wenn sie etwas wollen, fauchen, um einen Gegner zu vertreiben, oder schnurren wohlig, wenn ihnen etwas angenehm ist (ein leiser rollender Ton).
Übertragene Bedeutungen von Tierlauten: bellen – lautes ärgerliches Sprechen, jaulen – unzufriedene Sprechweise z. B. von Kindern, heulen – ein lautes Weinen, knurren – aggressive, aber leise Art zu sprechen, ein Spinnrad schnurrt

3 1. brüllte, knurrte, bellte, brummte 2. heulte 3. brummte 4. piepste 5. meckern 6. krächzte 7. blökt 8. wieherndes 9. knurrte, kläffte, bellte 10. schnattern

4 **menschliche Sprache:** 1. flüstern 2. lispeln 3. ächzen 4. kichern 5. trällern 6. schluchzen 7. lallen 8. quäken 9. tratschen 10. grummeln; **andere menschliche Laute:** 1. schnarchen 2. röcheln 3. klatschen 4. sich kratzen 5. schlurfen 6. scharren 7. schmatzen 8. schnorcheln 9. rülpsen 10. schlabbern

5 1. donnern 2. plätschern 3. blubbern 4. brausen 5. pfeifen 6. rascheln 7. knistern 8. knacken 9. ticken 10. klicken 11. rattern 12. quietschen 13. bimmeln 14. tuten 15. zischen 16. scheppern 17. klappern 18. platzen 19. krachen 20. schnippeln

Lösungen

6 1. mit den Zähnen essen 2. z. B. der Laut, wenn ein trockener Zweig zerbricht 3. z. B. das Geräusch einer zuschlagenden Tür 4. z. B. der Ton einer ungeölten Tür 5. z. B. der Laut eines Motorrades 6. z. B. das Geräusch des Auslösers einer Kamera 7. z. B. Sand unter den Schuhen auf einem Betonweg 8. z. B. eine Zellophantüte, aus der man Süßigkeiten nimmt 9. z. B. ein wütender Hund 10. z. B. geräuschvoll Kekse essen

7 1. g 2. h 3. a 4. b 5. i 6. l 7. f 8. d 9. j 10. e 11. c 12. k

10 1. etwas im Internet suchen 2. eine SMS schreiben 3. die erste Generation, die mit dem Internet aufwächst 4. Heirat von gleichgeschlechtlichen Paaren 5. Angela Merkel als erste deutsche Frau, die das Bundeskanzleramt bekleidet 6. Haus aus einer Fernsehserie, in der die Bewohner den ganzen Tag von Fernsehkameras gefilmt werden 7. eine Art Fernsehdrama 8. altes Fleisch, das ummarkiert und als frisches Fleisch verkauft wurde 9. das Erschrecken darüber, dass Deutschland in der PISA-Studie so schlecht abgeschnitten hat 10. arbeitslose Person, die sich mit staatlicher Hilfe selbstständig macht

13 1. im Internet surfen 2. ein- und ausloggen 3. Usernamen, Passwort 4. E-Mail-Adresse, Homepage 5. bloggt 6. Links, verlinkt, anklicken 7. online, chatte, Newsgroup 8. Emoticons 9. googeln 10. Firewall

14 1. nebenher jobben 2. zum Manager aufsteigen 3. an einem Meeting teilnehmen 4. gut im Team arbeiten können 5. einen Service anbieten 6. Anfragen von einem Callcenter beantworten lassen 7. Brainstorming machen 8. Feedback bekommen 9. Onlinebanking in Anspruch nehmen 10. ein Last-Minute-Angebot wahrnehmen

15 Der Ghostwriter, der Bestseller und das Hardcover stammen aus dem Bereich Publishing. Der Partner, die Patchworkfamilie und flirten stammen aus dem Bereich menschliche Beziehungen. Die Boygroup stammt aus dem Bereich Musik. Das Training stammt aus dem Bereich Sport oder aber Management. Instant- stammt aus dem Bereich Produkte (Instantkaffee). Last but not least stammt aus dem Bereich Floskeln.

16 1. einen Fauxpas begehen 2. eine Spendenaffäre (in der Politik) 3. Diskretion wahren 4. eine hitzige Debatte führen 5. die Kastanienallee 6. der Feuilletonteil der Zeitung 7. ein großes Spektakel veranstalten 8. das Pendant zu etwas sein 9. ein Klischee darstellen 10. Zivilcourage beweisen 11. eine Zeitschrift abonnieren 12. eine Aufgabe delegieren 13. einen Streit eskalieren lassen 14. ein Problem souverän lösen 15. einen Vorgang detailliert beschreiben 16. ein markantes Gesicht 17. etwas präzise beschreiben 18. ein Thema kurz und prägnant vorstellen 19. ein sentimentaler Film 20. Apropos Film

17 1. ein Konto eröffnen 2. von einem Girokonto überweisen 3. an der Kasse bezahlen 4. Kapital anlegen 5. einen Kredit aufnehmen 6. 3 000 Euro brutto verdienen 7. drei Prozent Zinsen erhalten 8. Bilanz ziehen 9. per Saldo 10. bankrott gehen

18 **Musikinstrumente:** Cello, Cembalo, Violine; **Musikstücke:** Sonate; **Aufführungen:** Konzert, Oper; **Singstimmen:** Alt, Tenor; **andere:** Dirigent, Tempo

19 1. Album 2. Ära 3. Index 4. Aspekt 5. Edition 6. Zins 7. Angebotsspektrum 8. circa 9. Inventar 10. Spektakel 11. Distanz 12. Prozess 13. produzieren 14. redundant 15. probat

20 1. c 2. f 3. j 4. b 5. g 6. d 7. h 8. a 9. e 10. i

21 1. in Euphorie verfallen 2. eine Prognose geben 3. eine Analyse durchführen 4. typische Symptome aufweisen 5. unter einem Pseudonym auftreten 6. die Psyche beeinflussen 7. eine Grafik erstellen 8. akribisch genau 9. ein dynamischer Zustand 10. ein Synchronschwimmer

22 1. ein Dogma aufstellen 2. eine Hysterie auslösen 3. Sympathie empfinden 4. sich in einem Dilemma befinden 5. in Lethargie verfallen 6. eine Parodie auf das Gedicht 7. Die Statue war völlig symmetrisch. 8. Die gesammelten Glossen wurden veröffentlicht. 9. Eine Teildisziplin der Physik ist die Optik. 10. Die weiße Taube ist ein Symbol für den Frieden.

23 1. g, 2. m, 3. n (aus dem Niederländischen) 4. h, 5. o, 6. y (aus dem Arabischen) 7. w, 8. t, 9. a (aus dem Persischen) 10. s (aus dem Türkischen) 11. b, 12. k (aus dem Ungarischen) 13. r, 14. c (aus dem Hindi) 15. q, 16. j (aus dem Skandinavischen) 17. d (aus dem Hebräischen) 18. p (aus dem Polnischen) 19. e (aus dem Polynesischen) 20. l (aus dem Spanischen, über das Französische) 21. f (aus dem Malayischen) 22. u (aus dem Jiddischen) 23. v (aus dem Tschechischen) 24. i (aus dem Russischen) 25. x (aus dem Niederdeutschen)

28 1. j 2. h 3. k 4. d 5. g 6. l 7. m 8. n 9. o 10. i 11. b 12. c 13. f 14. a 15. e

1. **Müller:** mahlt Korn zu Mehl 2. **Glaser:** setzt Fensterscheiben ein 3. **Schäfer:** hütet die Schafe 4. **Gärtner:** macht die Gartenarbeit 5. **Schuster:** stellt Schuhe her 6. **Fleischer:** verarbeitet und verkauft Fleisch 7. **Förster:** pflegt den Wald 8. **Schlosser:** stellt Schlösser her 9. **Maurer:** mauert 10. **Fuhrmann** (alter Beruf): fährt einen Pferdewagen mit Ladung (heute fahren Fernfahrer Lastwagen)

29 1. f: zur schönen Maienzeit: im Monat Mai 2. i: mit etwas vorlieb nehmen: mit etwas zufrieden sein 3. c: über Stock und Stein: durch den Wald und über das Feld 4. g: Röcklein: Kleidung 5. d: sich kund tun: etwas sagen oder mitteilen 6. e: hold: geliebt 7. b: sich regen: sich bewegen 8. h: gelinde: mild 9. a: scheiden: Abschied nehmen 10. j: jemanden betrüben: jemanden traurig machen

30 **der Torheit:** die Dummheit – Alter schützt vor Torheit nicht: Auch im Alter kann man noch Dummheiten begehen und sich verlieben. **währen:** andauern – Ehrlich währt am längsten: Wer ehrlich ist, muss nicht fürchten, mit einer Lüge entdeckt zu werden. **der Taler:** eine alte Währungseinheit – Wer den Pfennig nicht ehrt, ist des Talers nicht wert: Man soll auch Pfennige sparen. **der Sinn:** das Gedächtnis – Aus den Augen, aus dem Sinn: Menschen vergessen oft den, den sie nicht mehr täglich sehen. **freien:** heiraten – Früh gefreit, nie (oder schnell) gereut: Es ist (nicht) gut, früh zu heiraten. **traut:** geliebt – Trautes Heim, Glück allein: Zuhause ist es am schönsten. **der Scheffel:** eine große Menge (zwischen 50 und 250 Litern) – Ein Löffel voll Tat ist besser als ein Scheffel voll Rat: Praktische Hilfe ist besser.

31 **licht machen:** hell machen, das Licht anmachen; **das Angesicht:** das Gesicht; **hehr:** grau(haarig), vornehm; **sich gesellen:** zu einem Menschen oder einer Gruppe von Menschen dazukommen; **redlich:** rechtschaffen, gut (ein guter Mensch); **erkoren:** erwählt

32 **es traf sich:** es kam so; **mit jemandem zu sprechen kommen:** die Gelegenheit haben, mit jemandem zu sprechen; **sich ein Ansehen geben:** sich gut darstellen; **jemandem wohlgefallen:** jemandem gut gefallen

34 „sitzen machen" – setzen; „fallen machen" – fällen; „biegen machen" – beugen; „trinken machen" – tränken; „schwimmen machen" – geschwemmt (schwemmen)

35 1. zahm 2. das Zelt 3. der Ziegel 4. der Zweig 5. der Zwilling 6. die Zecke 7. zapfen 8. die Warze 9. der Filz 10. das Netz 11. schmelzen 12. die Hitze, heizen 13. das Malz 14. der Weizen 15. die Pfefferminze

36 1. der Pfad 2. das Pfand 3. das Pflaster 4. der Pflug 5. die Pfote 6. die Pfütze 7. der Pfahl 8. die Pfeife 9. der Pfeiler 10. der Pfennig 11. die Pflaume 12. der Pförtner 13. pflücken 14. hüpfen 15. der Karpfen

37 1. c 2. d 3. f 4. g 5. b 6. h 7. i 8. j 9. a 10. e

Foto Cover © stock.adobe.com, Jacob Lund

Bedeutungen ■ Die Wolke ist ein Kind des Himmels

Wort	Oberbegriff	Teile und Merkmale	Kontext

Sachgruppen — Jedes Ding an seinem Platz

Oberbegriffe/Kategorien	zugehörige Wörter	Verwendungsbeispiele

Synonyme — So oder so ähnlich

Grund-wort	Synonyme	ugs./geh.	wiss./ver-alt./regio.	Bedeutung	pos./neg.	scherz./verhüllt	Beispielsatz

Antonyme ■ Ich bin dagegen (1)

Wort	↔ Antonym	Übersetzung	bei Adjektiven Zwischenstufen	bei Verben/Nomen Bemerkungen

Antonyme — Ich bin dagegen (2)

Wort	↔ Antonym im Kontext	Übersetzung

Homonyme ■ Das scheint nur gleich

Wortpaar	Kategorie	Umschreibung oder Übersetzung

Komposita — Aus zwei wird eins

Komposita I	Grundwort	Komposita II

Kollokationen — Was zusammengehört

Übersetzung in Ihre Muttersprache	wortwörtliche Übersetzung	deutsche Kollokation

Idiomatik — Mal bildlich gesprochen

Grundwort	idiomatische Wendung	Erklärung	Beispielsatz	Anm.

Etymologie — Sprache lebt

Vokabel	etymologische Anmerkungen